本书由浙江省新型重点专业智库"浙江财经大学中国政府监

环境管制与经济增长协调发展
基于能源消费和二氧化碳排放量的视角

左文鼎 ——著

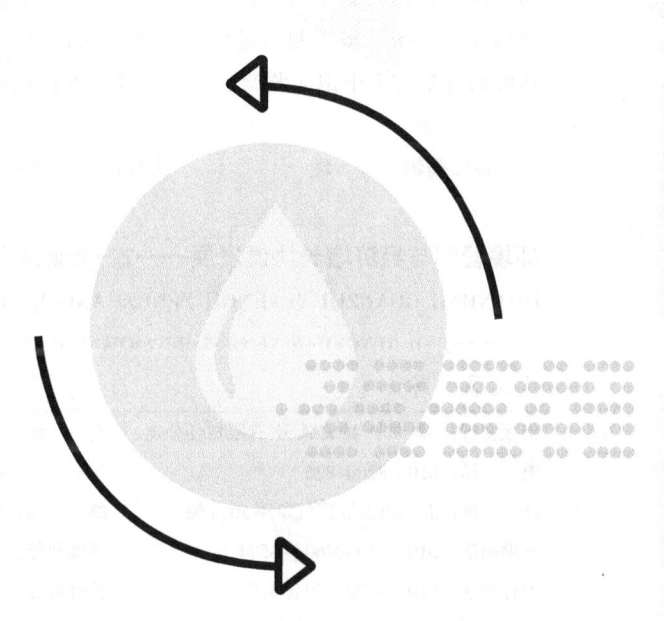

知识产权出版社
全国百佳图书出版单位
—北京—

图书在版编目（CIP）数据

环境管制与经济增长协调发展：基于能源消费和二氧化碳排放量的视角 / 左文鼎著. — 北京：知识产权出版社，2022.11
ISBN 978-7-5130-8443-7

Ⅰ. ①环… Ⅱ. ①左… Ⅲ. ①能源消耗—关系—经济增长—协调发展—研究—中国 ②二氧化碳—排气—经济增长—协调发展—研究—中国 Ⅳ. ①F426.2

中国版本图书馆CIP数据核字（2022）第205801号

内容提要：

本书通过梳理现有能源、环境的相关政策，着重针对能源-环境约束下的中国经济增长路径政策进行研究，分析了能源-环境约束下的中国经济增长的政策保障，提出推动经济产业结构调整，降低中国二氧化碳排放量的机制与实现路径。同时，就能源-环境约束下中国环境管制与经济增长协调发展的路径机制进行探讨，还提出了碳中和、碳达峰的背景之下中国能源产业转型升级的可行性路径研究。

责任编辑：张　珑　　　　　责任印制：孙婷婷

环境管制与经济增长协调发展——基于能源消费和二氧化碳排放量的视角
HUANJING GUANZHI YU JINGJI ZENGZHANG XIETIAO FAZHAN
——JIYU NENGYUAN XIAOFEI HE ERYANGHUATAN PAIFANGLIANG DE SHIJIAO

左文鼎　著

出版发行：知识产权出版社 有限责任公司		网　址：http://www.ipph.cn
电　话：010—82004826		http://www.laichushu.com
社　址：北京市海淀区气象路50号院		邮　编：100081
责编电话：010—82000860转8574		责编邮箱：laichushu@cnipr.com
发行电话：010—82000860转8101		发行传真：010—82000893
印　刷：北京中献拓方科技发展有限公司		经　销：新华书店、各大网上书店及相关专业书店
开　本：720mm×1000mm　1/16		印　张：13.7
版　次：2022年11月第1版		印　次：2022年11月第1次印刷
字　数：216千字		定　价：79.80元

ISBN 978-7-5130-8443-7

出版权专有　侵权必究

如有印装质量问题，本社负责调换。

前　言

　　能源作为生产要素的一种，在经济发展中发挥了非常重要的作用。能源的大量使用保证了现代社会经济的持续发展，但是随着其在生产投入、经济发展过程中持续增加，温室气体也必然持续增加。在所有的温室气体中，二氧化碳所占比例最高。目前，中国的二氧化碳排放量问题的研究已经成为国内外学术界及各国政府所共同关注的焦点。本书是国家统计局课题"建立适应循环经济和测算碳排放需要的能源统计方法问题研究"（2010LC44）的阶段性成果。

　　在国际社会倡导低碳经济的大背景下，为早日实现碳达峰、碳中和的目标，中国如何在保持经济高速增长态势的同时实现合理的二氧化碳减排目标是一个亟待解决的问题。因此，详细分析中国能源消费与经济发展水平之间所出现的相关问题，研究中国能源消费对于实现可持续发展的约束作用，分析中国能源消费所产生的二氧化碳排放问题，不仅有利于全面落实科学发展观，而且对于实现中国国家经济稳定的可持续发展、减缓全球气候变化具有非常积极的意义。

　　本书选取 1980—2011 年中国能源消费、二氧化碳排放量与经济发展水平的时间序列数据，通过对三者之间进行实证分析得出如下结论。

　　① 中国能源消费表现出能源消费总量大、能源消费总量增长速度快、清洁能源在能源消费总量中所占比例小、能源利用效率总体较低等特点。中国能源消费二氧化碳排放呈现较为明显的阶段性特征。中国能源消费二氧化碳排放总量较大，而人均能源消费二氧化碳排放量则较小，在特定的时间序列内，表现出快速、平稳和急速增长这三个阶段性的特征。从能源消费结构来看，中国 79.9% 的能源消费二氧化碳排放量来自煤炭类燃料能源，12.2% 的能源消费二氧化碳排放量来自石油类燃料能源，仅有 7.9% 的能源消费二氧化碳排放量来自天然气。

② 1980—2011 年这 32 年间，中国能源消费产生的二氧化碳排放量呈逐步上升的趋势。中国能源消费结构在很长一段时间内仍然保持以煤炭为主的特征。本书运用拓展的 IPAT 模型，实证研究人口规模、人口城镇化比率、居民人均消费水平、能源消费强度等因素对二氧化碳排放总量的影响。从实证研究结果我们可以看出，人口规模是影响二氧化碳排放量的重要因素。接下来，通过定量研究分析得出，中国人均二氧化碳排放量与人均实际 GDP 之间存在着"N"形曲线关系，这表明，中国人均二氧化碳排放符合环境库兹涅茨曲线假说。

③ 将能源作为投入要素纳入经济增长模型，在能源约束条件下，基于数理角度分析经济增长稳态水平的影响机制。同时，通过对 1980—2011 年中国能源消费对经济发展水平的影响进行实证分析，再次认证了现代生产体系中，能源对经济增长的影响是巨大的。

通过梳理现有能源、环境的相关政策，基于本书的实证分析结果，提出了能源—环境约束下的中国经济增长路径政策研究，分析了能源—环境约束下的中国经济增长的政策保障，提出推动经济产业结构调整、降低中国二氧化碳排放量的机制与实现路径。同时，就能源—环境约束下中国环境管制与经济增长协调发展的路径机制进行探讨，还提出了在碳中和、碳达峰的背景下中国能源产业转型升级的可行性路径。

目 录

第1章 导论 ·· 1
 1.1 研究背景和研究意义 ·· 3
 1.2 能源消费、二氧化碳排放量与经济发展水平国内外研究
   综述 ·· 6
 1.3 研究总体思路与研究方法 ··· 27
 1.4 研究内容和研究框架 ·· 29

第2章 能源消费、二氧化碳排放、经济发展水平一般理论
   分析 ··· 33
 2.1 IPCC能源消费产生的二氧化碳排放量估算方法 ········· 33
 2.2 中国能源消费二氧化碳排放因素分解分析方法研究简述 ····· 43
 2.3 EKC简述 ··· 49
 2.4 中国能源消费与经济增长的一般理论分析 ················ 54

第3章 中国能源消费、二氧化碳排放量与经济发展水平特征
   分析 ··· 71
 3.1 中国能源消费特征分析 ·· 71
 3.2 中国经济发展水平特征分析 ····································· 78
 3.3 中国二氧化碳排放特征分析 ····································· 82
 3.4 中国能源消费、二氧化碳排放、经济发展水平特征分析 ····· 87
 3.5 本章小结 ··· 100

第4章 中国能源消费、二氧化碳排放与经济发展水平的经济学
   分析 ··· 102
 4.1 中国二氧化碳排放总量LMDI因素分解分析 ············· 103
 4.2 中国能源消耗强度的LMDI因素分解分析 ················ 113

· iii ·

4.3 中国二氧化碳排放影响因素的计量分析 ………………………… 120

4.4 中国二氧化碳排放库兹涅茨曲线 ……………………………… 130

4.5 中国能源消费总量对经济发展水平影响的实证分析 ………… 138

4.6 中国能源消费、二氧化碳排放与经济发展水平的计量
分析 ……………………………………………………………… 151

4.7 本章小结 ………………………………………………………… 157

第5章 中国能源消费、二氧化碳排放与经济发展水平的
政策性分析 ………………………………………………………… 160

5.1 能源、环境与经济的协调发展 ………………………………… 160

5.2 降低能源消耗强度，大力发展低碳技术创新，积极发展
新能源，优化能源消费结构 …………………………………… 163

5.3 大力发展循环经济，加强环境保护，转换经济发展方式，
促进能源、环境与经济的协调发展 …………………………… 164

第6章 能源-环境约束下的中国经济增长路径机制研究 …………… 166

6.1 能源-环境约束下的中国经济增长的路径 …………………… 166

6.2 能源-环境约束下的中国经济增长的政策保障 ……………… 173

6.3 推动经济产业结构调整，降低中国二氧化碳排放量的
机制与路径 ……………………………………………………… 176

6.4 能源-环境约束下中国环境管制与经济增长协调发展的
路径机制研究 …………………………………………………… 183

6.5 碳中和、碳达峰的背景之下中国能源产业转型升级路径
分析 ……………………………………………………………… 186

第7章 全书结论及研究展望 ………………………………………… 191

7.1 全书结论 ………………………………………………………… 191

7.2 研究展望 ………………………………………………………… 193

参考文献 …………………………………………………………………… 195

第1章 导 论

　　能源与资本、劳动力等要素一样，作为投入要素的一种，在经济发展中发挥了非常重要的作用，是人类生存的重要原料来源，是社会系统正常运行的物质基础，是实现经济可持续发展的重要物质基础，是社会进步、历史发展的动力保障。虽然能源是现代社会经济发展的基本因素，而能源之中占比最大的化石类燃料的大量使用保证了现代社会经济的持续发展，但是，化石类燃料能源在开发、转换及使用的过程中所产生的大量温室气体排放成为全球气候变暖的主要原因。因此，减缓气候变化的重要措施之一是减少温室气体的人为排放，这就在人类使用能源的方式特别是化石类能源的使用方式方面提出了新的研究课题。

　　能源消费量在生产投入、经济发展过程中持续增加，必然会导致温室气体的持续增加。在所有的温室气体中，二氧化碳所占比例最大。作为世界上最大的发展中国家，关于中国的二氧化碳排放量问题的研究已经成为国内外学术界及各国政府所共同关注的焦点。

　　随着工业化、城市化进程的加快，人口持续增长，生态环境不断恶化，气候变暖作为亟待解决的全球环境问题之一，已经严重威胁到了人类社会的可持续发展。全球气候变化是21世纪人类面临的最复杂的挑战之一，已经得到了国际社会的充分重视。联合国政府间气候变化专门委员会（IPCC）所发布的第二次评估报告认为[1]，自19世纪末以来，全球平均地面温度上升了0.3~0.6℃，而北欧、东亚、南非、北美、澳大利亚等地区

---

[1] 联合国政府间气候变化专门委员会（Intergovernmental Panel on Climate Change，IPCC）是一个政府间机构，它向联合国环境规划署（UNEP）和世界气象组织（WMO）所有成员国开放，其作用是对与人类引起的气候变化相关的科学、技术和社会经济信息进行评估和商定对策。

温度上升更加明显,平均上升了0.8~1.0℃,在过去的100年中,全球海平面也相应上升了10~25厘米(IPCC,1995a)。❶ IPCC所发布的第三次评估报告认为,1901—2000年平均地面温度上升了0.6℃(0.4~0.8℃),在过去的50年里,全球平均低温每10年上升0.13℃,全球变暖速度相当于过去100年的两倍(IPCC,2001)。❷ 政府间气候变化专门委员会所发布的第四次评估报告认为,自1950年以来,1995—2006年是全球平均气温最高的12年;1906—2005年的100年里,全球的平均地面温度上升了约0.74℃(0.56~0.92℃),远远高于第三次评估报告之中所提到的0.6℃,其中,亚洲地区的平均地面温度上升最快,近年来甚至超过了1℃(IPCC,2007)。❸ 全球气候变暖除了自然因素外,更多是由大量人类活动所导致的。IPCC所发布的第三次评估报告认为,在全球气候变暖的所有影响因素中,有66%的可能性是由大量人类活动所造成的,而IPCC所发布的第四次评估报告将人类活动所导致全球变暖的可能性提高至99%。自1750年工业革命以来,人类现代的生产、生活方式造成大量温室气体排放,尤其是二氧化碳排放量急剧增加。IPCC所发布第四次评估报告中的统计数据表明,工业革命以后,大量化石类能源的使用,人类生产、生活活动所导致的温室气体排放约占全球温室气体排放总量的90%以上,其中,五个主要的温室气体排放部门(能源供应业、工业、林业、农业和交通运输业)中大多数部门是化石类能源相对集中的部门。因此,化石类能源消费成为二氧化碳排放的最主要排放源。

在国际社会倡导低碳经济的大背景下,关于减少二氧化碳排放量问题的研究成了新的宏观经济研究方向。作为发展中国家的中国,如何在保持经济高速增长态势的同时实现合理的二氧化碳减排目标是一个亟待需要解

---

❶ IPCC. Climate change 1995: the second assessment report on the human impacts on the global climate system [M]. Cambridge: Cambridge University Press, 1995.

❷ IPCC. Climate change 2001: the third assessment report of the intergovernmental panel on climate change [M]. Cambridge: Cambridge University Press, 2001.

❸ IPCC. Climate change 2007: the fourth assessment report of the intergovernmental panel on climate change [M]. Cambridge: Cambridge University Press, 2007.

决的问题。随着中国经济水平的高速发展，能源作为一种稀缺资源，其稀缺程度日益明显，能源消费、环境质量、经济发展之间所存在的矛盾愈发显著，这已经成为当前中国亟待解决的问题。从而，分析中国能源消费与经济发展水平之间所出现的相关问题，研究中国能源消费对于实现可持续发展的约束作用，分析中国能源消费所产生二氧化碳排放的相关问题，不仅有利于全面落实科学发展观，而且对于实现中国经济稳定的、可持续的发展，对于减缓全球气候变化具有非常积极的意义。在实现节能减排的经济发展及保护环境的双重压力之下，能源、环境与经济的协调发展成为经济可持续发展的重要问题。因此，系统分析中国能源消费、二氧化碳排放量及经济发展水平之间的相互关系，可以为科学制定减排政策提供相关决策依据，可以为如何在保持能源可持续消费的前提下实现经济水平的稳定增长提供新思路。

1.1 研究背景和研究意义

1.1.1 研究背景

能源就是向自然界提供能量转化的物质（矿物质能源、核物理能源、大气环流能源、地理性能源）。能源是人类活动的物质基础。从某种意义上讲，人类社会的发展离不开优质能源的出现和先进能源技术的使用。在当今世界，能源的发展，能源与环境之间的关系，能源、环境与经济之间的关系，已经成为全世界及全人类所共同关心的重要问题，也成为中国社会经济发展的重要问题。

能源是人类社会存在和发展极为重要的物质基础，能源发展战略对于国民经济社会的稳定起到非常重要的作用。而近年来，在全球范围内频繁爆发的能源危机，使得研究能源战略的发展变得迫切。一个国家或地区经济社会的发展水平及人民生活水平的提高均需要能源作为基础，同时，能源消费是维持经济稳定增长的动力源泉，为经济水平的发展提供重要的物质保障，这表明，经济发展水平的提高不仅仅为能源发展创造条件，同样也必定提高对于能源消费的内在需求。能源不仅是经济增长的重要组成部分，而且为社会生产生活部门提供必要的原料基础。在社会生产生活活动中，能源的大量投入在推动经济发展水平提高的同时，也必然带来温室气体排放量的大量增加，尤其是二氧化碳排放量的大量增加，由此所引发的"温室效应"对于全球生态环境产生了极大的影响。正确分析和处理能源消费、二氧化碳排放量与经济发展水平之间的相互关系，对于社会经济可持续发展的各个层面都将产生重大的影响。

从目前的情况来看，中国是能源消费和生产大国，能源消费量居世界第一位，能源生产量同样居世界第一位，同时，中国是煤炭消费大国，煤炭能源在中国能源消费结构中占据了非常大的比重。自1978年以来，中国经济水平呈现高速增长态势，国内生产总值（GDP）的年增长率远远高于世界其他国家或者地区，但是这种成绩的取得也使中国付出了能源及环境代价。鉴于此，中国政府于2010年提出，到2020年年末，实现二氧化碳排放强度在2005年的基础上降低40%~50%的目标。实现此目标的过程中，中国不仅提高了能源利用效率，更重要的是优化了中国能源消费结构。

在发展低碳经济的国际大背景下，中国政府在保障经济发展水平稳定提高的同时，还须将二氧化碳排放量控制在一定范围内，顺利实现二氧化碳减排的目标，降低二氧化碳排放对全球环境变化所产生的影响。在实现保护环境与节能减排的双重约束之下，系统分析中国能源消费、二氧化碳排放量与经济发展水平之间的关系，可以为中国经济社会实现可持续发展提供政策依据。

1.1.2 研究意义

随着经济社会的高速发展，能源对环境、经济的约束日益明显，能源消费结构不合理、能源利用效率较低及环境污染问题在很大程度上制约着中国经济发展水平。面对气候变化带来的严峻挑战，分析能源消费所产生的二氧化碳排放量的动态变化规律及其影响因素，掌握中国能源消费所产生的二氧化碳排放量的变化趋势，研究能源消费、二氧化碳排放对经济发

第1章 导 论

展水平的影响，以及理解中国能源消费、二氧化碳排放量和经济发展水平之间的关系，对于优化能源消费结构、推进产业结构调整、减缓温室气体排放、实现节能减排、促进环境友好和资源节约型社会的构建具有非常重要的现实意义。

本书通过运用定量方法和模型方法分析研究降低中国能源消费产生二氧化碳排放量增长的可能性及如何通过政策调整实现低碳经济在中国的可持续发展。本书可以实现以下五个研究目的。

第一，通过对中国能源消费所产生的二氧化碳排放量进行测算，同时从指标角度分析中国能源消费二氧化碳排放量的动态变化特征及其形成的原因。这为正确认识中国能源消费所产生的二氧化碳排放量问题提供了相关信息支持。

第二，根据对中国能源消费所产生的二氧化碳排放量进行因素分解分析的结果，分析不同影响因素对于中国能源消费所产生二氧化碳排放量的影响规律，对于中国政府制定国家长期能源战略、减少碳排放政策等方面具有一定的参考价值。

第三，通过构建中国能源消费所产生的二氧化碳排放量多因素对数线性模型，验证中国能源消费所产生的二氧化碳排放量与经济发展水平之间是否存在环境库兹涅茨曲线理论。

第四，将能源约束引入经济增长模型，研究中国能源消费总量对于经济发展水平的影响，得出能源消费量这一影响因素对于中国经济发展水平的影响。

第五，建立中国能源消费量、二氧化碳排放水平及经济发展水平三者之间的回归分析模型，研究三者之间存在的经济学意义，为中国低碳经济的发展提供相关政策建议。

综上，本书系统研究能源消费、二氧化碳排放量及经济发展水平之间相互影响的相关理论，具有一定的现实意义：一方面，可以丰富能源经济理论、低碳经济理论、经济增长理论、可持续发展理论等相关理论的研究成果；另一方面，为中国实现加快经济转型、促进节能减排、实现经济的可持续发展提供决策依据。

1.2 能源消费、二氧化碳排放量与经济发展水平国内外研究综述

随着全球能源—环境—经济问题的日益突出，减少二氧化碳排放量不仅是缓解全球气候变化的重要方法，也是全世界各国在能源、环境、经济及社会政治问题上的热点问题。由于减少二氧化碳排放量的核心问题始终是经济问题，所以有关减少能源消费二氧化碳排放量的所有政策最终都取决于各国的经济发展水平。因此，国内外学术界的研究人员从不同的分析角度，通过各种不同研究理论和构建各种数学模型、经济模型，来分析能源消费、二氧化碳排放量与经济发展水平的关系，应采取的政策和措施等。

1.2.1 能源消费与二氧化碳排放量因素分解分析的国内外研究综述

二氧化碳排放及能源消费的因素分解分析研究近来一直是能源研究领域的热点问题，目前研究中应用最为广泛的就是指数分解分析方法（Index Decomposition Analysis，IDA），该方法是将二氧化碳排放量表示为几个影响因素指标的乘积，并根据不同的确定权重的方法进行因素分解分析，确定各个影响因素指标的增量数从而得出不同指标的影响效果。

IDA是国际上能源与环境问题的政策制定中被广泛接受的一种研究方法。而在二氧化碳排放的因素分解分析方面，随着国内外学界研究不断深入，研究方法也日渐成熟，主要包括以下几种：Laspeyres指数分析法，简单平均分解分析法（Sample Average Division，SAD）；适应性权重迪氏分解分析法（Adaptive Weighting Division，AWD）；另外，还有基于投入产出表的结构性因素分解分析方法（Structural Decomposition Analysis，SDA）等，同样在能源及环境研究领域也有广泛影响。研究结果显示，能源消耗强度、能源消费结构及经济发展水平是影响二氧化碳排放量较为显著的三个因素，此外，人口规模、能源规模及产业结构等影响因素也在一定程度上

对二氧化碳排放量产生较大影响。❶

（1）拉斯佩尔指数分析法

拉斯佩尔（Laspeyres）指数分析法是由德国著名学者拉斯佩尔提出的，该方法将基期的数量指标作为总和指数的加权权重，而同度量的因素在基期固定不变。当需要考察某一因素变量的贡献时，只需要保持其他因素变量不变即可。

帕克（Park）选用韩国1973—1989年的工业能源消费量数据，运用因素分解分析方法，将工业能源消费变化分解为三个影响因素：能源消耗强度、产出水平和结构变化。帕克在文中对于拉斯佩尔指数分析法进行了较好的总结。❷

（2）SAD

SAD通常是采用始年和末年相对应参数的某种平均值作为因子权重。根据计算平均值方法的不同，SAD可以有多种计算方法。在SAD的实际应用中，昂（Ang）、张（Zhang）等提出的对数平均权重迪氏指数分解法（Logarithmic Mean Weight Division Index Method，LMDI）被称为目前研究二氧化碳排放量方面应用最为广泛的方法。❸

昂和张（Ang，Zhang）提出无残差的因素分解分析方法对能源消费与二氧化碳排放量进行因素分解分析研究，文中对51篇文献中提到的能源需求进行详细分析，按照能源消费、能源消耗强度、能源弹性分别进行分解，具体描述了因素分解分析的方法，同时，该文中提出的LMDI为不同区域、不同部门、不同行业的能源消费所产生的二氧化碳排放影响因素分解分析研究提供了一定的理论基础。❹ 该分解分析方法的优点是不产生残

---

❶ 徐国泉，刘则渊，姜照华．中国碳排放的因素分解模型及实证分析：1995—2004［J］．中国人口资源与环境，2006，16（6）：158-161．

❷ PARK S H, Decomposition of industrial energy consumption: An alternative method［J］. Energy Economics, 1992, 14（4）: 265-270.

❸ ANG B W. Decomposition methodology in industrial energy demand analysis［J］. Energy, 1995, 20: 1081-1095.

❹ 同❸。

差,并且允许数据中包含零值。❶❷

在实证分析研究中,能源消费产生二氧化碳排放量的因素分解分析研究开始于20世纪70年代,格瑞宁（Greening）对10个经济合作与发展组织（OECD）国家的生产部门、货物运输部门、居民终端服务部门、私人交通部门的二氧化碳排放强度进行了因素分解分析。实证研究结果表明,生产部门的二氧化碳排放强度下降主要是由能源消耗强度下降所引起的,同时,能源价格对二氧化碳排放强度具有很大的影响,货物运输部门所产生的二氧化碳排放增长主要受交通模式向碳密集模式转变的影响,居民终端服务部门的能源消费结构、发电的燃料构成及能源利用效率对于碳密集强度所产生的影响程度各不相同,私人交通部门能源消耗强度的下降对于二氧化碳排放强度的下降所作出的贡献最大。❸

国内相关因素分解分析研究主要开始于20世纪初,张利用LMDI具体分析了中国工业部门的能源消费变化,实证研究结果表明,1990—1997年中国工业部门所节约能源的87.8%是由能源利用效率的提高所引起的。❹

有学者运用LMDI,实证研究1957—2000年中国能源消费所产生的二氧化碳排放总量,结果表明,由于能源利用效率的提高,中国二氧化碳排放量已经大幅度减少,同时,可再生能源的大量使用及能源之间的可替代性在减少二氧化碳排放量方面均起到了积极作用。❺

---

❶ ANG B W. Decomposition analysis for policymaking in energy: which is the preferred method？[J]. Energy Policy, 2004, 32 (9): 1131-1139.

❷ ANG B W, ZHANG F Q, CHOI K H. Factorizing changes in energy and environmental indicators through decomposition [J]. Energy, 1998, 23 (6): 489-495.

❸ GREENING L A, TING M, KRACKLER T J. Effects of Changes in residential end-uses and behavior on aggregate carbon intensity comparison of 10 OECD countries for the period 1970 through 1993 [J]. Energy Economics, 2001 (23): 153-178.

❹ ZHANG Z. Why did the energy intensity fall in China's industrial sector in the 1990s? The relative importance of structural change and intensity change [J]. Energy Economics, 2003 (35): 625-638.

❺ WANG C, CHEN J, ZOU J. Decomposition of energy-related CO_2 emission in China: 1957-2000 [J]. Energy, 2005, 30: 73-83.

也有学者研究了中国1996—1999年二氧化碳排放量出现突然下降的主要原因。实证研究结果表明，中国工业部门能源利用效率的提高速度及劳动生产率的缓慢提高成为化石燃料消费所产生二氧化碳排放量下降的决定性因素。❶

胡初枝等选取中国1990—2005年经济发展水平、环境质量水平的相关数据，运用平均分配余量分解分析方法，构建中国二氧化碳排放量的因素分解分析模型，定量分析中国的产业结构、经济规模和二氧化碳排放强度对于二氧化碳排放量的贡献，即结构效应、规模效应和技术效应。❷

魏一鸣等采用LMDI对中国能源消费所产生的二氧化碳排放量进行了因素分解分析，实证研究结果表明，能源消耗强度和能源消费结构的变化并不一定促进二氧化碳排放量的下降。❸

黄菁在已有研究的基础之上对迪氏指数分解分析方法进行了改进，推导出LMDI，通过运用LMDI分析中国主要工业污染物，实证研究结果表明，规模效应是工业污染物增加主要的原因，减少污染的主要原因是技术效应，结构效应在一定程度上增加了中国的工业污染程度；同时，不同行业的结构效应和技术效应之间存在很大的差别，因此在治理环境污染的过程中，中国政府需要积极转换经济增长方式，大力调整产业结构，实现环境—经济的可持续发展。❹

李艳梅、张雷、程晓凌选取中国1953—2007年能源消费量与GDP的数据，实证研究结果表明，中国在这55年间二氧化碳排放总量增长了40多倍。他们选取中国1980—2007年能源消费量与GDP的数据，构建中国

---

❶ WU L, KANEKO S, MATSUOKA S. Driving forces behind the stagnancy of China's energy related CO_2 emissions from 1996 to 1999: the relative importance of structural change, intensity change and scale change [J]. Energy Policy, 2005 (3): 319-335.

❷ 胡初枝,黄贤金,钟太洋,等.中国碳排放特征及其动态演进分析 [J].中国人口资源与环境, 2008, 18 (3): 38-42.

❸ 魏一鸣,刘兰翠,范英,等.中国能源报告 (2008): 碳排放研究 [M].北京: 科学出版社, 2008.

❹ 黄菁.环境污染与工业结构: 基于Divisia指数分解法的研究 [J].统计研究, 2009, 26 (12): 68-73.

能源消费量与GDP之间的因素分解分析模型，计量不同影响因素之间的变化所产生的二氧化碳减排效应。该文指出，降低中国各个产业的二氧化碳排放强度并且积极调整产业结构，将成为减少中国能源消费所产生二氧化碳排放量的主要途径。❶

董军、张旭（2010）选取中国1995—2007年工业部门的能源消费量与二氧化碳排放量的数据，实证研究分析了中国工业部门所需的能源消费量及其所产生的二氧化碳排放量之间所存在的相互关系，详细研究了影响中国工业部门的能源消费所产生二氧化碳排放量的具体因素：能源消费结构、能源消耗强度、能源排放强度和产出规模。采用LMDI，建立中国工业部门的能源消费所产生二氧化碳排放量的因素分解模型。实证研究结果表明，工业部门能源消费的大量增加是中国二氧化碳排放大量增加的主要原因，工业部门能源消费强度的变化对于二氧化碳排放量的变化呈现负影响，而产出规模对于二氧化碳排放量则呈现两阶段的影响。❷

(3) AWD

AWD是一个先求微分再求积分的过程，假设各研究参数为单调函数，最终求解单项积分作为各影响因子变化率的权重。❸ 由于该分解分析方法采用的是某一时间段内的微分，因此与其他分解分析方法相比较，通过该方法得出的结果残差较小。但是这种方法的计算过程较为复杂，在实际中不如LMDI广泛。

有学者在迪氏指数分解分析方法的基础上提出两个单调的迪氏指数模型，然后进行先求微分再求积分的运算，最终将积分路径问题转变为参数

---

❶ 李艳梅，张雷，程晓凌. 中国碳排放变化的因素分解与减排途径分析 [J]. 资源科学，2010，32（2）：218-222.

❷ 董军，张旭. 中国工业部门能耗碳排放分解与低碳策略研究 [J]. 资源科学，2010，32（10）：1856-1862.

❸ LIU X Q, ANG B W, ONG H L. The application of the Divisia index to the decomposition of changes in industrial energy consumption [J]. The Energy Journal, 1992 (4): 161-177.

估计问题。❶

席佩尔等选取国际能源署之中 13 个国家，详细分析研究了这 13 个国家的二氧化碳排放量的变化趋势，应用 AWD 进行因素分解分析，实证研究结果表明，二氧化碳排放系数和产出结构对于二氧化碳排放强度的影响贡献率较小，能源消费结构和能源消耗强度对于二氧化碳排放强度的影响贡献率较大。❷

有学者应用 AWD 分析 1980—2003 年中国二氧化碳排放强度的影响因素。实证研究结果表明，中国二氧化碳排放总量在快速增长的同时，二氧化碳排放强度却在下降，该文同时指出，降低二氧化碳排放量的相关政策不仅需要关注能源消耗强度这一影响因素，还需要关注能源消费结构变化。❸

（4）SDA

SDA 是基于投入产出表的一种分解分析方法，以经济活动之中各个部门的投入产出系数和最终需求作为研究基础，对于各个影响要素进行更系统的分解分析。该分解分析方法的核心思想是将经济系统中因变量的影响变动具体分解为相关自变量不同形式变动的和，从而测度相关自变量对于因变量的影响变动贡献程度。

李艳梅、杨涛以 1997—2007 年中国投入产出表作为研究基础，详细核算中国二氧化碳排放强度的变化，并且以此为基础构建了中国二氧化碳排放结构因素分解分析模型，具体分解为四种效应：能源消费结构因素、能源利用效率因素、经济增长方式效应及产业结构效应。实证研究结果表明，能源利用效率变化和产业结构变化对于二氧化碳排放强度下降效果最

---

❶ LIU X Q, ANG B W, ONG H L. The application of the Divisia index to the decomposition of changes in industrial energy consumption [J]. The Energy Journal, 1992 (4): 161-177.

❷ SCHIPPER L, MURTISHAW S, KHRUSHCH M. Carbon emissions from manufacturing energy use in 13 IEA countries: Long-term trends through 1995 [J]. Energy Policy, 2001 (29): 667-688.

❸ FAN Y, LIU L, WU G, et al. Changes in Carbon Intensity in China: Empirical Findings from 1980-2003 [J]. Ecological Economics, 2007 (62): 683-691.

为显著。❶

1.2.2 二氧化碳排放量与经济发展水平国内外研究综述

能源消费已成为二氧化碳排放量增长的主要因素。但是二氧化碳排放量和一个国家的人口规模、经济富裕程度、技术进步及城市化水平等因素存在什么样的关系呢？为了解决这个问题，国内外研究学者开展了大量的研究工作。

（1）IPAT 方程及其拓展形式

在英瑞利（Ehrlich）等关于人类活动对于环境影响因素的讨论中提出了 IPAT 方程，以此反映人口规模对环境压力的影响：$I = PAT$。其中，I（Impact）表示人口对于环境的影响，即环境压力；P（Population）表示人口规模或人口数量；A（Affluence）表示富裕程度，即人均财富水平或人均产出水平；T（Technology）表示技术水平，即单位经济产出对环境的影响，由技术进步决定。该模型目前是一个被广泛认可的分析人口规模对于环境压力影响的公式，用于分析环境变化的决定因素。❷ 应用 $I = PAT$ 模型也可定量分析环境压力与人口规模、富裕程度、技术进步之间的关系。❸

德兹（Dietz）和罗萨（Rosa）将 $I = PAT$ 模型拓展成为 STIRPAT 模型（Stochastic Impacts by Regression on Population, Affluence, and Technology），从而避免了 $I = PAT$ 模型中所存在的一些不足，他们指出，STIRPAT 模型将各个系数作为待估参数进行估计，对该模型中所提到的各影响因素可以进行适当的分解及替换分析。❹

---

❶ 李艳梅，杨涛. 中国 CO_2 排放强度下降的结构分解——基于 1997—2007 年的投入产出分析 [J]. 资源科学，2011，33（4）：605-611.

❷ EHRLICH P R, HOLDREN J P. Impact of population growth [J]. Science, 1971 (171): 1212-1217.

❸ YORK R, ROSA E A, DIETZ T. STIRPAT, IPAT and ImPACT analytic tools for unpacking the driving forces of environmental impacts [J]. Ecological Economics, 2003, 46 (3): 351-365.

❹ DIETZ T, ROSA E A. Rethinking the environmental impacts of population, affluence and technology [J]. Human Ecology Review, 1994 (1): 277-300.

德兹和罗萨利用STIRPAT模型实证研究二氧化碳排放量与人口规模之间的关系。研究结果表明，人口规模对二氧化碳排放量的弹性系数接近1。❶

费舍尔-克瓦斯基（Fischer-Kowalski）应用 $I = PAT$ 模型分析人口规模与技术水平对环境压力的影响。研究结果表明，富裕程度对环境压力的影响程度低于人口规模与技术水平对环境压力的影响程度。❷

瓦格纳（Waggoner）和奥瑟贝尔（Ausubel）在 $I = PAT$ 模型的基础上，发展出了ImPACT模型，即把 $I = PAT$ 模型中的技术进步 T 分解为单位GDP的消费 C 及单位消费所产生的影响 T，此时，模型变为 $I = PACT$，他们寻求某些关键性决定因素的出现，通过这些决定因素来降低对环境压力的影响，同时找到影响决定性因素的其他重要因素。❸

舒尔茨（Schulze）指出，人类的活动也是环境压力产生变化的关键驱动因素之一，提出了 $I = PAT$ 模型的另一种拓展模型形式——$I = PBAT$，其中，B 表示的是人类的活动，他同时指出，人类可以通过减少财富量以及开展有效的科学技术研究来减少对环境压力产生的影响。❹

约克等利用对数的STIRPAT模型来分析人口规模与二氧化碳排放量之间的关系。实证研究结果表明，人口规模对二氧化碳排放量的弹性系数约为1；他们分析了二氧化碳排放量与城市化程度、富裕程度水平的关系，认为城市化程度对二氧化碳排放量的弹性系数为0.62~0.70，人均GDP对二氧化碳排放量的弹性系数为0.82~1.48。❺

施（Shi）利用STIRPAT模型研究人口规模与二氧化碳排放量之间的

---

❶ DIETZ T, ROSA E A. Effects of population and affluence on CO_2 emission [J]. The National Academy of Sciences of the USA, 1997（94）：175-179.

❷ FISHER-KOWALSKI M. Beyond IPAT andKuznets Curves Globalization as a Vital Factor in Analysing the Environmental Impact of Socio-Economic Metabolism [J]. Population and Environment, 2001, 23（1）：7-47.

❸ WAGGONER P E, AUSUBEL J H. A framework for sustainability science: A renovated IPAT identity [J]. Proccedings of the National Academy of Science, 2002（99）：7860-7885.

❹ SCHULZE P C. I=PBAT [J]. Ecological Economics, 2002（40）：149-150.

❺ YORK R, ROSA E A, DIETZ T. STIRPAT, IPAT and ImPACT analytic tools for unpacking the driving forces of environmental impacts [J]. Ecological Economics, 2003, 46（3）：351-365.

关系。实证研究结果表明，人口规模对二氧化碳排放量的弹性系数为1.41~1.65。❶

克沃（Kwon）利用 $I=PAT$ 模型分析了1970—2000年英国交通汽车行业的二氧化碳排放量，分析了二氧化碳排放因子的不同影响因素。实证研究结果表明，人口规模、富裕程度、技术进步等影响因素对环境压力的影响程度存在差异。❷

范英、刘兰翠、吴刚等从定性的角度对二氧化碳排放量与经济发展水平、人口规模、技术进步之间的关系进行了综述性的分析。❸

范英、刘兰翠选取1975—2000年不同收入水平国家的相关数据，利用STIRPAT模型定量分析了不同收入水平国家之间的二氧化碳排放量与人口规模、富裕程度、技术进步之间存在的相互关系。❹

以上这些研究大部分是针对多个国家的二氧化碳排放量及其影响因素，但是对某一国家的不同区域的分析还较少。

（2）环境库兹涅茨曲线

目前，关于二氧化碳排放量与经济发展水平之间关系的研究中，最为重要的研究方法就是环境库兹涅茨曲线（Environmental Kuznets Curve，EKC）。

库兹涅茨于1955年提出库兹涅茨曲线，该曲线主要用来分析经济发展水平与收入分配之间变化规律。该曲线认为，当经济发展水平处于初期阶段时，经济发展水平的提高带来的收入分配差距是不断扩大的；当经济发展到一定水平之后，经济发展水平呈现稳定状态，这就使得收入分配不均等情形将得到缓解。因此，将收入分配水平作为纵轴，将经济发展水平作

---

❶ SCHULZE P C. $I=PBAT$ [J]. Ecological Economics, 2002 (40): 149-150.

❷ TAE-HYEONG K. Decomposition of factors determining the trend of CO_2 emissions from car travel in Great Britain (1970—2000) [J]. Ecological Economics, 2005 (53): 261-275.

❸ LIU L, FAN Y, WU G, et al. Greenhouse gases emissions reduction policy issues: A survey [J]. Management Forum, 2005, 17 (10): 46-47.

❹ FAN Y, LIU L. Analyzing impact factors of CO_2 emissions using the STIRPAT model [J]. Environmental Impact Assessment Review, 2006 (26): 377-395.

为横轴，在一个二维坐标系内，二者之间的相互关系呈现出一条倒"U"形的曲线形态。

EKC 是由美国经济学家格罗斯曼（Grossman）和克罗格（Kreuger）提出，该曲线模型主要探讨的是环境质量或污染水平与国内经济发展水平之间的关系，他们认为，在经济发展的初期，人均收入的增加会伴随着环境质量水平的恶化；当经济发展到一定的水平之后，伴随着人均收入的增加，污染物排放速度就会减缓，环境质量水平就会得到改善，通常来说，EKC 呈现出一种倒"U"形曲线形态。❶

国外很多学者对二氧化碳排放量与经济发展水平之间相互关系进行了研究，部分学者支持二氧化碳排放量与经济发展水平（GDP）之间存在EKC，部分学者则表示反对。

潘那尤妥（Panayotou）通过对宏观理论模型及实证模型进行分析研究，提出宏观理论模型可以作为实证研究分析 EKC 的理论基础。❷

格罗斯曼和克罗格提出了下面的观点：运用经济过程中的三种效应，即规模效应、结构效应及技术效应，来具体分析经济发展水平对于环境质量水平的影响。当经济发展水平处于初期阶段时，规模效应恶化的影响大于技术效应和结构效应改善的影响，这就使得环境质量水平发生恶化；当经济发展到一定的水平之后，技术效应和结构效应的影响大于规模效应的影响，这就使得环境质量水平得到改善。❸

谢尔登（Selden）和宋（Song）运用面板数据模型分析研究包括二氧化碳在内的四种环境污染物和人均收入水平之间所存在的相互关系，实证研究结果表明，包括二氧化碳在内的四种环境污染物和人均收入水平之间

---

❶ GROSSMAN G B, KRUEGER A B. Environmental impacts of North American free trade agreement [J]. National bureau of economic research, 1991: 3914.

❷ PANAYOTOU T. Empirical tests and policy analysis of environmental degradation at different stages of economic development [M]. Geneva: Technology and Employment Programme, 1993.

❸ GROSSMAN G, KRUEGER A. Economic Growth and the Environment [J]. Quarterly Journal of Economics, 1995, 110 (2): 353-377.

存在着倒"U"形的 EKC 关系。❶

弗莱登（Friedl）和格泽纳（Getzner）选取奥地利 1960—1999 年的时间序列数据，对奥地利的二氧化碳排放量与 GDP 之间存在的相互关系进行分析，实证研究结果表明，数据拟合度最优的模型是三次方型（"N"形）而非二次方型，即不存在倒"U"形曲线关系。❷

国内学者对于二氧化碳排放量与经济发展水平之间关系的研究相对起步较晚，很多学者对中国是否存在 EKC 作出了实证分析。

张晓（1999）对于中国宏观经济增长情况和主要污染物排放情况进行比较分析，该文指出，自 1978 年以来，中国经济发展水平呈现高速增长的态势，与此同时，中国为此也付出了沉重的环境代价。该文认为自从改革开放以来，中国政府所采取的环境政策较为成功地控制了经济高速发展中的环境问题，同时，中国技术进步水平的大幅度提高，提供了良好的基础条件来解决环境问题。❸

吴玉萍、董锁成和宋键峰选取北京市 1985—1999 年环境质量水平与经济发展水平的数据，通过研究环境因子与经济因子之间存在的相互关系，详细分析北京市环境质量水平与经济发展水平之间的关系，建立北京市环境污染水平与经济发展水平之间的计量经济模型，为北京环境政策提供评价依据。实证研究结果表明，自 1985 年以来，北京市的环境质量恶化程度随着经济发展水平的提高而下降，并且已经进入环境与经济协调发展的后期阶段，北京市的各个环境指标与人均 GDP 之间呈现出明显的 EKC 特征，并且比发达国家更早地到达了转折点，可以认为北京市实行了比较有效的环境政策。❹

---

❶ SELDEN T M, SONG D. Environmental Quality and Development: Is There a Kuznets Curve for Air Pollution Emissions? [J]. Journal of Environmental Economics and Management, 1994 (27): 147-162.

❷ FRIEDL B. GETZER M. Determinants of emissions in a small open economy [J]. Ecological Economics, 2003, 45 (1): 133-148.

❸ 张晓. 中国环境政策的总体评价 [J]. 中国社会科学, 1999 (3): 88-99.

❹ 吴玉萍，董锁成，宋键峰. 北京市经济增长与环境污染水平计量模型研究 [J]. 地理研究, 2002, 21 (2): 239-245.

赵细康等对于中国污染物排放水平及经济发展水平的实证研究结果表明，中国在保持经济高速发展的同时，采取了一系列较为有效和严格的环境保护措施，使得环境恶化的速度远低于同时期经济发展水平的增长速度，较为有效地缓解了经济发展水平的提高对于环境质量的压力。该文指出，大多数污染物的排放并不具备显著的EKC特征，虽然近年来主要污染物的排放增长呈现减缓的趋势，但是许多污染物排放总量仍然随着经济发展水平的增长而增加，当时间序列更长时，EKC所反映的趋势才能逐渐显现出来，这也就是说，中国污染物排放与人均GDP之间的关系也许正处于EKC的上升阶段，距离曲线转折点尚有一段距离，在未来相当长一段时间内，中国政府对于环境质量水平和经济发展水平的协调发展仍然任重道远。[1]

胡初枝等选取1990—2005年中国的经济发展水平及环境质量水平的数据，建立了中国EKC模型，实证研究结果表明，中国经济发展水平与二氧化碳排放量之间呈现出"N"形库兹涅茨曲线关系，经济发展水平对于二氧化碳排放量变化的影响具有增量效应，这成为二氧化碳排放量增加的主要因素；但是，由于不同产业之间二氧化碳排放量差异性的加大，产业结构的调整对于二氧化碳排放量变化的影响具有减量效应，但是其所发挥的抑制作用并不明显，所以优化产业结构仍然是需要解决的重要问题，同时，由于技术效应的波动性较大，所以从总体上来说具有正效应。[2]

许梦博、赵一新选取1991—2007年吉林省相关废气排放量、工业废水等环境质量水平指标与人均GDP构建了吉林省EKC，详细研究了环境质量水平及经济发展水平之间所存在的相互关系，实证研究结果表明，吉林省经济发展水平与环境质量水平之间并不存在明显的倒"U"形库兹涅茨曲线关系，同时，文中指出，在未来一段时间内，一些环境污染物还会呈现增长的趋

---

[1] 赵细康，李建民，王金营，等．环境库兹涅茨曲线及在中国的检验［J］．南开经济研究，2005（3）：48-54.
[2] 胡初枝，黄贤金，钟太洋，等．中国碳排放特征及其动态演进分析［J］．中国人口资源与环境，2008，18（3）：38-42.

势，经济发展水平并不是影响环境质量水平的唯一决定性因素。❶

1.2.3 能源消费与经济发展水平国内外研究综述

国内外学者关于能源消费与经济发展水平之间的关系研究主要包括：一些学者通过运用构建经济增长数理模型的方式及动态分析方法来求解平衡增长路径，考察能源消费约束对于经济发展水平的影响，探讨分析能源消费与经济发展水平之间的关系；另一些学者运用丰富的计量经济学分析方法对能源消费与经济发展水平之间的关系进行探讨。

德斯库帕（Dasgupta）和黑尔（Heal）通过拓展的Ramsey经济模型，将生产函数中引入人造资本和自然资源，并且假定人造资本和可耗竭的自然资源之间存在固定不变的替代弹性，研究得出如下结论：在最优的经济增长路径上，最终消费必然减少。❷

格拉夫特等选取1947—1974年的美国能源消费总量及国民生产总值（GNP）的数据，运用格兰杰因果检验方法进行分析。实证研究结果表明，美国GNP与能源消费总量之间存在单向格兰杰因果关系，他们的研究指出，经济发展水平的提高必将导致能源消费量的增加，政府采取能源保护政策并不会对经济增长产生负面的影响。❸

有学者选取1947—1979年美国的年度数据，具体研究美国能源消费量和GNP之间的关系。实证研究结果表明，美国能源消费量与GNP之间不存在因果关系；但是，将年度数据变换成季度数据时，发现美国GNP到能源消费量之间存在单向因果关系。❹

也有学者选取韩国、英国、波兰、美国、菲律宾这5个国家的数据样

---

❶ 许梦博，赵一新. 吉林省环境库兹涅兹曲线研究［J］. 吉林大学社会科学学报，2009，49（4）：141-147.

❷ DASGUPTA P S, HEAL G M. The optimal depletion of exhaustible resources［J］. Review of Economic Studies (Symposium), 1974, 165（6）：59-67.

❸ KRAFT J, KRAFT A. On the Relationship between Energy and GNP［J］. Energy Development, 1978（3）：401-403.

❹ Yu E S H, WANG J Y. The Causal Relationship between Energy and GNP: An International Comparison［J］. Journal of Energy and Development, 1985, 10（2）：249-272.

本，分别对5个国家的能源消费量及GNP进行因果关系检验，具体的实证研究结果表明，韩国的能源消费总量与GNP之间存在单向的因果关系，英国、波兰、美国的GNP与能源消费量之间存在双向的因果关系，菲律宾的能源消费量与GDP之间存在单向的因果关系。❶

埃罗尔等选取日本、意大利、德国、英国、加拿大、法国这6个发达国家的数据样本，分别对6个国家的能源消费量及真实收入水平进行因果关系检验，实证研究结果表明，日本、意大利的真实收入水平与能源消费量之间存在单向的因果关系，德国的能源消费量与真实收入水平之间存在单向的因果关系，英国、加拿大、法国的真实收入水平与能源消费量之间不存在因果关系，即能源消费量是中性的。研究结果表明，研究样本及研究数据的选择对于研究结论有着极其重要的影响。❷

纳恰内等选取16个国家（包括5个发达国家和11个发展中国家）的能源消费量与其GDP数据进行因果关系检验。他们运用了协整分析方法。实证研究结果表明，这16个国家的能源消费量与其GDP之间存在着长期的均衡关系。❸

俞（Yu）和金（Jin）选取美国1974—1990年能源消费量与经济发展水平的数据，运用EG协整检验分析方法进行了研究。实证研究结果显示，美国的经济发展水平与能源消费量之间并不存在均衡关系。❹

思德恩（Stern）运用美国1947—1990年的相关样本数据，建立包含美国GDP、资本水平、劳动力规模、能源消费量这4个变量在内的多元向量自回归（Vector Auto Regressions，VAR）模型。实证研究结果表明，美

---

❶ YU S H, CHOI J Y. The causal relationship between energy and GNP: an international comparison [J]. Energy Development, 1985 (10): 249-272.

❷ EROL U, YU E S H. On the Causal Relationship between Energy and Income for Industrialized Countries [J]. Journal of Energy and Development, 1987 (13): 113-122.

❸ NACHANE D M, NADKARNI R M KARNIK A V. Cointegration and causality testing of the energy-GDP relationship: a cross-country study [J]. Applied Economics, 1988 (20): 1511-1531.

❹ YU E S H, JIN J C. Co-integration Tests of Energy Consumption, Income, and Employment [J]. Resources and Energy, 1992, 14 (3): 259-266.

国的 GDP 与能源消费总量之间存在单向的格兰杰因果关系；而且，根据美国能源消费结构的变动，该文将能源的投入量施加权重得到最终能源消费指数，将能源消费结构替换能源消费量用来拟合向量自回归模型，得到调整之后的能源消费结构与 GDP 之间存在单向的格兰杰因果关系。[1]

博芬贝格（Bovenberg）和斯马尔德斯（Smulders）提出，在假定技术进步是内生变量的前提下，将环境变量加入内生经济增长模型，详细研究环境政策对于短期经济发展水平和长期经济发展水平之间产生的影响，并且分析两种影响之间存在的差异程度。[2]

麦西哈等选取韩国和中国台湾地区的真实收入水平、价格水平及能源消费水平的数据，运用多变量的协整检验分析及向量误差修正模型对这 3 个变量进行分析。实证研究结果表明，韩国和中国台湾地区的真实收入水平、价格水平及能源消费水平之间存在协整关系，并且，韩国和中国台湾地区的真实收入水平和能源消费水平之间存在着双向的因果关系；同时，运用方差分解分析方法得出如下结论：中国台湾地区价格水平的冲击对于真实收入水平和能源消费水平的影响远大于韩国，而且，在能源消费水平对于真实收入水平的解释能力方面，韩国远大于中国台湾地区。[3]

斯托克（Stokey）与阿漾（Ayong）等（2001）提出，在假定技术进步是内生变量的前提之下，假定污染水平与产出水平之间是成比例的，通过构建包含环境污染影响因素在内的经济增长模型来研究能源消费所产生的负效应，考察环境污染水平与技术进步对经济可持续增长所造成的影响，同时，该文还讨论了存在环境污染与技术进步的双重约束条件下的 Ramsey 均衡的最优经济增长路径，得出人均收入水平与环境质量水平之间

---

[1] STERN D I. Energy and Economic Growth in the USA: A Multivariate Approach [J]. Energy Economics, 1993, 15 (2): 137-150.

[2] BOVENBERG A L, SMULDERS S A. Transitional Impacts of Environmental Policy in an Endogenous Growth Model [J]. International Economic Review, 1996 (37): 861-893.

[3] MASIH A M M, MASIH R. On the temporal causal relationship between energy consumption, real income and prices: some new evidence from Asian-energy dependent NICs based on a multivariate cointegraion vector error-correction approach [J]. Policy Modeling, 1997 (19): 417-440.

存在着倒"U"形的库兹涅茨曲线关系。❶❷

阿萨夫（Asafu）选取印度、印度尼西亚1973—1995年的能源消费量及其GDP数据，以及菲律宾、泰国1971—1995年的能源消费量及其GDP数据，通过运用协整检验分析和误差修正模型分析一个国家能源消费量与GDP之间存在的因果关系。实证研究结果表明，在短期内，印度、印度尼西亚的能源消费量与GDP存在单向的格兰杰因果关系，泰国、菲律宾的能源消费量和GDP之间存在双向的格兰杰因果关系，并且，泰国、菲律宾的能源消费量、GDP、消费价格指数之间互为因果，但在长期内，这4个国家的能源消费量与GDP之间不存在因果关系。❸

阿漾和卡玛（Kama）假定产出水平与污染水平是成比例的，考虑到经济可持续增长、污染水平与可再生能源之间的关系，构建了包含可再生能源在内的经济增长模型，得出了Ramsey均衡最优经济增长路径。❹

林伯强（2001）建立了中国能源需求模型，运用协整检验分析方法及误差修正模型方法，具体研究分析了中国能源需求的决定因素，从而得出如下结论：首先，能源消费总量、GDP、能源价格及能源消费结构变化之间存在着长期的均衡关系；其次，不仅能源价格与GDP是能源需求量的重要决定因素，还有另一个显著的需求决定因素即GDP中的重工业份额，该决定因素主要用来反映能源消费结构变化；最后，通过与其他国家相比较，中国能源价格弹性较高，而能源需求的收入弹性较低，运用计量经济学方法——误差修正模型，实证研究结果表明，能源需求所具有的短期行

---

❶ STOKEY N. Are there limits to growth? [J]. International Economic Review, 1998, 39（1）：1-31.

❷ KAMA A D A L. Sustainable growth, renewable resources and pollution [J], Journal of Eoconimic Dynamics and Control, 2001, 25（12）：1911-1918.

❸ ASAFU-ADJAYE J. The Relationship between Energy Consumption, Energy Prices and Economic Growth: Time Series Evidence from Asian Developing Countries [J]. Energy Economics, 2000, 22（6）：615-625.

❹ KAMA A D A L. Sustainable growth, renewable resources and pollution [J], Journal of Eoconimic Dynamics and Control, 2001, 25（12）：1911-1918.

为不仅具有良好的拟合效果及稳定性,同时也具有较高的预测精度。❶

格瑞矛德(Grimaud)和罗格(Rouge)(2003,2005)假定已有的科学技术创新和用于研发的劳动力规模决定了技术进步水平,将可耗竭能源引入内生经济增长模型,从而对最优经济增长路径进行分析,同时,还在假定了简单的内生技术进步的前提下,将生产部分划分为两个部分,即研发部门和最终产品部门,从而进一步分析了污染水平、技术进步及经济发展水平之间的关系。❷❸

马超群等选取1954—2003年中国GDP与能源消费总量及包括煤炭、石油、天然气和水电等在内的能源消费各组成部分之间相关样本数据,运用协整检验分析和误差修正模型详细研究各个变量之间存在的长期均衡关系,实证研究结果表明,中国GDP与能源消费总量之间存在长期协整关系,GDP与煤炭消费量之间存在长期协整关系,GDP与石油、天然气和水电三者之间均不存在长期协整关系,从而建立了中国GDP与能源消费总量之间的误差修正模型,以及中国GDP与煤炭消费量之间的误差修正模型。❹

韩智勇等选用中国1978—2000年能源消费总量和GDP的样本数据,运用协整检验分析和格兰杰因果检验分析方法进行了研究。实证研究结果表明,中国能源消费量与GDP之间存在双向的格兰杰因果关系,但是,二者之间并不具有长期的协整性,从而,中国政府在制定相关能源政策时,不仅需要充分考虑到能源供需对于经济发展水平目标的冲击,同时也需要

---

❶ 林伯强. 中国能源需求的经济计量分析 [J]. 统计研究, 2001 (10): 34-39.

❷ GRIMAUD A, ROUGE L. Non-renewable Resources and Growth and Vertical Innovations: Optimum, Equilibrium and Economic Policies [J]. Journal of Environmental Economics and Management, 2003, 45: 433-453.

❸ GRIMAUD A, ROUGE L. Polluting not-renewable resources, innovation and growth: welfare and environment policy [J]. Resources and Energy Economics, 2005, 27: 109-129.

❹ 马超群, 储慧斌, 李科, 等. 中国能源消费与经济增长的协整与误差校正模型研究 [J]. 系统工程, 2004, 22 (10): 47-50.

第1章 导 论

考量到能源供应压力的紧迫性和严重性。❶

李（Lee）选用18个发展中国家（不包含中国）1975—2001年能源消费量与其GDP数据，考虑异质性的影响，运用面板单位根检验、协整检验分析、误差修正模型进行了研究。实证研究结果表明，无论从长期角度还是短期角度分析，这18个发展中国家均不存在从能源消费量到GDP的单向因果关系；这一结论表明，对于这18个发展中国家，能源消费量的减少将对经济增长产生不利影响。❷

瓦伦特（Valente）将外生技术进步和可再生资源等因素引入模型中，分析可持续发展与外生技术进步及可再生能源之间的关系。研究结果表明，当外生技术增长率和资源再生率不低于社会贴现率时，对于任何规模报酬不变的技术水平，均可实现可持续的经济增长。❸

杨朝峰、陈伟忠选取中国1952—2003年能源消费量和经济发展水平的数据，运用EG协整检验分析方法，建立了中国能源消费量与经济发展水平之间的误差修正模型来探讨二者之间的长期均衡关系和短期波动关系，运用格兰杰因果检验分析方法对中国能源消费量与经济发展水平之间的因果关系进行分析，得出中国经济发展水平与能源消费量之间存在单向因果关系，在长期来看，这种单向的因果关系是稳定的，并没有随时间的变化而发生结构性的变化。❹

卫（Wei）运用柯布道格拉斯生产函数分析了能源利用效率对于能源消费量和经济发展水平的影响，调整了已有研究对于能源利用效率对经济产出的长期影响作用的现象，同时利用两个部门的一般均衡模型具体分析

---

❶ 韩智勇，魏一鸣，焦建玲，等．中国能源消费与经济增长的协整性与因果关系分析［J］．系统工程，2004，22（12）：17-21．

❷ LEE C C. Energy Consumption and GDP in Developing Countries: A Co-integrated Panel Analysis [J]. Energy Economics, 2005, 27 (3): 415-427.

❸ VALENTE S. Sustainable development, renewable resources and technological progress [J]. Environmental&Resource Economics, 2005, 30: 115-125.

❹ 杨朝峰，陈伟忠．能源消费和经济增长：基于中国的实证研究［J］．石油大学学报（社会科学版），2005，21（1）：18-22．

了能源利用效率对于经济发展水平的影响。❶

　　根据上面的文献可以发现,基于经济增长理论的角度,国内外学者的研究成果正逐步完善。为了避免假定外生技术进步单一部门模型所具有的局限性,研究人员假定内生技术进步两个部门模型,其中两个部门模型被划分为研发部门和最终产品部门,同时还需要将环境因素、能源消费导致污染的外部效应、知识技术的溢出效应等因素引入生产函数中,用来分析环境政策对于经济发展水平的影响程度。基于计量经济学角度,有关能源消费量与经济发展水平之间关系的研究,所运用的计量经济学分析方法不同可能会出现不同的分析结果。因此,选用适当的计量经济学分析方法将是进行相关检验的关键一步。

1.2.4　能源—环境—经济三者关系的国内外研究综述

　　国内外很多机构和学者运用不同的能源—环境—经济综合模型来计算燃料燃烧所产生的二氧化碳排放量,探索能源消费、二氧化碳排放量与经济发展水平之间的相互关系。在二氧化碳排放量与经济发展水平方面,部分研究成果表明,二氧化碳排放量受到经济发展水平的影响;还有部分研究成果显示,二氧化碳排放量反过来会影响经济发展水平。在能源消费与二氧化碳排放量方面,部分研究成果表明,能源消费量会对温室气体的排放产生直接的影响。在能源消费与经济增长方面,部分研究成果表明,能源消费量会通过提高劳动生产率达到促进经济发展水平提高的目的;还有部分研究成果表明,可以通过提高能源利用效率达到降低能源消费量的目的,此时,需要经济发展提供必要的条件。因此,能源消费与经济发展水平是相互决定的。这样一来,研究基于共同多变量框架之下,能源—环境—经济之间的动态关系,探讨能源、环境、经济之间的短期波动及长期协整关系,具有非常重要的研究意义。

　　陈文颖、高鹏飞、何建坤(2004)建立了能源—环境—经济耦合的非

---

❶ WEI T. Impact of energy efficiency gains on output and energy use with Cobb-Douglas production function [J]. Energy Policy, 2007, 35 (4): 2023-2030.

线性动态规划模型——中国 MARKAL-MACRO 模型,并且通过运用该模型对中国未来的能源发展与二氧化碳排放基准方案进行研究,同时探索减少二氧化碳排放量对中国能源系统所产生的可能影响进行研究。模拟研究结果表明,若中国从 2030 年开始减排,当碳减排率为 10%~46%时,二氧化碳边际减排成本在 45~254 美元/吨;实际二氧化碳减排将导致化石类能源等影子价格的上升、各种能源服务需求的下降,这必将引起终端能源消费结构及一次能源消费结构的变化,最终能源消费必将由于燃料结构的优化和能源服务需求的减少而减少,在高减排率情形之下,一次能源消费中煤炭类能源的比重将大大下降,而低碳和无碳能源特别是核能所占的比重将大幅度上升,中国未来二氧化碳减排的空间是有限的。[1]

昂(Ang)选取法国 1960—2000 年能源消费量、二氧化碳排放量、GDP 的时间序列数据,运用协整检验分析和误差修正模型,详细研究了能源消费量、二氧化碳排放量、经济发展水平之间的动态关系。实证研究结果表明,法国能源消费量、二氧化碳排放量、经济发展水平三者之间长期内存在稳定的均衡关系,即能源消费量的增加会导致二氧化碳排放量的增加,经济发展水平的提高会引起能源消费量的增加;而在短期内,能源消费量的增加会带来经济发展水平的提高。[2]

有学者选取中国 1960—2007 年能源消费量、二氧化碳排放量、资本存量、人口规模、经济发展水平的时间序列数据,运用多变量经济分析模型,将城市人口和资本存量选择为控制变量。实证研究结果表明,中国能源消费量到二氧化碳排放之间及 GDP 到能源消费量之间均存在单向的因果关系。这表明在较长一段时期内,能源消费水平决定了二氧化碳排放水平,经济发展水平决定了能源消费水平,但是能源消费量与二氧化碳排放

---

[1] 陈文颖,高鹏飞,何建坤. 用 MARKAL-MACRO 模型研究碳减排对中国能源系统的影响[J]. 清华大学学报(自然科学版),2004,44(3):342-346.

[2] ANG J B. CO_2 Emissions, Energy Consumption and Output in France [J]. Energy Policy, 2007 (35): 4772-4778.

量对经济发展水平均不产生显著影响。❶

有学者选取中国1995—2007年28个省的省级面板数据，运用面板协整分析方法和面板向量误差修正模型，详细研究二氧化碳排放量、能源消费量和真实经济产出水平之间的关系。实证研究结果表明，二氧化碳排放量、能源消费量和真实经济产出水平三者之间存在协整关系，二氧化碳排放量和能源消费量之间存在双向的因果关系，能源消费量和真实经济产出水平之间存在双向的因果关系，能源消费量的增加和经济发展水平的提高都是促使二氧化碳排放量增加的原因，二氧化碳排放量的增加和经济发展水平的提高同时也是使得能源消费增加的原因。该文同时指出，关于中国二氧化碳排放、能源消费和经济发展水平之间动态关系的研究，控制变量的选择起到非常关键的作用。❷

1.2.5 能源消费、二氧化碳排放量与经济发展水平国内外研究综述小结

基于大量的国内外文献综述可以看出，关于能源消费、二氧化碳排放量与经济发展水平的研究是国内外研究学者关注的重要问题，由于不同研究学者在模型选择、时期选择、地区选择等方面的不同，所得出的具体研究结果也各不相同。

首先梳理有关能源消费量与二氧化碳排放量之间的因素分解分析方法的国内外研究现状，分解分析方法包括Laspeyres指数分析法、SAD、AWD、SDA等，通过对不同分解分析方法的文献梳理及方法比较，认为不同因素分解分析方法各有优缺点。本书将依据1980—2011年二氧化碳排放量的具体测算数据，选用最为合理的分解分析方法，即简单平均分解方法的拓展形式——LMDI对中国能源消费所产生的二氧化碳排放量进行因素

---

❶ ZHANG X P, CHENG X M. Energy Consumption, Carbon Emissions, and Economic Growth in China [J]. Ecological Economics, 2009 (68): 2706-2712.

❷ WANG S S, ZHOU D Q. CO_2 Emissions, Energy Consumption and Economic Growth in China: A Panel Data Analysis [J]. Energy Policy, 2011 (39): 3870-4875.

分解分析。

其次对二氧化碳排放量与经济发展水平之间的国内外研究现状进行梳理，其中对关于 $I=PAT$ 模型的研究及库兹涅茨曲线的国内外研究现状进行详细综述。鉴于 $I=PAT$ 模型中的影响因素对于模型的解释相对简单，本书以 $I=PAT$ 模型作为基础的同时进行模型形式的拓展，并且对于其中的影响因素进行具体分解，从而达到具体研究二氧化碳排放量与经济发展水平之间关系的目的；同时由于库兹涅茨曲线在国外的应用较早，但是在中国的具体应用较少，并且结果各不相同，本书对二氧化碳排放库兹涅茨曲线在中国的具体形状进行分析。

最后简述能源消费与经济发展水平之间的国内外研究现状，鉴于不同地区的选择、不同时间序列的选择、不同模型的选择，所得到的实证分析结果各不相同。基于能源对经济增长的重要性，本书把能源作为独立的生产要素纳入经济增长模型，运用计量经济学的分析方法探讨能源消费总量、二氧化碳排放量和经济发展水平之间的均衡关系。

1.3 研究总体思路与研究方法

1.3.1 研究总体思路

根据当前国际上关于降低温室气体排放的研究趋势，同时结合本书的研究需求，本书主要从以下五个方面对中国能源消费、二氧化碳排放量、经济发展水平方面的相关问题进行分析研究。

①中国能源消费、经济发展水平呈现什么特征？选用何种方法对中国能源消费产生的二氧化碳排放量进行测算？

②中国能源消费对二氧化碳排放量的影响因素包括哪些？中国能源消耗强度对于二氧化碳排放量的影响因素有哪些？

③影响能源消费所产生的二氧化碳排放量的决定性因素有哪些？中国是否存在二氧化碳库兹涅茨曲线？

④中国能源消费总量与经济发展水平之间的经济学分析呈现什么状态？

⑤中国能源消费、二氧化碳排放量、经济发展水平之间存在什么样的关系？

1.3.2 研究方法

统计描述的研究方法。具体来说，本书对于中国能源消费、二氧化碳排放量和经济发展水平的具体现状进行统计性描述，进而通过三者之间的整体波动趋势来对比分析三者之间可能存在的关系。同时，对于中国能源消费、二氧化碳排放量和经济发展水平之间的关联变化规律进行分析，具体来说，就是对能源消费强度、能源消费弹性系数、二氧化碳排放强度等指标进行描述性统计分析，并且依据各个指标的波动性变化为中国能源消费、二氧化碳排放量和经济发展水平的阶段性变化作出相关解释。

理论分析与实践研究相结合的研究方法。具体来说，本书在梳理相关理论和文献的基础上对中国能源消费、二氧化碳排放量和经济发展水平之间的关系有了较为全面的了解。进一步提出本书实证研究的理论机制，为本书的具体实证分析研究作好理论基础和实践基础。

规范分析与实证分析相结合的研究方法。规范分析方法是指以一定的价值判断作为基础，具体提出所分析问题的标准，从而确定所分析问题的理论基础，回答了"应该是什么"的问题。实证分析方法是指对所研究的现象、行为、活动及其发展趋势进行客观分析，从而可以得出具有规律性的结论，也就是回答了"是什么"的问题。

本书所选用的研究分析方法具体如下。

第一，运用IPCC所推荐的"参考方法"，从定量角度对中国能源消费所产生的二氧化碳排放量进行实际测算，并且具体分析中国能源消费、二氧化碳排放量、经济发展水平的动态变化特征及其成因。

第二，引入LMDI对中国能源消费所产生的二氧化碳排放量的影响因素进行分解分析，并且对不同影响因素的贡献率及正负效应的大小进行比较分析。

第三，鉴于 IDA 的局限性，本书引入计量经济学分析模型，来对中国能源消费所产生的二氧化碳排放量的影响因素进行回归分析，并且对不同影响因素的二氧化碳排放需求弹性及相对贡献率的大小进行比较分析。接下来，对中国二氧化碳排放库兹涅茨曲线形态进行验证。

第四，将能源作为投入要素引入经济增长模型，通过协整理论分析中国能源消费总量和经济发展水平之间所存在的长期均衡关系，研究中国能源消费对经济发展水平的影响作用。

第五，通过协整检验分析方法及误差修正模型，具体分析中国能源消费量、二氧化碳排放量和经济发展水平之间的相互关系。

1.4 研究内容和研究框架

1.4.1 研究内容

基于上述分析内容，本书对能源消费、二氧化碳排放量与经济发展水平之间关系的相关理论进行梳理，通过对中国能源消费所产生的二氧化碳排放量进行定量估算，对二氧化碳排放量的影响因素进行分解分析，得出不同影响因素对中国二氧化碳排放量的影响程度，并且验证二氧化碳排放量与经济发展水平之间所存在的曲线关系，同时构建引入能源约束的经济增长模型，运用计量经济学分析方法实证研究能源消费总量与经济发展水平的关系，实证分析研究中国能源消费量、二氧化碳排放量及经济发展水平之间所存在的经济学关系。最后，基于前文的分析提供相应的政策建议。

本书共分为 6 个部分，具体研究内容如下。

第 1 章，导论。主要介绍能源消费、二氧化碳排放与经济发展水平三者之间关系的研究背景、研究意义，对国内外已有的能源消费、二氧化碳排放量、经济发展水平三者之间关系的相关研究成果进行梳理，为本书相关研究提供必要的铺垫。阐述本书研究的具体思路、具体研究方法，同时阐述书中的主要研究内容、研究分析框架，提出本书的可能创新性工作。

第 2 章，能源消费、二氧化碳排放量、经济发展水平的一般理论分析。首先，阐述 IPCC 发布的关于能源消费所产生二氧化碳排放量的测算方法；其次，简述能源消费二氧化碳排放因素分解分析方法；再次，介绍 EKC 假说及模型形式；最后，将能源约束引入经济增长模型，详细描述中国能源消费与经济增长的理论分析框架。

第 3 章，中国能源消费、二氧化碳排放量与经济发展水平现状分析。简要介绍中国能源消费总体特征及近年来的变化趋势；简要介绍中国经济发展水平的现状及三大产业结构特征；运用推荐方法测算中国能源消费所产生的二氧化碳排放量，并且对二氧化碳排放量的变化趋势进行分析；对三者之间的关联现状进行分析。

第 4 章，中国能源消费、二氧化碳排放量与经济发展水平之间关系的经济学分析。首先运用 LMDI 详细地分析中国能源消费所产生的二氧化碳排放量的影响因素，并且具体对能源消耗强度进行因素分解来分析其对中国能源消费产生的二氧化碳排放量的影响程度。其次，运用 $I=PAT$ 模型的扩展形式 STIRPAT 模型来构建中国能源消费产生二氧化碳排放的经济模型，并且基于环境库兹涅茨理论的逻辑基础，提出二氧化碳库兹涅茨曲线假说，分析研究中国经济增长过程中能源消费与二氧化碳排放的规模收敛规律特征。再次，通过引入能源约束的经济增长模型，挖掘中国能源消费总量与实际经济发展水平之间的均衡关系，研究中国能源消费总量对经济发展的长期影响。最后，详述中国能源消费、二氧化碳排放量与经济发展水平之间的经济学分析，主要分析中国能源消费量、实际经济发展水平对中国二氧化碳排放量的影响，分析二氧化碳排放量、能源消费量和实际经济发展水平三者之间的关系，从经济学角度分析在二氧化碳排放约束条件的前提之下，如何实现中国能源、经济的可持续发展。

第 5 章，中国能源消费、二氧化碳排放量与经济发展水平之间关系的政策性分析。基于书中具体的实证分析研究，提出关于提高能源科技化水平、调整产业结构、发展新型清洁能源、转换经济发展方式等方面的政策建议，来实现中国能源、环境、经济的可持续协调发展。

第 6 章，全书结论及研究展望。对于前文通过实证研究得出的结论、政策性建议进行总结，同时提出进一步的研究方向。

1.4.2 研究框架

本书的研究框架结构如图 1.1 所示。

```
                        导论
                         ↓
        能源消费、二氧化碳排放量、经济发展水平的一般理论分析
                         ↓
        中国能源消费、二氧化碳排放量、经济发展水平现状分析
                         ↓
    ┌────────────────┬────────────────┬────────────────┐
    │ 中国二氧化碳排放量  │ 中国二氧化碳排放量  │ 中国能源消费总量  │
    │   因素分解分析    │ 影响因素的计量分析  │ 对经济增长影响的  │
    │                │                │    实证分析     │
    └────────────────┴────────────────┴────────────────┘
                         ↓
    中国能源消费、二氧化碳排放量、经济发展水平之间关系的经济学分析
                         ↓
    中国能源消费、二氧化碳排放量、经济发展水平之间关系的政策性分析
                         ↓
                全书结论及研究展望
```

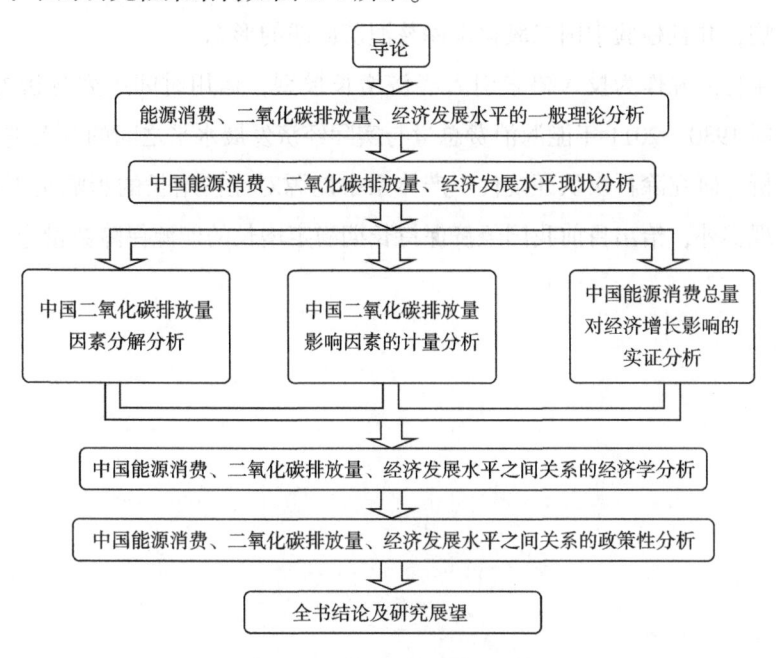

图 1.1 本书研究框架结构

1.4.3 可能的创新性工作

本书在大量文献研究的基础上，运用定性分析与定量分析相结合的方法，对中国能源消费、二氧化碳排放量、经济发展水平之间所存在的相互关系进行具体分析研究，为中国制定优化产业结构、合理配置能源消费结构、大力发展循环经济等政策制定提供一定的参考价值。本书可能的创新之处如下。

①书中对能源消费的经济增长机制进行较深入的研究，包括以罗默的内生技术进步模型作为研究基础，通过在生产函数中引入中间产品及能源消费变量，探索在能源约束条件之下如何实现经济的可持续发展。

②将 LMDI 引入中国能源消费所产生的二氧化碳排放量变化的研究分

析中，得到影响中国二氧化碳排放量因素的不同影响程度，为中国制定二氧化碳减排政策提供政策依据。

③运用模型 $I = PAT$ 的拓展形式作为研究模型，定量研究中国人口规模、人口城镇化比率、经济发展水平及技术水平因素对于二氧化碳排放量的影响，并且检验中国二氧化碳库兹涅茨曲线的形态。

④将能源作为投入要素引入经济增长模型，运用时间序列分析方法，对中国1980—2011年能源消费总量与实际经济发展水平之间的关系进行实证分析。研究除再次认证现代生产体系中能源对经济增长的影响是不可或缺的现实外，给出目前我国经济保持长期稳定增长的能源保障数量边界。

第 2 章　能源消费、二氧化碳排放、经济发展水平一般理论分析

本章首先详细阐述 IPCC 所发布的关于能源消费产生的二氧化碳排放量估算方法，为书中二氧化碳排放量的测算提供理论基础；其次，通过对能源消费所产生二氧化碳排放的因素分解分析方法进行描述，可以分析二氧化碳排放量的影响因素；再次，描述 EKC 的假说及一般形式，说明 EKC 所表现出来的环境水平与经济发展水平之间的关系；最后，通过将能源消费量引入经济增长模型，构建中国能源消费与经济发展水平之间关系的模型，为书中的实证研究提供理论基础。

2.1　IPCC 能源消费产生的二氧化碳排放量估算方法

1992 年，联合国环境与发展大会通过《联合国气候变化框架公约》以后，对温室气体排放量的测算引起了全球的广泛关注。各组织机构对于温室效应、全球变暖及可持续发展的重要性产生了极大关注，这使得温室气体排放量的详细测算方法变得极为重要，因为以此才能评测温室气体的排放对于环境的影响程度。

在全球碳循环及二氧化碳排放的相关研究中，国内外学者立足于不同分析层面，对能源消费所产生的二氧化碳排放量进行了大量研究。化石燃料能源消费是最大的二氧化碳排放源，在未来的很长一段时间内，全球大部分国家将仍然使用化石燃料作为主要的能源。

目前，在具体的环境统计工作中，国内外基于能源消费所产生的温室

气体排放（主要是二氧化碳的排放）测算的基本方法，主要分为以下三种：实测法、物料衡算法及排放系数法。❶

2.1.1 实测法

实测法通过运用各种监测手段或官方机构认定的燃料燃烧设备，对在运行过程中所涉及的设备所排放的气体的流量、浓度等相关参数进行实际的测量，同时进行碳平衡的计算。通常来讲，运用实测法得到的原始二氧化碳排放量结果较为准确，但是工作量巨大，所耗费的成本也较高；而且虽然通过实测法所得到的数据是官方机构通过科学方法采集分析样品而得到的，在过程中也可能出现偏差。这也意味着，如果样品的采集不具有代表性，那么通过对实测法所得到的样品数据进行分析也不具有代表性。通过实测法监测二氧化碳排放量的数据需要进行连续的监测，这就需要较高的精度，但是测量成本较高，因此，一般认为该方法并不合理。❷

2.1.2 物料衡算法

物料衡算法指的是根据物质质量守恒定律，对于生产过程中使用的物料情况进行定量分析的一种数学方法。物质质量守恒定律是某一生产过程中投入和产出的物质质量守恒，即设备或者系统中所投入的物料质量等于设备或者系统所产出的产品质量。具体来说，物料衡算法就是通过把工业排放源所产生的二氧化碳排放量、资源的综合利用、生产工艺和管理及环境治理进行有效的结合，从而全面地、系统地研究生产过程中二氧化碳排放的产生及排放量，这被认为是一种科学而且有效计算二氧化碳排放量的方法。❸

物料衡算法不仅可运用在整个生产过程之中的总物料衡算方面，也适

---

❶ IPCC, OECD, IEA. Revised 1996 IPCC Guidelines for National Greenhouse Gas Inventories [R]. IPCC, Bracknell, 1996, Volumes 2.

❷ IPCC. Methodological and Technological Issues in Technology Transfer [M]. Cambridge: Cambridge University Press, 2000.

❸ 国家环境保护总局规划司. 环境统计概论 [M]. 北京: 中国环境科学出版社, 2001.

用于整个生产过程之中的局部生产物料衡算。目前，绝大部分测算碳源排碳量的工作及其相关基础数据都是以物料衡算法作为研究分析的基础，与此同时，该测算方法在对化石类燃料消费所产生的二氧化碳排放量的具体测算工作中也是一种较为重要的方法。

在实际操作过程中，最常用的方法也是最主要的方法是由 IPCC 推荐的两种方法：一是总量法；二是定额法。❶ 总量法是以详细的燃料分类为基础的估算方法，即以原物料总量、主副产品总量及回收产品总量为基础进行物料衡算，来计算物料的总流失量。总量法通常在对生产过程中的部分设备或部分步骤进行物料衡算时较为方便。定额法是以详细技术分类为基础的方法，即以原物料消耗量为基础，先计算单位产品的物料流失量，再计算物料流失总量。定额法通常在对整个生产过程的物料衡算中较为方便。总量法与定额法在原理方面是基本相同的，均是以实际燃料类能源消费所产生的含碳量及非能源消费所利用固碳量之差乘以具体燃料的氧化率来估算所产生二氧化碳排放量的。❷

在物料衡算法的实际应用过程中，涉及社会生产各个系统之中的水源、燃料、原材料、生产工艺、处理设施、产品、回收品及排放方式等诸多具体因素，该方法如图 2.1 所示。投入物料量总和＝产出物料量总和＝主副产品和回收及综合利用的物质量综合+排出系统外的废物质量（其中包括可控制与不可控制生产性废物及工艺过程的泄露等物料流失）。

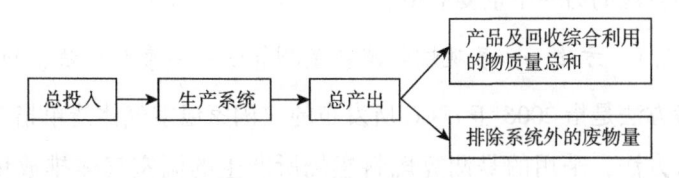

图 2.1　物料衡算法

资料来源：2006 年 IPCC《国家温室气体清单指南》❸。

---

❶ IPCC, OECD, IEA. Revised 1996 IPCC Guidelines for National Greenhouse Gas Inventories [R]. IPCC, 1996, Volumes 2.

❷ 同❶。

❸ IPCC. 2006 IPCC Guidelines for National Greenhouse Gas Inventories. Japan: Institute for Global Environmental Strategies, 2006.

具体计算公式如下:

$$\sum G_{投入} = \sum G_{产品} + \sum G_{流失} \quad (2.1)$$

式中:$\sum G_{投入}$ 为投入物料量的总和;$\sum G_{产品}$ 为所得产品量的总和;$\sum G_{流失}$ 为物料及产品流失量的总和。

运用物料衡算法来核算具体污染物的产生量和排放量的同时,应该对设备的生产工艺流程和水、能源及物料的投入、使用和消耗情况进行详尽充分的调查、了解,从物料平衡分析的角度着手,对企业生产过程中所需的原材料、辅料、水和能源的消耗量及生产工艺过程进行综合分析,这样才能使测算出的污染物产生量和排放量能够较为真实地反映生产过程中的实际情况。

就二氧化碳的排放量而言,式(2.1)可具体表示为如下形式:

$$\sum G_{投入} = \sum G_{产品中的碳} + \sum G_{流失的碳} \quad (2.2)$$

产品生产系统或者单一燃料燃烧设备均使用这种碳平衡计算法。

现阶段二氧化碳排放量的具体测算数据通常是使用物料衡算法得到的。由IPCC推荐的参考方法——表观能源消费量测算法即为物料衡算法的具体应用之一。而对以具体分类的燃料为基础的二氧化碳排放量测算也是物料衡算法的另一个重要应用。

2.1.2.1 方法一:表观燃料消耗量测算法——参考方法、缺省方法

参考方法是指2006年IPCC所发布的《国家温室气体清单指南》中推荐的缺省方法,采用的是测算燃料燃烧所产生的温室气体排放量的计算方法。

基于IPCC基准方法计算公式中二氧化碳计算方法——各种能源的二氧化碳排放量计算方法介绍如下。

(1) 概述

参考方法通过运用国家的能源供应数据,测算主要化石燃料燃烧所产生的二氧化碳排放量,该方法属于一个自上而下的方法。

第2章 能源消费、二氧化碳排放、经济发展水平一般理论分析

(2) 涵盖的源类别

参考方法旨在计算燃料燃烧的二氧化碳排放量，起源于高级能源供应数据。假设碳已保存，如原油中的碳等于所有衍生物的总碳含量。参考方法未区分能源部门内不同的源类别，仅估算源类别"燃料燃烧"的二氧化碳排放量。二氧化碳排放得自以下两个方面：能源部门的燃烧，其中燃料被用作精炼或发电的发热源；燃料或其次级产品的最终消费的燃烧。

(3) 算法

参考方法将燃料燃烧所产生的二氧化碳排放量的计算方法具体分为五个步骤。

第一，估算使用原始单位（Original Unit）所表示出的表观燃料消费量（Apparent Fuel Consumption）。

第二，将按照原始单位所表示出的表观燃料消费量转换成为通用能源单位（Common Energy Unit）。

第三，乘以平均碳含量来计算二氧化碳排放总量。

第四，计算非燃碳量（Excluded Carbon），其中包括燃料中用于生产过程的长期固碳材料、还原剂和非能源用途的含碳量。

第五，使用乘以燃料的二氧化碳氧化系数的方法来对燃料中没有被氧化部分的碳进行校正，同时将计算结果转换为二氧化碳排放量。

这五个步骤可表示为

$$CO_{2i} = (AFC_i \times CF_i \times CC_i \times 10^{-3} - EC_i) \times COF_i \times 44/12 \qquad (2.3)$$

式中：i 为燃料类型；CO_2 为当年燃料的二氧化碳排放量（单位：Gg）；AFC 为当年燃料的表观消费量（由于燃料的种类各不相同，从而计量单位也各不相同，如煤炭、石油等燃料按吨（t）计算，天然气、煤气等气体燃料能源按立方米（m^3）计算，电力能源按千瓦时（$kW \cdot h$）计算，热力能源按千卡（kK）计算）；CF 为转换因子，即把用表观消费量表示的燃料原始单位转换成通用能量单位（TJ）的转换因子；CC 为燃料的平均含碳量（单位：t/TJ），乘以 10^{-3} 是将 t 转换成 Gg；EC 为非燃碳量（单位：Gg），即排除在燃料燃烧排放以外的原料和非能源用途中排出的碳；COF 为碳被氧化的比例，即燃料的氧化系数，也可称为碳氧化因子，通常来说

· 37 ·

该值为1表示完全氧化,只使用较低的值来计算无限期保留在烟灰或油烟之中的碳;44/12为二氧化碳和碳的相对分子量的比率。

燃料的表观消费量(AFC):参考方法的第一步是估算国内燃料的表观消费量。这需要初级燃料和次级燃料[生产、进口、出口、用于国际运输(燃料舱燃料)的燃料,以及存入或从库存去除的燃料]的供应平衡表。这样的话,碳就经能源生产和进口(按库存变化进行调整)进入国家,而通过出口和国际燃料舱运出国家。为避免重复计算,至关重要的是,要区分初级燃料(本质上为燃料,如煤、原油和天然气)与次级燃料(得自初级燃料,如汽油和润滑剂)。

通过各级燃料及清单年份的数据,可以计算出供应一国的燃料量,主要包括如下五个部分。

①初级燃料的产量(不包括次级燃料和燃料产物的产量);
②出口的初级和次级燃料量;
③进口的初级和次级燃料量;
④通过国际燃料舱的初级和次级燃料量;
⑤初级和次级燃料库存的净增加或净减少。

一种初级燃料的表观消费量可使用以上数据来计算,计算公式如下:

$$AFC_i = O_i + I_i - E_i - B_i - R_i \tag{2.4}$$

式中:O为当年燃料的年产量;I为当年燃料的进口量;E为当年燃料的出口量;B为国际燃料舱,即从事国际运输的飞机和船只的舱体燃料量;R为当年燃料储备变化量。

燃料储备增长是正的库存变化,它取回了消费量中的供应。燃料储备减少是负的库存变化,如果从公式中减去,就会使得表观消费量增加。

初级燃料的表观消费总量表示的是各个初级燃料的表观消费量之和。

次级燃料的表观消费量应当加入初级燃料的表观消费量。计算时应当忽略次级燃料的产量(或制造量),因为这些燃料中的碳已纳入这些燃料的初级燃料供应中。例如,原有表观消费量的估算就已包含了要精炼的汽油中的碳。

次级燃料的表观消费量的具体计算公式如下:

第2章 能源消费、二氧化碳排放、经济发展水平一般理论分析

$$\text{AFC}_i = O_i + I_i - E_i - B_i - R_i \tag{2.5}$$

在这种情况下,某种次级燃料能源的表观能源消费量可能为负值,这就表示该燃料能源的净出口量或储备的净增加值。

次级燃料的总表观消费量表示的是各个次级燃料的表观消费量之和。

转换因子(CF):转换因子也称为能量转换系数,表观消费量×能量转换系数=热量,就是说其可将表观消费量转换成为通用的热量计量单位。

不同能源能量转换系数详见表2.1。

表2.1 不同能源能量转换系数

燃料类型	净发热值/(TJ/Gg)	燃料类型	净发热值/(TJ/Gg)
柴油	43.0	无烟煤	26.7
煤油	43.8	褐煤	11.9
汽油	44.3	焦炭	28.2
燃料油	40.4	天然气	48.0

数据来源:2006年IPCC《国家温室气体清单指南》。

碳含量(CC):初级燃料类型之间及同一类型内燃料的碳含量可能呈现出差异性非常大的问题。

①对于天然气能源来说,其碳含量取决于气体的组成,主要组分为甲烷,但也可包含少量的二氧化碳、乙烷、丙烷、丁烷及较重质的碳氢化合物,在生产现场进行喷焰燃烧的天然气能源通常是"湿的",这表明天然气之中含有较大数量的非甲烷碳氢气体,从而碳含量会相应不同。

②对于原油能源来说,其碳含量可能由于原油的构成而呈现一定的差异性(如取决于API重力和硫含量)。对于次级石油产品来说,重质产品(如残留燃料油)的碳含量通常大于轻质提炼产品(如汽油)。

③对于煤炭能源来说,每吨煤炭的碳含量差异性很大,这可以视煤炭的成分(碳、硫、烟灰、氢、氧和氮)而定。

由于燃料的能源含量与碳含量密切相关,如果用高能源单位来表示活动数据,那么碳含量的可变性就很小:碳含量=表观消费量(热量)×二氧化碳排放系数。

二氧化碳排放系数采用《国家温室气体清单指南》中所提供的的缺省数据，具体数据详见表2.2。

表2.2 不同能源的二氧化碳排放系数

燃料类型	缺省排碳含量/（kg/GJ）	燃料类型	缺省排碳含量/（kg/GJ）
柴油	20.2	无烟煤	26.8
煤油	19.6	褐煤	27.6
汽油	20.2	焦炭	29.2
燃料油	21.1	天然气	15.3

数据来源：2006年IPCC《国家温室气体清单指南》。

非燃碳（EC）的计算过程如下。

式（2.3）中，EC_i的计算方式为

$$EC_i = AD_i \times CC_i \tag{2.6}$$

式中：i为燃料类型；AD为燃料的活动系数（单位：TJ）；CC为燃料的平均碳含量（单位：t/TJ）。

此方法为IPCC《国家温室气体清单指南》推荐的缺省方法，该方法所需数据量不大，数据收集难度较小，数据计算较容易，可以达到测算二氧化碳排放量的基本要求。该方法不需要对生产部门、生产设备进行分类，在测算过程中采用的参数属于综合参数，而且测算过程中允许存在统计误差，从而对二氧化碳排放量的测算结果不可能很精确，但是，由于此方法所使用的数据是宏观能源数据，该测算方法可以与其他测算方法相比较，用来检验其他测算方法的准确程度。

2.1.2.2 方法二：以具体分类的燃料为基础的二氧化碳排放量测算方法——部门方法

二氧化碳排放量的测算是低碳经济测度指标的基础。2006年IPCC发布的《国家温室气体清单指南》规定，二氧化碳排放量的来源具体分为五个部分：

①能源，包括燃料燃烧活动、源于燃料的逸散燃烧、二氧化碳运输与

第2章 能源消费、二氧化碳排放、经济发展水平一般理论分析

储存；

②工业过程与产品使用；

③农业、林业和其他土地利用；

④废弃物；

⑤其他。❶

在二氧化碳总排放量中，能源消耗所产生的二氧化碳排放量所占的比例最大。鉴于各国统计口径存在一定的差异，不同国家对于该指南的具体使用方法存在一定的差异。

在美国橡树岭国家实验室（ORNL）的二氧化碳信息分析中心（CDIAC）所提供的全球二氧化碳排放量估计数据中，二氧化碳排放量具体来说包括五种：液体燃料消耗、固体燃料消耗、气体燃料消耗、水泥生产及气体燃烧所产生的二氧化碳排放量。

就中国的具体情况来看，依据中国国家统计局所编制的《能源统计报表制度》中的具体要求，能源消费量可以具体分为能源加工转换损失量（投入量-产生量）、能源终端消费量及能源损失量（包括运输损失和输配损失）。

该方法是以具体分类的燃料分类为基础，也被称为自下而上法。参考方法一中所提到的计算方法仍然为基本方法。

在该方法的具体使用过程中，二氧化碳排放量的最常见的计算方法为

$$CE = \sum E_{ij} \times f_i \qquad (2.7)$$

式中：CE 为二氧化碳排放总量；E_{ij} 为第 i 种能源第 j 年的消费量；f_i 为第 i 种能源的二氧化碳排放系数。

为了保持各数据单位的一致性，将原始数据之中以焦耳（J）为单位表示的能源消费量转化成以标准煤为单位表示，具体的转化系数为 1×10^4 t 标准煤等于 2.93×10^5 GJ，主要的二氧化碳排放系数详见表2.3。

---

❶ IPCC. 2006 IPCC Guidelines for National Greenhouse Gas Inventories. Japan：Institute for Global Environmental Strategies，2006.

表 2.3　不同能源的二氧化碳排放系数

能源种类	碳排放系数/（10^4t/10^4t）	能源种类	碳排放系数/（10^4t/10^4t）
洗精煤	0.755 9	燃料油	0.618 5
原煤	0.755 9	其他石油制品	0.585 7
焦炭	0.855 0	液化石油气	0.504 2
其他焦化产品	0.644 9	天然气	0.448 3
汽油	0.553 8	焦炉煤气	0.354 8
煤油	0.571 4	炼厂干气	0.460 2
原油	0.585 7	其他煤气	0.354 8
柴油	0.592 1	水电、核电	0

数据来源：2006 年 IPCC《国家温室气体清单指南》[1]。

能源消耗部门或者能源消耗设备实际燃料燃烧所产生的二氧化碳排放量均可用此方法测算。测算方法与参考方法基本相同，不同之处是将部门按照燃料种类进行分类后单独进行测算，然后进行加总得到二氧化碳的总排放量。该方法与参考方法相比，工作量较大，测算结果与参考方法相比较为精确，可以消除一定的统计误差及运输损耗。[1]

目前，IPCC 推荐的物料衡算法的这两种对于二氧化碳排放量进行测算的计算方法均适用于世界各国的能源消耗所产生的二氧化碳排放量测算。在具体操作中，这两种方法的估算对象不同，可分为移动碳源和静止碳源，移动碳源用能源消费量进行表示，静止碳源用能源投入量进行表示。总量法是测算二氧化碳排放量的最基本方法，该方法需要的数据均为宏观能源数据，此类数据搜集起来较为容易，同时计算量并不大。但是由于总量法所采用总和参数所存在的局限性，即该方法没有分部门、分设备测算，会使得测算结果产生较大的误差。定额法比总量法更为准确，此方法主要是通过分别测算能耗设备及能耗部门的实际燃料消耗量，并且按照能源的详细分类进行分部门的测算，从而最大限度降低了运输损耗及统计误

---

[1] IPCC. 2006 IPCC Guidelines for National Greenhouse Gas Inventories. Japan：Institute for Global Environmental Strategies，2006.

差所带来的影响。但是定额法测算过程中所需要的数据量较为庞大,而且数据的可获得性较小,容易给具体测算过程带来较多麻烦。

2.1.3 排放系数法

各国普遍应用的方法是排放系数法,该方法以 IPCC 所发布的《国家温室气体清单指南》作为主要参考依据,因此其应用范围也最为广泛。

排放系数也称为排放因子。排放系数法是指在通常的经济、管理和技术条件下,消耗一单位某种能源所排放的气体量的统计平均值。排放系数可通过实测法、物料衡算法或者实际调查获得。

排放系数计算公式如下:

$$CE = \sum E_{ij} \times f_i \qquad (2.8)$$

式中:CE 为二氧化碳排放总量;E_{ij} 为第 i 种能源第 j 年的消耗量;f_i 为第 i 种能源的二氧化碳排放系数,即单位能源消耗或使用过程中所产生的二氧化碳排放量,通常来说,在使用过程中,根据 IPCC 的假定,认为某种能源的二氧化碳排放系数是恒定的。

由于不同能源使用情况、不同生产技术水平、不同生产工艺水平的影响,二氧化碳排放系数会存在一定的差异,因此使用排放系数法来测算二氧化碳排放量也存在较大程度的不确定性。但是在小规模企业或组织的二氧化碳排放测算过程中,统计数据可较为详尽地获得,所以该方法使用范围也较为广泛。

2.2 中国能源消费二氧化碳排放因素分解分析方法研究简述

自 20 世纪 80 年代以来,在环境经济学和能源经济学中,关于二氧化碳排放的方法学研究不断完善,能源消费所产生二氧化碳排放量的因素分解分析方法正逐渐成为研究国际能源问题的一种较为实用且较为流行的工具。其中,比较常用的因素分解分析方法有 SDA、IDA。因素分解分析方法主要对涉及能源消费以及二氧化碳排放量的一些基本概念性的指标进行考查。通常来说，因素分解分析方法的指标分为不同能源排放强度、总能源排放强度、二氧化碳排放强度、能源消费结构、经济发展水平及人口规模等。在具体应用及实际的因素分解分析方案中，不同研究人员所选择的因素指标及分解分析方法也不同。

2.2.1 SDA

投入产出分解分析方法即为 SDA，该方法是一种基于投入-产出表来对二氧化碳驱动因素进行定量研究的分析方法。自 20 世纪 60 年代以来，伴随投入-产出的技术研究向包括经济、环境等不同方面扩展，环境投入-产出（I/O）模型呈现出较快的发展，大量研究学者基于 Leontief 生产方程，拓展出了很多不同的研究模型。

交易表是投入-产出系统的基础，该表是依据总产出等于总投入，以及总的中间购买量等于总的中间销售量这两个会计恒等式建立的。该表本质上是国家账户的扩展版本，表中确切地包含了行业间的交易，形成了账户的核心。在具体的分析研究中，模型假定中间投入与行业产出之间成正比关系，因此，可以基于 Leontief 生产方程进行投入产出分析，并计算相关的矩阵系数，进行应用研究。

在深入分析一个国家或一个地区能源消费和二氧化碳排放量的影响因素时，环境投入-产出模型具有重要作用。结构分解分析方法的代表方法是部门投入-产出模型，在对二氧化碳排放量的相关问题进行分析时，通常可将其分解为产业部门的二氧化碳排放系数、最终消费比例、投入-产出系数及总产值等不同影响因子的乘积，然后计算投入-产出系数及消费对二氧化碳排放的影响程度。

2.2.2 IDA

IDA 是能源与环境问题研究中及相关政策制定时被广泛使用的一种方法。[1]

---

[1] ANG B W. Decomposition analysis for policymaking in energy: which is the preferred method? [J]. Energy Policy, 2004, 32 (9): 1131-1139.

第2章 能源消费、二氧化碳排放、经济发展水平一般理论分析

IDA的基本思想是把研究对象的变化分解成几个影响因素变化的组合，从而确定不同影响因素的贡献率（影响程度）的大小。这种方法的基本原理就是通过将研究对象的计算公式表示为几个影响因素指标乘积的形式来对数学恒等式进行变形，并且根据不同的确定权重的方法来计算出不同影响因素指标的增量余额。❶ 这种方法在二氧化碳排放量方面的应用就是将二氧化碳排放量的计算公式具体分解为多个影响因素指标相乘的形式，同时根据不同的确定权重的方法进行因素分解，以确定各个影响因素指标的增量余额。该分析方法可以用来分析能源消耗强度、能源消费结构、能源利用效率、经济发展水平、产业结构等不同影响因素的变化程度。

鉴于确定权重方法的不同，指数因素分解分析方法可以分为 Laspeyres 指数法、AWD 及 SAD。

指数因素分解分析方法的基本形式如下：

$$V^t = \sum_i X_{1i}^t X_{2i}^t \cdots X_{Ni}^t \quad (2.9)$$

式中：V 为被分解的研究对象，如能源消费量、二氧化碳排放量等；X 为被分解出来的对研究对象有影响的因素；i 为不同产业部门、不同地域指标或者不同能源种类等。

指数因素分解分析方法通常是将时间序列数据作为具体研究对象，因此上标 t 表示的是第 t 时期各项指标的数值。

对式（2.9）两边取自然对数，然后对时间变量求导，可得到如下等式：

$$\frac{\mathrm{d}\ln V}{\mathrm{d}t} = \sum_i \omega_i \left(\frac{\mathrm{d}\ln X_{1i}}{\mathrm{d}t} + \frac{\mathrm{d}\ln X_{2i}}{\mathrm{d}t} + \cdots + \frac{\mathrm{d}\ln X_{ni}}{\mathrm{d}t} \right) \quad (2.10)$$

然后对式（2.10）两边取定积分，可以得到如下等式：

$$\ln \frac{V^t}{V^0} = \int_0^t \sum_i \omega_i \left(\frac{\mathrm{d}\ln X_{1i}}{\mathrm{d}t} + \frac{\mathrm{d}\ln X_{2i}}{\mathrm{d}t} + \cdots + \frac{\mathrm{d}\ln X_{ni}}{\mathrm{d}t} \right) \mathrm{d}t$$

$$= \sum_i \int_0^t \left(\omega_i \frac{\mathrm{d}\ln X_{1i}}{\mathrm{d}t} + \omega_i \frac{\mathrm{d}\ln X_{2i}}{\mathrm{d}t} + \cdots + \omega_i \frac{\mathrm{d}\ln X_{ni}}{\mathrm{d}t} \right) \mathrm{d}t \quad (2.11)$$

---

❶ 刘红光，刘卫东. 中国工业燃烧能源导致碳排放的因素分解 [J]. 地理科学进展，2009，28（2）：285-292.

由于 ω_i 是在时间序列内各个时间点上不断变化的，并不是恒定不变的常数，因此式（2.11）中括号内的各个定积分项无法计算出确切的数值。所以该方法在具体应用过程中，我们通常采用不同的权重函数 $\overline{\omega}_i$ 来计算各个解释因素的贡献值，可是，使用这种方法进行因素分解分析的同时，就会出现分解结果出现零值数据及残差等问题。

鉴于此类问题的出现，学者[1]提出了 LMDI，将分解权重定义为时间序列内的两个端点值的对数平均数，具体定义形式为

$$\begin{cases} L(x,y) = \dfrac{y-x}{\ln(y/x)} \\ L(x,x) = x \end{cases} \quad (2.12)$$

根据式（2.12）的定义，权重函数可以表示为

$$\overline{\omega}_i = \frac{L(V_i^0, V_i^t)}{L(V^0, V^t)} = \frac{\dfrac{V_i^t - V_i^0}{\ln(V_i^t/V_i^0)}}{\dfrac{V^t - V^0}{\ln(V^t/V^0)}} \quad (2.13)$$

将权重函数（2.13）代入式（2.11）中，整理后得到如下等式：

$$\begin{aligned}
\frac{V^t}{V^0} &= \exp\left(\sum_i \overline{\omega}_i \ln \frac{X_{1i}^t}{X_{1i}^0}\right) \exp\left(\sum_i \overline{\omega}_i \ln \frac{X_{2i}^t}{X_{2i}^0}\right) \cdots \exp\left(\sum_i \overline{\omega}_i \ln \frac{X_{ni}^t}{X_{ni}^0}\right) \\
&= \exp\left(\sum_i \overline{\omega}_i \ln \frac{X_{1i}^t X_{2i}^t \cdots X_{ni}^t}{X_{1i}^0 X_{2i}^0 \cdots X_{ni}^0}\right) \\
&= \exp\left(\sum_i \frac{\dfrac{V_i^t - V_i^0}{\ln(V_i^t/V_i^0)}}{\dfrac{V^t - V^0}{\ln(V^t/V^0)}} \ln \frac{V_i^t}{V_i^0}\right) \\
&= \exp\left(\frac{\ln(V^t/V^0)}{V^t - V^0} \sum_i (V_i^t - V_i^0)\right) \\
&= \frac{V^t}{V^0}
\end{aligned} \quad (2.14)$$

---

[1] ANG B W, ZHANG F Q, CHOI K H. Factorizing changes in energy and environmental indicators through decomposition [J]. Energy, 1998, 23 (6): 489-495.

第2章 能源消费、二氧化碳排放、经济发展水平一般理论分析

从式（2.14）中可以得出，LMDI 是完全的分解方法，不会产生残差，并且乘法分解形式和加法分解形式都较易于转换，选择其中任何一种均无差异。

乘法分解形式和加法分解形式如下：

$$D_{tot} = \frac{V^t}{V^0} = D_{X1}D_{X2}\cdots D_{Xn}D_{rsd}$$

$$\Delta V_{tot} = V^t - V^0 = \Delta V_{X1} + \Delta V_{X2} + \cdots + \Delta V_{Xn} + \Delta V_{rsd}$$

$$D_{Xk} = \exp\left(\sum_i \overline{\omega_i} \ln \frac{X_{ki}^t}{X_{ki}^0}\right)$$

$$\Delta V_{Xk} = \left[\frac{V^t - V^0}{\ln(V^t/V^0)}\right] \ln D_{Xk} \tag{2.15}$$

式（2.15）中，D 和 ΔV 分别为在乘法分解形式和加法分解形式下时间序列内各影响因素的变化值；D_{rsd} 和 ΔV_{rsd} 分别为在乘法分解形式和加法分解形式下未被完全分解掉的残差项，在 LMDI 中，分别取 1 和 0。

近年来，有关能源宏观效率（能源消耗强度）的研究文献中，相当一部分是关于能源消费强度的分解研究，即把能源消耗强度的变化分解为部门结构的变化和各部门能源消耗强度的变化。在各类分解分析方法中，迪氏指数分解分析方法最符合经济学含义。❶

降低二氧化碳排放量的最重要因素就是能源利用效率的提高。为了考察能源利用效率的驱动因素，需要将能源消耗强度作进一步的 LMDI 分解，来对各影响因素作效应分析。

假设国民经济划分为 n 个部门；t 表示时间；Y_t 表示整个国民经济的增加值（即 GDP）；E_t 表示能源消费量；I_t 表示单位 GDP 能耗，即 $I_t = \frac{E_t}{Y_t}$；$Y_{i,t}$ 表示部门 i ($i = 1, \cdots, n$) 的增加值；$E_{i,t}$ 表示部门 i 的能源消费量；$I_{i,t}$ 表示部门强度（为了区别表述，这里使用"部门强度"一词，实际上是该部门单位增加值能源消耗），即 $I_{i,t} = \frac{E_{i,t}}{Y_{i,t}}$，该指标主要反映的是技术水平；$S_{i,t}$

---

❶ 魏一鸣，焦建玲，廖华. 能源经济学 [M]. 北京：科学出版社，2011.

表示部门 i 的增加值占 GDP 的比重，即 $S_{i,t} = \dfrac{Y_{i,t}}{Y}$，该指标主要反映的是部门结构或者产出结构。

单位 GDP 能耗 I_t 等于各部门能源消耗强度 $I_{i,t}$ 的加权平均值，权重就是各部门增加值占 GDP 的比重，具体为

$$I_t = \frac{E_t}{Y_t} = \frac{\sum_i E_{i,t}}{Y_t} = \frac{\sum_i Y_{i,t} I_{i,t}}{Y_t} = \sum_i \frac{Y_{i,t}}{Y_t} \times I_{i,t} = \sum_i S_{i,t} I_{i,t} \quad (2.16)$$

对式（2.16）中的时间 t 求微分，得到：

$$\dot{I}_t = \sum_i \dot{S}_{i,t} I_{i,t} + \sum_i S_{i,t} \dot{I}_{i,t} = \sum_i S_{i,t} I_{i,t} \cdot \frac{\dot{S}_{i,t}}{S_{i,t}} + \sum_i S_{i,t} I_{i,t} \cdot \frac{\dot{I}_{i,t}}{I_{i,t}}$$

$$= \sum_i \frac{E_{i,t}}{Y_{i,t}} \times \frac{\dot{S}_{i,t}}{S_{i,t}} + \sum_i \frac{E_{i,t}}{Y_{i,t}} \times \frac{\dot{I}_{i,t}}{I_{i,t}} = \sum_i I_{i,t} \frac{E_{i,t}}{E_t} \times \frac{\dot{S}_{i,t}}{S_{i,t}} + \sum_i I_{i,t} \frac{E_{i,t}}{E_t} \times \frac{\dot{I}_{i,t}}{I_{i,t}}$$

$$(2.17)$$

对式（2.17）求积分，得到

$$\int_\Gamma \dot{I}_t = \int_\Gamma \sum_i \frac{E_{i,t}}{Y_{i,t}} \times \frac{\dot{S}_{i,t}}{S_{i,t}} + \int_\Gamma \sum_i \frac{E_{i,t}}{Y_{i,t}} \times \frac{\dot{I}_{i,t}}{I_{i,t}} \quad (2.18)$$

其中，Γ 为积分路径，表示的是在时间区间 $(0, T)$ 内的曲线段 (S_t, I_t)。

根据哈庭（Hulten）的理论[1]，在线性齐次条件下（根据单位 GDP 能耗的计算方法，这里满足这个条件），式（2.18）中的线积分与积分路径无关：

$$I_\Gamma - I_0 = \underbrace{\int_0^T \sum_i \frac{E_{it}}{Y_t} d(\ln S_{i,t})}_{\text{结构效应}\Delta I_{str}} + \underbrace{\int_0^T \sum_i \frac{E_{it}}{Y_t} d(\ln I_{i,t})}_{\text{强度效应}\Delta I_{int}} \quad (2.19)$$

式（2.19）是连续形式下的指数分解分析，在实际应用中，数据一般

---

[1] HULTEN C R. Divisia Index Numbers [J]. Econometrica, 1973, 41 (6): 1017-1025.

是离散的，为此，积分中值定理可以近似写成离散形式，可以采用 Törnqvist 指数法❶或者 Sato-Vartia 指数法❷❸。这里所采用的是更为精确的 Sato-Vartia 指数法。

单位 GDP 能耗的绝对变化 ΔI 可以分解为结构效应 ΔI_{str} 和强度效应 ΔI_{int}，具体等式分解为：

$$\Delta I = I_T - I_o = \Delta I_{str} + \Delta I_{int} + \Delta I_{rsd} \quad (2.20)$$

这里，$\Delta I_{str} = \sum_i \omega_i$，$\Delta I_{int} = \sum_i \varphi_i$，$\Delta I_{rsd}$ 表示的是余值部分，一般情况下其接近于零。

其中，

$$\omega_i = \frac{\dfrac{E_{iT}}{Y_T} - \dfrac{E_{i0}}{Y_0}}{\ln\dfrac{E_{iT}}{Y_T} - \ln\dfrac{E_{i0}}{Y_0}}(\ln S_{iT} - \ln S_{i0}), \quad \varphi_i = \frac{\dfrac{E_{iT}}{Y_T} - \dfrac{E_{i0}}{Y_0}}{\ln\dfrac{E_{iT}}{Y_T} - \ln\dfrac{E_{i0}}{Y_0}}(\ln I_{iT} - \ln I_{i0})$$

部门划分的细化程度也会对结果造成影响，按照行业门类、大类、中类、小类划分，结果就会有所不同，这也是当前大多数文献的研究结果存在较大差异的重要原因之一。一般而言，部门划分得越细，各部门的单位增加值能耗就越可以反映技术水平，所得到结果也越精确，但是所需的数据量也就会越大。

2.3 EKC 简述

EKC 是阐述环境质量水平与经济发展水平之间关系的最好例子，探讨

---

❶ TÖRNQVIST L. The bank of Finland's consumption price index [J]. Bank of Finland Monthly Bulletin, 1936 (10): 1-8.

❷ SATO K. The ideal log-change index number [J]. Review of Economics and Statistics, 1976, 58 (2): 223-228.

❸ VARTIA Y O. Ideal log-change index numbers [J]. Scandinavian Journal of Statistics Theory and Applications, 1976, 3 (3): 121-126.

的是环境质量水平与经济发展水平的一般规律性。该曲线的假说源自有关经济发展水平与收入分配之间关系的争论，描述了不平等（以基尼系数测量）与经济发展水平（以人均收入水平测量）是一个倒"U"形的互动曲线关系。❶ 20世纪70年代以后，这一假说被用于描述经济发展水平与环境质量水平之间的曲线关系，用以说明在经济增长过程中所产生环境问题的根本原因，以及环境破坏对经济发展水平的制约程度。

EKC的基本涵义：环境质量水平与经济发展水平之间呈现出倒"U"形的曲线关系，具体来说，当区域经济发展水平处于初期成长阶段时，经济发展水平的高速增长、人口规模增长较快、工业生产技术相对落后及资源的严重浪费，造成了环境质量水平的不断恶化；随着经济发展水平的持续提高，以科技进步作为主导的产业结构发展对于经济发展水平的贡献程度越来越显著，人们对于控制环境污染水平的意识和能力也逐渐增强，污染物排放趋势也逐步放缓，这就是说经济发展水平的提高将会有利于环境质量水平的改善。❷

EKC假说表示：随着经济水平的发展，最终可以弥补早期经济发展对环境造成的破坏，与此同时，通过对适合的环境政策的应用，经济发展水平提高和环境质量改善是可以并存的。

目前，国内外学者较多的是研究经济发展水平与二氧化碳排放量之间关系的EKC。EKC在具体研究之中通常运用的是简化式模型，该方法的优点是可以直接模拟出经济发展水平与环境质量水平之间存在的关系，从而根据经济发展水平的变化估算出污染物排放的变化趋势（图2.2）。

EKC最早是由格罗斯曼和克罗格❸提出的，最初有关EKC的研究主要是针对二氧化硫、粉尘、水污染等环境污染问题，后来才逐渐扩展到对于

---

❶ GROSSMAN G B, KRUEGER A B. Economic Growth and the Environment [J]. Quarterly Journal of Economics, 1995, 110 (2): 353-377.

❷ GROSSMAN G M, KRUEGER A B. Economic Growth and the Environment [J]. The Quarterly Journal of Economics, 1995, 110 (2): 353-377.

❸ GROSSMAN G B, KRUEGER A B. Environmental impacts of North American free trade agreement [R]. Cambridge, MA: NBER Working Paper, 1991.

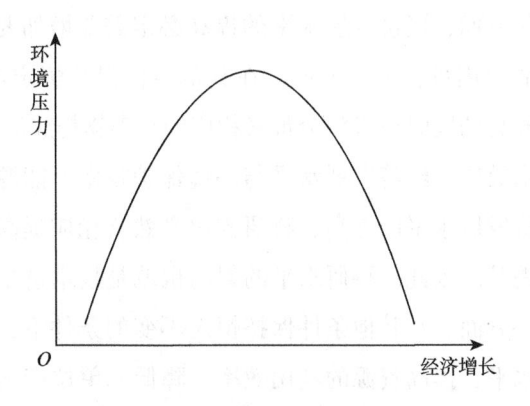

第2章 能源消费、二氧化碳排放、经济发展水平一般理论分析

图 2.2 EKC

二氧化碳排放量的分析。格罗斯曼等学者利用简化型回归模型首次进行了人均收入和环境质量水平之间关系的实证分析研究，他们发现在人均收入水平与环境退化之间存在一个倒"U"形的曲线关系。接下来，他们运用更为广泛的环境质量指标数据来进行跨国分析研究，发现没有确切的证据表明环境质量水平会伴随经济发展水平的提高而持续恶化，相反地，大多数指标显示出在经济发展水平的初始阶段环境质量水平就已经恶化，而后稳定改善的过程。

2.3.1 EKC 假说

EKC 假说提出之后，对于经济发展水平与环境质量水平之间关系的理论研究探讨不断深入，对 EKC 假说的解释不断得到拓展。该曲线假说试图说明，在没有环境政策进行干预的前提下，一个国家或一个地区的整体环境质量水平或者污染物排放水平是随着经济发展水平的提高而呈现先恶化后改善的趋势。

格罗斯曼和克罗格[1]提出了经济发展水平主要是通过以下三种途径来对环境质量水平产生影响。

第一，规模效应。经济发展水平对环境质量水平产生的负面影响主要

---

[1] GROSSMAN G B, KRUEGER A B. Environmental impacts of North American free trade agreement [R]. Cambridge, MA: NBER Working Paper, 1991.

有两个方面：一方面，经济发展水平的提高必定需要增加要素投入，从而需要增加资源的使用量；另一方面，在其他条件保持恒定不变的条件下，经济产出水平提高的同时也必将会带来相应的污染物排放的增加。

第二，技术效应。经济发展水平与环境保护技术、能源消耗技术密切相关。随着经济发展水平的提高，科研支出必然会相应提高，这使得科研技术水平得到提升。因此，科研水平的提高也就是技术进步会带来的影响有两个方面：一方面，在其他条件保持恒定不变的条件下，技术进步会提高劳动生产率水平，提高资源的利用效率，降低一单位产出需要的要素投入水平，从而降低经济生产对于自然以及环境所产生的影响；另一方面，不断开发的清洁技术及资源循环利用方法的研发，会降低单位经济产出所带来的污染物排放水平。

第三，结构效应。随着收入水平的提高，要素投入结构和经济产出结构也会发生变化。经济产出结构从农业向能源密集型重工业转变，导致污染物排放的增加，随后，经济向低污染服务业和知识密集型产业转化，在此过程中，要素投入结构的变化会使单位产出的污染物排放水平呈现出下降趋势，从而环境质量水平将必然得到改善。

总之，技术效应与结构效应使环境质量水平得到改善，规模效应使环境质量水平出现恶化。在经济发展的初期阶段，资源的再生规模低于资源的使用规模，技术效应与结构效应低于规模效应，从而经济的高速发展产生了大量的废物排放，使得环境质量出现恶化；随着经济发展水平的提高，技术效应与结构效应超过了规模效应，使得环境质量恶化速度减慢。

2.3.2 EKC 方程及一般形式

EKC 是环境质量水平与人均经济水平之间呈现出的倒"U"形曲线关系，用来说明经济发展水平对环境质量水平的影响程度。这表明，在经济发展过程中，环境质量水平呈现先恶化，然后逐渐得到改善的态势。EKC 用二次项方程表示的具体形式如下：

$$Y_t = \beta_0 + \beta_1 X_t + \beta_2 X_t^2 + \varepsilon_t \qquad (2.21)$$

式中：Y_t 为环境质量水平变量，在本书中指人均二氧化碳排放量；X_t

第2章 能源消费、二氧化碳排放、经济发展水平一般理论分析

为经济发展水平变量,在本书中指人均实际GDP(通过GDP平减指数进行平减);β_0、β_1、β_2为曲线模型的待估参数;ε_t为随机误差项。

其中,当$\beta_1 > 0$、$\beta_2 < 0$时,曲线的拐点为$X^* = -\dfrac{\beta_1}{2\beta_2}$。此时,EKC呈现出倒"U"形的曲线关系。

①在曲线拐点的左侧,曲线表示的是随着经济发展水平的不断提高,环境质量水平变得越来越低,这表明,环境质量会越来越差;

②在曲线拐点的右侧,曲线表示的是随着经济发展水平的不断提高,环境质量水平变得越来越高,这表明,环境质量会得到改善。

一些研究学者将EKC应用于研究不同国家或地区环境质量问题时,发现一些国家或地区的环境质量水平与经济发展水平之间并不存在倒"U"形的曲线关系,而是呈现线性、"N"形或其他形状的关系。

为此,这里可以将式(2.21)扩展成为曲线的一般形式(即为三次项形式),模型(2.21)具体的方程形式如下:

$$Y_t = \beta_0 + \beta_1 X_t + \beta_2 X_t^2 + \beta_3 X_t^3 + \varepsilon_t \tag{2.22}$$

其中,当$\beta_1 > 0$、$\beta_2 < 0$、$\beta_3 = 0$时,式(2.22)即式(2.21)所表示的EKC方程。式(2.22)一般有如下形式(表2.4)。

表2.4 模型(2.22)中各参数变化与曲线的关系

参数值	曲线关系	曲线形状
$\beta_1 = 0$、$\beta_2 = 0$、$\beta_3 = 0$	无曲线关系	—
$\beta_1 > 0$、$\beta_2 = 0$、$\beta_3 = 0$	一次曲线关系	直线
$\beta_1 < 0$、$\beta_2 = 0$、$\beta_3 = 0$	一次曲线关系	直线
$\beta_1 < 0$、$\beta_2 > 0$、$\beta_3 = 0$	二次曲线关系	"U"形
$\beta_1 > 0$、$\beta_2 < 0$、$\beta_3 = 0$	二次曲线关系	倒"U"形
$\beta_1 > 0$、$\beta_2 < 0$、$\beta_3 > 0$	三次曲线关系	"N"形
$\beta_1 < 0$、$\beta_2 > 0$、$\beta_3 < 0$	三次曲线关系	倒"N"形

当$\beta_1 = 0$、$\beta_2 = 0$、$\beta_3 = 0$时,环境质量水平与经济发展水平之间没有关系;

当 $\beta_1 > 0$、$\beta_2 = 0$、$\beta_3 = 0$ 时，环境质量水平与经济发展水平之间呈现出单调上升的关系，即环境状况会随着经济的发展而恶化；

当 $\beta_1 < 0$、$\beta_2 = 0$、$\beta_3 = 0$ 时，环境质量水平与经济发展水平之间呈现出单调下降的关系，即环境状况会随着经济的发展而改善；

当 $\beta_1 < 0$、$\beta_2 > 0$、$\beta_3 = 0$ 时，环境质量水平与经济发展水平之间呈现出"U"形的 EKC 关系，即经济发展水平较低的阶段，环境状况会随着经济的发展而改善；经济发展水平较高的阶段，环境状况会随着经济的发展而恶化；

当 $\beta_1 > 0$、$\beta_2 < 0$、$\beta_3 = 0$ 时，环境质量水平与经济发展水平之间呈现出倒"U"形的 EKC 关系，即经济发展水平较低的阶段，环境状况会随着经济的发展而恶化；经济发展水平较高的阶段，环境状况会随着经济的发展而改善；

当 $\beta_1 > 0$、$\beta_2 < 0$、$\beta_3 > 0$ 时，环境质量水平与经济发展水平之间呈现出"N"形的 EKC 关系，即随着经济水平的发展，环境状况呈现先恶化再改善，然后又再次陷入恶化的状态；这表示出，在第一个转折点前后人均二氧化碳排放量呈现先上升而后下降的状态，在第二个转折点后，随着人均 GDP 的增长，人均二氧化碳排放量呈现逐渐上升的状态；

当 $\beta_1 < 0$、$\beta_2 > 0$、$\beta_3 < 0$ 时，环境质量水平与经济发展水平之间呈现出倒"N"形的 EKC 关系，即随着经济水平的发展，环境状况呈现先改善再恶化，然后又再次呈现改善的状态。

综上所述，随着模型之中估计参数的变化，环境质量水平和经济发展水平之间的相互依存关系也会有不同的变化。

2.4 中国能源消费与经济增长的一般理论分析

经济增长理论是宏观经济学研究的中心领域，而经济增长的要素又是经济增长理论研究的核心之一。不同经济学家从不同的角度把不同生产要素纳入生产函数中，用来讨论不同要素对于经济增长所产生的影响及贡献

第2章 能源消费、二氧化碳排放、经济发展水平一般理论分析

程度。古典经济学家亚当·斯密认为，物质资本的积累是影响经济增长的重要因素，劳动、资本、技术进步、土地是影响经济产出水平的主要变量。同样地，李嘉图也认为，劳动、资本、技术进步、土地是制约经济增长的重要因素。而大量新古典经济学家认为，技术进步是推动社会经济发展的关键因素。经济增长理论从本质上说，就是研究决定经济增长核心要素的理论。

随着石油危机的爆发，能源消费问题逐渐得到了各国经济学家的广泛关注。石油价格的上涨使能源消费量的增长率逐渐下降，从而导致经济发展水平呈现大幅下降的态势，这显示能源消费对经济发展水平存在着制约作用。传统的经济学理论已经无法解释社会经济发展水平的提高所带来的各种能源问题，人们开始关注能源消费与经济发展水平之间存在的关系。

能源消费与经济发展水平之间具有非常密切的关系。能源要素作为自然资源的一种，是经济发展的重要物质基础，持续为经济发展提供原动力，在较大程度上决定了经济发展水平的速度与规模。能源需求的满足程度决定了经济增长的实现程度。同时，经济增长为能源带来了更高的消费需求，促进能源消费量的不断增加。❶ 但是，能源作为现代生产中必不可少的生产要素，同时具有"耗竭性"和"可再生性"，这也就意味着如果过度消耗能源，造成能源的枯竭，将影响经济的可持续增长。因此，人类对能源的开发和利用必须适度，这样才能使能源存量保持在一定的阈值内，从而保证经济的可持续增长。

本书将能源作为独立的生产要素纳入生产函数中，同时建立能源存量的动态方程，在能源约束条件下，分别构建了技术外生的新古典经济增长模型和具有"知识外溢"效用的技术内生经济增长模型，基于数理角度研究分析中国能源消费变化情况对于中国经济发展稳态水平的影响机制。

2.4.1 研究方法

最优化问题是经济学分析中的一个重要主题，最优化问题包括静态最

---

❶ 林伯强. 现代能源经济学 [M]. 北京：中国财政经济出版社，2007：11-14.

优化问题和动态最优化问题。静态最优化问题，通常是求解每个选择变量的单个最优值，而不需要求解最优序列行动的时间表。相反地，一个动态最优化问题是指在给定的时间区间内，每一时刻选择变量的最优值是什么。因此，动态最优化问题的解就可以表达成如下形式：对于每个选择变量的一条最优时间路径。

动态最优化问题中的经典方法是变分法，但是，随着数理经济学的发展，这种方法为另一种研究方法所替代，它就是由苏联数学家提出的最优控制理论。

(1) 各种终点受约束情形的最优控制问题

考虑在微分方程约束下的优化问题，具体形式如下：

$$\max \int_{t_0}^{t_1} f[t,x(t),u(t)]dt + \varphi[x(t_1),t_1]$$

$$\dot{x}(t) = g[t,x(t),u(t)]$$

$$x(t_0) = x_0 \tag{2.23}$$

解释各变量与函数

在终点 t_1 处的约束可以分为以下几种情形：

情形一：$x(t_1) = x_1$；

情形二：$x(t_1)$ 自由；

情形三：$x(t_1) \geqslant 0$；

情形四：$K[x(t_1),t_1] \geqslant 0$；

情形五：t_1 自由。

定义该问题的汉密尔顿函数，具体函数形式如下：

$$H(t,x,u,\lambda) = f(t,x,u) + \lambda g(t,x,u) \tag{2.24}$$

式中：λ 为汉密尔顿乘子。

定理1：如果 $x^*(t)$，$u^*(t)$，$t \in [t_0,t_1]$ 为问题 (2.23) 的最优解，则存在汉密尔顿乘子 $\lambda^*(t)$，$t \in [t_0,t_1]$ 满足[1]：

① 最优条件：$\dfrac{\partial H(t,x^*,u^*,\lambda^*)}{\partial u} = \dfrac{\partial f(t,x^*,u^*)}{\partial u} + \lambda^* \dfrac{\partial g(t,x^*,u^*)}{\partial u} = 0$。

---

[1] 龚六堂. 动态经济学方法 [M]. 北京：北京大学出版社，2002.

第2章 能源消费、二氧化碳排放、经济发展水平一般理论分析

②欧拉方程：$\dot{\lambda}^* = \dfrac{d\lambda^*}{dt} = -\dfrac{\partial H(t,x^*,u^*,\lambda^*)}{\partial x} = -\dfrac{\partial f(t,x^*,u^*)}{\partial x} - \lambda^* \dfrac{\partial g(t,x^*,u^*)}{\partial x}$。

③可行性条件：$\dot{x}^* = \dfrac{dx^*}{dt} = \dfrac{\partial H(t,x^*,u^*,\lambda^*)}{\partial \lambda} = g(t,x^*,u^*)$，$x(t_0) = x_0$。

④横截性条件：对应上面不同终点 t_1 约束情形下的横截性条件如下。

情形一：如果 $x(t_1) = x_1$，则不存在横性条件。

情形二：如果 $x(t_1)$ 自由，则对应的横截条件为 $\lambda^*(t_1) = \varphi_{x_1}$。

情形三：如果 $x(t_1) \geq 0$，则对应的横截条件为 $x^*(t_1) \geq 0$，$\lambda^*(t_1) \geq \varphi_{x_1}$，$x^*(t_1)[\lambda^*(t_1) - \varphi_{x_1}] = 0$。

情形四：如果 $K[x(t_1),t_1] \geq 0$，则对应的横截条件为存在乘子 $p \geq 0$ 满足如下条件：$\lambda^*(t_1) = \varphi_{x_1} + pK_{x_1}$，$f + \lambda^*(t_1)g + \varphi_{t_1} + pK_{t_1} = 0$，$p \geq 0$，$K \geq 0$，$pK = 0$；{特别地，如果条件为 $t_1 \leq T$，则对应的横截条件为：$t_1 \leq T$，$f + \lambda^*(t_1)g + \varphi_{t_1} \geq 0$，$(T - t_1) \cdot [f + \lambda^*(t_1)g + \varphi_{t_1}] = 0$}。

情况五：t_1 自由，则对应的横截条件为 $f + \lambda^*(t_1)g + \varphi_{t_1} = 0$。

⑤二阶条件：

如果对应的问题为最大化问题，则 $\dfrac{\partial^2 H(t,x^*,u^*,\lambda^*)}{\partial u^2} \leq 0$；

如果对应的问题为最小化问题，则 $\dfrac{\partial^2 H(t,x^*,u^*,\lambda^*)}{\partial u^2} \geq 0$。

（2）带代数约束的最优控制问题

考虑一般的带约束的最优控制问题，这里涉及的问题不仅仅包括带微分方程的约束，还有代数约束，具体形式如下：

$$\max \int_{t_0}^{t_1} f[t,x(t),u(t)]dt \tag{2.25}$$

约束：

$\dot{x}(t) = g[t,x(t),u(t)]$；

$h(t,x(t),u(t)) \leq 0$；

t_0、t_1、$x(t_0) = x_0$ 给定，$x(t_1)$ 自由。 (2.26)

其中：函数 f、g 和 h 都表示的是二阶连续可微函数。

定义该问题的汉密尔顿函数，具体形式如下：

$$H(t,x,u,\lambda) = f(t,x,u) + \lambda g(t,x,u) + \mu h(t,x,u) \quad (2.27)$$

式中：μ 为朗格朗日乘子。

这样就有下面的最优条件。

定理 2：如果 $x^*(t)$，$u^*(t)$，$t \in [t_0,t_1]$ 为式（2.25）、式（2.26）的最优解，则存在汉密尔顿乘子 $\lambda^*(t)$，$t \in [t_0,t_1]$ 和朗格朗日乘子 μ^* 满足[1]如下：

① 最优条件：$\dfrac{\partial H(t,x^*,u^*,\lambda^*,\mu^*)}{\partial u} = \dfrac{\partial f(t,x^*,u^*)}{\partial u} + \lambda^* \dfrac{\partial g(t,x^*,u^*)}{\partial u} + \mu^* \dfrac{\partial h(t,x^*,u^*)}{\partial u} = 0$。

② 欧拉方程：$\dot{\lambda}^* = \dfrac{d\lambda^*}{dt} = -\dfrac{\partial H(t,x^*,u^*,\lambda^*,\mu^*)}{\partial x} = -\dfrac{\partial f(t,x^*,u^*)}{\partial x} - \lambda^* \dfrac{\partial g(t,x^*,u^*)}{\partial x} - \mu^* \dfrac{\partial h(t,x^*,u^*)}{\partial x}$。

③ 可行性条件：$\dot{x}^* = \dfrac{dx^*}{dt} = \dfrac{\partial H(t,x^*,u^*,\lambda^*,\mu^*)}{\partial \lambda} = g(t,x^*,u^*)$，$t_0$、$t_1$、$x(t_0) = x_0$。

④ 横截性条件：$\lambda^*(t_1) = 0$。

⑤ 松弛条件：$\mu^* \geq 0, h(t,x^*,u^*) \geq 0, \mu^* h(t,x^*,u^*) = 0$。

⑥ 二阶条件：如果对应的问题为最大化问题，则 $\dfrac{\partial^2 H(t,x^*,u^*,\lambda^*,\mu^*)}{\partial u^2} \leq 0$；如果对应的问题为最小化问题，则 $\dfrac{\partial^2 H(t,x^*,u^*,\lambda^*,\mu^*)}{\partial u^2} \geq 0$。

（3）现值的汉密尔顿函数

最优控制在经济学的应用中，被积函数通常含有一个贴现因子 $e^{-\rho t}$，考虑带贴现的最优化问题有如下形式的目标函数：

---

[1] 龚六堂，动态经济学方法 [M]. 北京：北京大学出版社，2002.

第 2 章　能源消费、二氧化碳排放、经济发展水平一般理论分析

$$\max \int_{t_0}^{t_1} e^{-\rho t} f[t, x(t), u(t)] dt + \varphi[x(t_1), t_1] \qquad (2.28)$$

约束：

$$\dot{x}(t) = g[t, x(t), u(t)]$$
$$x(t_0) = x_0 \qquad (2.29)$$

定义该问题的汉密尔顿函数，具体函数形式如下：

$$\begin{aligned} H(t,x,u,\lambda) &= e^{-\rho t} f(t,x,u) + \lambda g(t,x,u) \\ &= e^{-\rho t} [f(t,x,u) + \xi g(t,x,u)] \\ &= e^{-\rho t} \tilde{H}(t,x,u,\xi) \end{aligned} \qquad (2.30)$$

我们把 $\tilde{H}$ 叫作现值的汉密尔顿函数，λ 表示的是贴现后的汉密尔顿乘子，$\xi = e^{\rho t} \lambda$ 表示的是现值的汉密尔顿乘子。

利用现值的汉密尔顿函数，我们可以得到式（2.28）、式（2.29）的最优条件和欧拉方程分别为 $\dfrac{\partial \tilde{H}(t, x^*, u^*, \xi^*)}{\partial u} = 0$，$\dot{\xi}^* = \dfrac{d\xi^*}{dt} = \rho \cdot \xi^* - \dfrac{\partial H(t, x^*, u^*, \xi^*)}{\partial x}$。

（4）多个变量的最优控制问题

现在考虑一个更为一般的最优控制问题，其中包含多个状态变量和多个控制变量，并且加入贴现因子，目标函数为如下形式：

$$\max \int_{t_0}^{t_1} e^{-\rho t} f[t, x(t), u(t)] dt \qquad (2.31)$$

约束：

$$\dot{x}(t) = g[t, x(t), u(t)]$$
$$x(t_0) = x_0 \qquad (2.32)$$

式中：$\boldsymbol{u}(t) = [u_1(t), u_2(t), \cdots, u_m(t)] \in \boldsymbol{R}^m$；$\boldsymbol{x}(t) = [x_1(t), x_2(t), \cdots, x_n(t)] \in \boldsymbol{R}^n$；$f$ 表示的是纯量函数；$g = (g_1, g_2, \cdots, g_n)$ 表示的是 n 维向量函数。

定义该问题的现值汉密尔顿函数，具体形式如下：

$$\tilde{H}(t,x,u,\lambda) = f[t,x_1(t),\cdots,x_n(t),u_1(t),\cdots,u_m(t)] + \sum_{j=1}^{n}\lambda_j g_j(\cdot)$$
(2.33)

利用现值的汉密尔顿函数，我们可以得到式（2.31）、式（2.32）的最优条件和欧拉方程，分别为如下形式：

$$\frac{\partial \tilde{H}(t,x^*,u^*,\lambda^*)}{\partial u_i} = 0 \quad (i=1,2,\cdots,m) \quad (2.34)$$

$$\dot{\lambda}_j^* = \frac{d\lambda_j^*}{dt} = \rho\lambda_j^* - \frac{\partial \tilde{H}(t,x^*,u^*,\lambda^*)}{\partial x_j} \quad (j=1,2,\cdots,n) \quad (2.35)$$

2.4.2 引入能源约束的新古典经济增长模型

（1）生产函数

经济系统中生产要素包括劳动 L、资本 K 和能源 E，假定劳动以不变的速率 n 增长，初始劳动为 $L(0)$，则 t 时刻劳动表示为 $L(t)=L(0)e^{nt}$；假定技术进步采取劳动增进的形式，且以不变速率 x 增长，生产函数中 $A(t)$ 为反映技术状态的参数，初始技术参数为 $A(0)$，则 t 时刻的技术参数表示为 $A(t)=A(0)e^{xt}$，t 时刻有效劳动表示为 $A(t)L(t)$。生产函数 $F(\cdot)$ 采用柯布道格拉斯生产函数，且满足新古典生产函数的三个条件：

① $F(\cdot)$ 呈现对每种投入的正且递减的边际产品；

② $F(\cdot)$ 呈现出不变的规模报酬；

③随着某一生产要素（劳动力、能源消费或中间品投入）趋于零，该要素的边际产品趋于无穷大；随着某一生产要素（劳动力、能源消费或中间品投入）趋于无穷大，该要素的边际产品趋于零。

那么，生产函数 $F(\cdot)$ 的具体形式如下：

$$Y = aK^{\alpha}E^{\beta}[A(t)L(t)]^{1-\alpha-\beta} = aK^{\alpha}E^{\beta}[A(0)L(0)e^{xt+nt}]^{\gamma} \quad (2.36)$$

其中，$0 < \alpha, \beta, \gamma < 1$，并且 $\alpha + \beta + \gamma = 1$。

式中：a 为常数；Y 为产出要素；K 为资本要素；E 为能源要素；A 为技术项；L 为劳动要素；α、β 和 γ 分别为资本要素、能源要素和有效劳动要素的产出弹性。

第2章 能源消费、二氧化碳排放、经济发展水平一般理论分析

(2) 能源的约束

由生产函数可知,能源是生产所必须的投入品,所以从经济的持续和稳定增长角度来说,能源存量(S)必须源源不断地满足人类对能源消费量(E)的长期稳定的需求。

假设能源存量为S,能源再生速度为σ,则能源存量S的变化($\dot{S}$)的方程可以表示为

$$\dot{S} = \sigma S - E \tag{2.37}$$

(3) 家庭的总效用函数

假定家庭的初始规模为$L(0)$,家庭的人口以不变的速率n增长,则t时刻家庭人口数为$L(t)=L(0)e^{nt}$,如果$c(t)$表示的是t时刻每个人的物资消费数量,那么每个家庭希望的最大化总效用表示为

$$U = \int_0^\infty u[c(t)] e^{nt} e^{-\rho t} dt \tag{2.38}$$

式中:$u(c)$为效用函数,表示个人消费c单位的物资消费品时所带来的效用值,即用来衡量消费不同数量的物质消费品时所带来的满足程度。

我们假定效用函数对于物质消费品的消费量呈现出正且递减的边际效用,而且边际效用的弹性值为常数,可以得到t时刻家庭的效用函数,具体函数形式如下:

$$u[c(t)] = \frac{c(t)^{1-\theta} - 1}{1-\theta} \tag{2.39}$$

那么,每个家庭的总效用函数表示为如下形式:

$$U = \int_0^\infty \left[\frac{c(t)^{1-\theta} - 1}{1-\theta} \right] e^{nt} e^{-\rho t} dt \quad (\theta > 0) \tag{2.40}$$

式中:ρ为时间偏好,并且$\rho > 0$,这意味着越晚获得效用,其价值就越低;θ为人均物质消费数量c每增加1%,边际效用下降的百分比。

由于产出用于消费和投资,因此得到消费的预算约束,具体函数形式如下:

$$Y = \dot{K} + L(t)c(t) = \dot{K} + L(0)e^{nt}c \tag{2.41}$$

可以得到资本存量的动态方程具体形式如下:

$$\dot{K} = Y - L(0)e^{nt}c \tag{2.42}$$

(4) 模型求解

通过求解家庭总效用函数最优化问题,来求解模型。

时间变量 Y、K、E、S、c 都是时间 t 的函数,时间 t 不直接进入方程,而是通过变量 X_t 的变化进行分析,为了书写方便,一律省去了下标 t。

目标函数:

$$\max U(c) = \int_0^\infty \left(\frac{c^{1-\theta} - 1}{1 - \theta} \right) e^{-\rho t} dt \tag{2.43}$$

约束条件:

$$Y = aK^\alpha E^\beta [A(0)L(0)e^{xt+nt}]^{1-\alpha-\beta} \tag{2.44}$$

$$\dot{K} = Y - L(0)e^{nt}c \tag{2.45}$$

$$\dot{S} = \sigma S - E \tag{2.46}$$

构建出现值的汉密尔顿方程,具体形式如下:

$$H = \frac{c^{1-\theta} - 1}{1 - \theta} e^{nt} + \lambda_1 [Y - L(0)e^{nt}c] + \lambda_2 (\sigma S - E) \tag{2.47}$$

式中:λ_1 为资本的影子价格;λ_2 为能源的影子价格。

对于控制变量 (c, E) 和状态变量 (K, S),汉密尔顿函数最优解的一阶条件如下。

由 $\dfrac{\partial H}{\partial c} = c^{-\theta} - \lambda_1 = 0$ 可得

$$\lambda_1 = c^{-\theta} \tag{2.48}$$

由 $\dfrac{\partial H}{\partial E} = \lambda_1 \dfrac{\partial Y}{\partial E} - \lambda_2 = 0$ 可得

$$\lambda_2 = \lambda_1 \beta \frac{Y}{E} \tag{2.49}$$

由 $\dot{\lambda}_1 = \rho \lambda_1 - \dfrac{\partial H}{\partial K}$ 可得

$$\dot{\lambda}_1 = \lambda_1 \left(\rho - \alpha \frac{Y}{K} \right) \tag{2.50}$$

第2章 能源消费、二氧化碳排放、经济发展水平一般理论分析

由 $\dot{\lambda}_2 = \rho\lambda_2 - \dfrac{\partial H}{\partial E}$ 可得

$$\dot{\lambda}_2 = \lambda_2(\rho - \sigma) \tag{2.51}$$

根据动态最优化理论,经济社会最优增长路径下,各经济变量的增长率为常数,令 g_I^* 为稳定状态经济变量 I 的增长率,则有 $g_I^* = \dfrac{\dot{I}}{I}$。

由式(2.44)可得

$$g_Y^* = (1-\alpha-\beta)(n+x) + \beta g_E^* + \alpha g_K^* \tag{2.52}$$

由式(2.45)可得

$$g_Y^* = n + g_c^* \tag{2.53}$$

由式(2.46)可得

$$g_E^* = g_S^* \tag{2.54}$$

由式(2.47)可得

$$g_{\lambda_1}^* = -\theta \cdot g_c^* \tag{2.55}$$

由式(2.48)可得

$$g_{\lambda_2}^* = g_{\lambda_1}^* + g_Y^* - g_E^* \tag{2.56}$$

由式(2.49)可得

$$g_Y^* = g_K^* \tag{2.57}$$

由式(2.50)可得

$$g_{\lambda_2}^* = \rho - \sigma \tag{2.58}$$

由式(2.51)~式(2.58)可得

$$g_E^* = g_S^* = \dfrac{(1-\theta)(1-\alpha-\beta)(n+x) + (1-\alpha)(n\theta+\sigma-\rho)}{1+\beta\theta-\alpha-\beta}$$

$$g_Y^* = \dfrac{(1-\alpha-\beta)(n+x) + n\beta\theta + \sigma\beta - \rho\beta}{1+\beta\theta-\alpha-\beta}$$

$$g_c^* = \dfrac{x(1-\alpha-\beta) + \sigma\beta - \rho\beta}{1+\beta\theta-\alpha-\beta}$$

通过模型求解我们可以得到,能源再生速度 σ 和技术进步率 x 与稳定状态的经济增长率 g_Y^* 和人均消费增长率 g_c^* 呈正向关系,也就是说,能源

再生速度越快,技术进步越快,稳定状态的经济增长率和人均消费增长率越高;人口增长率 n 对稳定状态经济总量的增长率有着正向的影响,但是对人均消费的增长率没有任何影响;家庭的偏好参数 ρ 和 θ 对人均消费增长率具有反向的作用。

2.4.3 引入能源约束的内生经济增长模型

(1) 生产函数

假定技术进步表现为生产性产品数目上的扩大,当产品数目固定时构建生产函数,具体函数形式如下:

$$Y = F(L_Y, E, N, X) = AL_Y^\gamma E^\beta N X^\alpha \tag{2.59}$$

这里,$0 < \alpha,\ \beta,\ \gamma < 1$,并且 $\alpha + \beta + \gamma = 1$。

式中:Y 为产出;A 为产出系数,并且,$A > 0$;L_Y 为产出部门的劳动投入;E 为能源消费量;X 为中间产品的使用量;N 为中间产品种类的数量,技术的状态等同于 N 的数量,也就是说 N 的数值大小刻画了技术状态;这里需要注意的是:企业没有耐用品。

当产品种类 N 固定时(技术状态保持不变),函数 $F(\cdot)$ 满足生产函数的三个条件:

① $F(\cdot)$ 呈现对每种投入的正且递减的边际产品;

② $F(\cdot)$ 呈现不变的规模报酬;

③ 随着某一生产要素(劳动力、能源消费或中间品投入)趋于零,该要素的边际产品趋于无穷大;随着某一生产要素(劳动力、能源消费或中间品投入)趋于无穷大,该要素的边际产品趋于零。

(2) 技术进步(中间产品种类的扩大)

技术进步表现为中间产品种类数目的增加(中间产品种类数目的增加可以理解为类似开辟了一个新行业的技术创新)。由于技术是一种非竞争性的产品,这也就意味着其不仅具有外溢效应,而且可以无限积累,所以全社会总资本存量可以理解为所有中间产品发明成本的累加。

假定发明一种新产品所需要的成本随着社会积累了更多的以中间产品数目表现的思想而下降(已有的思想会易于新思想的产生),也就是说新产品研发的成本与产品种类的数目成反比。

假设发明一种新产品所需要的劳动力为 η/N（η 为相对研发成本，η 越大也就意味着研发成本越大），研究部门所雇佣的劳动力为 L_R，可以得到中间产品种类 N 的变化方程为

$$\dot{N} = \frac{L_R N}{\eta} \quad (\eta > 0) \tag{2.60}$$

（3）能源约束

由生产函数可知，能源是生产所必需的投入品，所以从经济的持续和稳定增长角度来说，能源存量（S）必须源源不断地满足人类对能源消费量（E）的长期稳定的需求。

假设能源存量为 S，能源再生速度为 σ，则能源存量 S 的变化方程可以表示为

$$\dot{S} = \sigma S - E \tag{2.61}$$

（4）家庭因素（家庭的总效用函数）

假定家庭的规模不变（人口增长率为 0），家庭的人口数目标准化为 1 单位，由于 t 时刻家庭的效用仅仅取决于人均物质消费数量 $c(t)$，并且家庭的效用函数对于人均物质消费量呈现正且递减的边际效用，边际效用的弹性值为常数，可以得到 t 时刻家庭的效用函数，具体函数形式如下：

$$u(t) = \frac{c_t^{1-\theta} - 1}{1 - \theta} \tag{2.62}$$

那么，每个家庭的总效用函数为

$$U = \int_0^\infty \left(\frac{c^{1-\theta} - 1}{1 - \theta} \right) e^{-\rho t} dt \quad (\theta > 0) \tag{2.63}$$

式中：ρ 为时间偏好，并且 $\rho > 0$，这意味着越晚获得效用，其价值就越低；θ 为人均物质消费数量 c 每增加 1%，边际效用下降的百分比。

由于产出用于消费和投资，投资等于花费于中间产品的数额，因此，就得到消费的预算约束，具体形式如下：

$$Y = Lc + NX \tag{2.64}$$

式中：$L = L_Y + L_R$，为全社会的总人口规模。

(5) 模型求解

通过求解家庭总效用函数最优问题，可以得到能源消费约束条件下的均衡经济增长路径。

所有的变量都是时间 t 的函数，时间 t 不直接进入方程，而是通过变量 X_t 的变化进行分析，为了书写方便，一律省去了下标 t。

目标函数：

$$\max U(c) = \int_0^\infty \left(\frac{c^{1-\theta} - 1}{1 - \theta}\right) e^{-\rho t} dt \tag{2.65}$$

约束条件：

$$Y = A(L - L_R)^\gamma E^\beta N X^\alpha = Lc + NX \tag{2.66}$$

$$\dot{N} = \frac{L_R N}{\eta} \tag{2.67}$$

$$\dot{S} = \sigma S - E \tag{2.68}$$

根据式（2.65）~式（2.68），可以构建出现值的汉密尔顿方程，具体形式为

$$H = \frac{c^{1-\theta} - 1}{1 - \theta} + \lambda_1 \left(\frac{L_R N}{\eta}\right) + \lambda_2 (\sigma S - E) + \lambda_3 (Y - Lc - NX) \tag{2.69}$$

对于控制变量 (c, L_R, X, E) 和状态变量 (N, S)，汉密尔顿函数最优解的一阶条件如下。

由 $\frac{\partial H}{\partial c} = c^{-\theta} - \lambda_3 L = 0$ 可以得到

$$\lambda_3 = \frac{c^{-\theta}}{L} \tag{2.70}$$

由 $\frac{\partial H}{\partial L_R} = \frac{\lambda_1 N}{\eta} + \lambda_3 \frac{\partial Y}{\partial L_R} = \frac{\lambda_1 N}{\eta} - \frac{\lambda_3 \gamma Y}{L - L_R} = 0$ 可以得到

$$\frac{\lambda_3}{\lambda_1} = \frac{(L - L_R) N}{\gamma \eta Y} \tag{2.71}$$

由 $\frac{\partial H}{\partial X} = \lambda_3 \left(\frac{\partial Y}{\partial X} - N\right) = 0$ 可以得到

$$X = (\alpha A)^{1/(1-\alpha)} (L - L_R)^{\gamma/(1-\alpha)} E^{\beta/(1-\alpha)} \tag{2.72}$$

由式(2.72)可以得到

$$Y = A^{1/(1-\alpha)} \alpha^{\alpha/(1-\alpha)} (L - L_R)^{\gamma/(1-\alpha)} E^{\beta/(1-\alpha)} N = \alpha^{-1} NX \qquad (2.73)$$

由 $\frac{\partial H}{\partial E} = -\lambda_2 + \lambda_3 \frac{\partial Y}{\partial E} = 0$ 可得

$$\lambda_2 = \lambda_3 \beta \frac{Y}{E} \qquad (2.74)$$

由 $\dot{\lambda}_1 = \rho \lambda_1 - \frac{\partial H}{\partial N}$ 可得

$$\dot{\lambda}_1 = \rho \lambda_1 - \lambda_1 \frac{L_R}{\eta} - \lambda_3 \left(\frac{Y}{N} - X \right) \qquad (2.75)$$

由 $\dot{\lambda}_2 = \rho \lambda_2 - \frac{\partial H}{\partial S}$ 可得

$$\dot{\lambda}_2 = \lambda_2 (\rho - \sigma) \qquad (2.76)$$

根据动态最优化理论，在经济社会最优增长路径下，各经济变量的增长率为常数，我们令 g_I^* 为稳定状态经济变量 I 的增长率，则有 $g_I^* = \frac{\dot{I}}{I}$。

由式(2.67)可得

$$g_N = \frac{\dot{N}}{N} = \frac{L_R}{\eta} \qquad (2.77)$$

由于在稳定状态各变量的增长率为常数，因此，$g_N^* = \frac{L_R}{\eta}$ 为常数。

对式(2.77)两端取自然对数，对时间求导可得

$$g_{L_R}^* = 0 \qquad (2.78)$$

由式(2.78)可知，稳定状态 L_R 为常数 L_R^*，且保持不变；则稳定状态 N 的增长率为

$$g_N^* = \frac{L_R^*}{\eta} \qquad (2.79)$$

由式(2.68)可得

$$g_S = \frac{\dot{S}}{S} = \sigma - \frac{E}{S} \qquad (2.80)$$

同理，可得

$$g_E^* = g_S^* \tag{2.81}$$

由式（2.69）可得

$$g_{\lambda_3}^* = -\theta g_c^* \tag{2.82}$$

由式（2.71）可得

$$g_X^* = \frac{\beta}{1-\alpha} g_E^* \tag{2.83}$$

由式（2.73）可得

$$g_Y^* = \frac{\beta}{1-\alpha} g_E^* + g_N^* = g_X^* + g_N^* \tag{2.84}$$

由式（2.66）和式（2.83）可得

$$g_c^* = g_Y^* = g_X^* + g_N^* \tag{2.85}$$

由式（2.74）可得

$$g_{\lambda_2}^* + g_E^* = g_{\lambda_3}^* + g_Y^* \tag{2.86}$$

由式（2.75）可得

$$g_{\lambda_1} = \frac{\dot{\lambda}_1}{\lambda_1} = \rho - \frac{L}{\eta} - \frac{\lambda_3}{\lambda_1}\left(\frac{Y}{N} - X\right) \tag{2.87}$$

将式（2.71）带入式（2.86）可得

$$g_{\lambda_1}^* = \rho - \frac{L}{\eta} - \frac{\beta(L - L_R^*)}{\gamma\eta} \tag{2.88}$$

由式（2.76）可得

$$g_{\lambda_2}^* = g_{\lambda_2} = \rho - \sigma \tag{2.89}$$

由式（2.76）、式（2.77）、式（2.81）、式（2.82）、式（2.84）、式（2.85）、式（2.86）、式（2.87）、式（2.89）可得

$$g_Y^* = g_c^* = \frac{\beta(\sigma-\rho)}{\beta\theta+\gamma} + \frac{(\beta+\gamma)}{\beta\theta+\gamma} \times \frac{L_R^*}{\eta} \tag{2.90}$$

$$g_E^* = g_S^* = \frac{(\beta+\gamma)(\sigma-\rho)}{\beta\theta+\gamma} + \frac{(1-\theta)(\beta+\gamma)}{\beta\theta+\gamma} \times \frac{L_R^*}{\eta} \tag{2.91}$$

$$g_{\lambda_1}^* = \rho - \sigma + \frac{(\beta+\gamma)(\sigma-\rho)}{\beta\theta+\gamma} - \frac{2\theta\beta+\gamma\theta-\beta}{\beta\theta+\gamma} \times \frac{L_R^*}{\eta} \tag{2.92}$$

由式（2.92）和式（2.88）可以解得 L_R^*，具体形式如下：

$$L_R^* = \frac{1}{\theta(1-\alpha)}\left\{(\beta\theta+\gamma)L - \left[\rho - \frac{\beta(1-\theta)}{\beta+\gamma}\sigma\right]\gamma\eta\right\} \quad (2.93)$$

将式（2.93）代入式（2.79）、式（2.80）、式（2.82）可得

$$g_N^* = \frac{1}{\theta(1-\alpha)}\left\{(\beta\theta+\gamma)\frac{L}{\eta} - \left[\rho - \frac{\beta(1-\theta)}{(\beta+\gamma)}\sigma\right]\gamma\right\} \quad (2.94)$$

$$g_E^* = g_S^* = \frac{(\beta+\gamma)(\sigma-\rho)}{\beta\theta+\gamma} + \frac{(1-\theta)(\beta+\gamma)}{\beta\theta+\gamma} \times \frac{1}{\theta(1-\alpha)} \times$$

$$\left\{(\beta\theta+\gamma)\frac{L}{\eta} - \left[\rho - \frac{\beta(1-\theta)}{\beta+\gamma}\sigma\right]\gamma\right\} \quad (2.95)$$

$$g_Y^* = g_c^* = \frac{\beta(\sigma-\rho)}{\beta\theta+\gamma} + \frac{(\beta+\gamma)}{\beta\theta+\gamma} \times \frac{1}{\theta(1-\alpha)}\left\{(\beta\theta+\gamma)\times\right.$$

$$\left.\frac{L}{\eta} - \left[\rho - \frac{\beta(1-\theta)}{\beta+\gamma}\sigma\right]\gamma\right\} \quad (2.96)$$

通过模型求解可得：技术进步率 g_N^* 与社会劳动力禀赋 L 成正比，与技术创新的成本 η 成反比；能源再生速度 σ 与能源投入增长率和经济增长率成正比；家庭的偏好参数 ρ 与经济增长率成反比；技术进步率与能源投入的增长率共同决定了经济增长率。

综上所述，本书通过将能源约束引入经济增长模型，可以得出如下结论。

第一，技术进步对经济增长具有正向的影响。

在技术外生的经济增长模型中，当给定的技术增长率越高时，经济增长率也就越高；而在内生经济增长模型中，技术进步率由经济系统自身决定，它主要取决于技术创新成本和社会劳动力禀赋。

技术创新成本的降低也就意味着可以增加研发部门的利润，从而提高了研发部门的积极性，使得技术进步速度加快，进而提高经济的增长率。

模型包含规模效应，一个更大的劳动力禀赋也就意味着更高的增长率，这是由于技术的边际成本为零，一种新的产品可以在整个经济中以一种非竞争性的方式被利用，所以一个更大的劳动力禀赋也就意味着更大的技术外溢效应，从而产生更大的经济效应，拉高了经济增长率。

第二，人口对经济增长的影响。

在技术外生的经济增长模型中，人口增长率对稳定状态经济总量的增长率有着正向的影响，但是对人均消费的增长率没有任何影响，也就是说人口只能提高经济总量，但不能提高人民生活水平。

而在内生经济增长模型中，更大的劳动力禀赋能够带来更高的技术进步率，因此较大的劳动力禀赋也就意味着较高的经济增长率和较高的人均消费增长率。

第三，家庭的偏好参数 ρ 和 θ 对经济增长有反向的影响。

ρ 表示家庭以这一速度对未来的效用进行贴现，ρ 越低，则当前消费的收益越小，从而提高家庭的储蓄意愿；$1/\theta$ 为替代弹性，θ 越低，替代弹性越大，也就意味着家庭为未来的高消费而牺牲当前消费意愿越大，也就提高了家庭的储蓄意愿。更低的 ρ 和 θ 值提高了储蓄的意愿，从而提高了经济的增长率。

第四，能源消耗对经济增长的影响。

要实现经济可持续增长，必须匹配相应的能源投入的增长，一个高的能源投入增长率也就意味着高的经济增长率，而能源投入的增长率除了由经济系统对能源的需求量决定，主要还取决于能源的再生速度。

经济增长速度等于技术进步的速度加上能源消费的增长速度，这也就意味着经济的持续增长对能源消耗的依赖要求能源消耗的增长速度要低于经济增长的速度，否则过度的能源消耗最终导致能源枯竭，经济也就无法保持增长。

能源消耗得越多，也就意味着产出越多，经济增长越快，而能源供给又受到能源再生速度的影响，能源消耗速度过快会促使能源枯竭，所以能源消耗的增长速度不能超过能源的再生速度。而最优的稳定状态，意味着能源消耗的增长速度和能源的再生速度是相等的。经济要保持高增长率，也就意味着需要保持高能源供给增长率，而能源供给增长率由能源再生速度决定，所以如何提高能源的再生速度是经济的增长的重要问题。

第3章 中国能源消费、二氧化碳排放量与经济发展水平特征分析

能源尤其是化石类燃料能源的大量使用，导致了二氧化碳等温室气体的大量排放。为了减缓全球气候变暖，同时也为了减少环境污染对于人类社会环境所产生的危害，有效地降低温室气体排放尤其是二氧化碳的排放已经成为全世界各国亟待解决的问题。正确认识世界各国二氧化碳的不同排放情况，可以为各国政府制定低碳减排政策提供建议。因此，本章参考IPCC所提出的以详细燃料分类为基础的二氧化碳排放量估算方法，对中国1980—2011年化石类燃料能源消费所产生的二氧化碳排放量进行测算，同时从能源消费结构、能源消费强度、二氧化碳排放总量、人均二氧化碳排放量、二氧化碳排放强度、GDP、人均GDP等指标角度分析中国能源消费、二氧化碳排放量和经济发展水平的动态变化特征及其形成的原因。这为正确认识中国能源消费产生的二氧化碳排放量及相关经济问题提供信息支持。

3.1 中国能源消费特征分析

3.1.1 中国能源消费定义及分类

能源可以被称为能量资源或能源资源。能源是可产生各种能量（如热量、光能、电能和机械能等）或可做功的物质的统称，是能够直接获取或可以通过加工、转换而获取有用能的各种资源。依据中国的能源统计口

径，能源可以具体分为一次能源和二次能源两种。一次能源指的是存在于自然界之中，可以直接获得，并且不改变其基本形态的能源品，如煤炭、天然气、原油、煤层气、核能、水能、风能、太阳能、生物质能、地热能等。二次能源指的是通过对一次能源进行加工转换从而形成另外一种形态的能源产品，如煤气、石油制品、蒸汽、焦炭、电力、热力等。

能源消费总量是在一定时间内一个国家或者一个地区用于生产和生活所消耗的各种能源数量的总和。能源消费总量与生产规模及生活方式存在着极为密切的关系。当生产规模增大时，作为投入要素的能源需求必然会增大；同时，随着居民收入水平的提高，人们的生活方式发生变化，为改善生活水平必然会使得能源需求量持续增大。因此，能源消费总量是反映一个国家或者一个地区能源消费水平、能源消费结构与能源消费增长速度的重要指标。

目前，人类经济活动所产生的温室气体的主要来源是化石类燃料能源消费、土地利用及水泥生产。而全世界70%以上的二氧化碳是由化石类燃料能源消费所产出的。因此，在本书的相关问题研究中，主要测算能源消费中化石燃料类能源消费所产生的二氧化碳排放量。在《中国能源统计年鉴》中，关于能源消费量的核算形式有三种：能源消费总量、能源平衡表、终端能源消费量。其中，能源消费总量描述的是所有一次能源消费的总量，是从能源生产角度来核算能源消费量，并不包含能源加工转换之后的能源消费量；能源平衡表描述的是各种能源的供应与需求和它们之间的加工转换，考虑到了能源加工转换过程之中的能源转换效率及能源损失；终端能源消费量描述的是所有一次能源消费及二次能源消费总量，指的是从能源消费角度来核算能源消费量，是能源加工转换之后的消费量。因此，鉴于本书所探讨的问题是从能源消费角度进行研究，测算中国能源消费所产生的二氧化碳排放量，所以，这里选择终端能源消费量作为书中研究所选取的能源消费量指标。本书所选取的能源主要包括三种：煤炭、石油、天然气。中国能源统计标准中，电力能源仅包括水电、核电、风电，并且这三种电力能源的二氧化碳排放量接近于零，因此，电力能源部分本书暂不考虑。

第3章　中国能源消费、二氧化碳排放与经济发展水平特征分析

为了统一量化化石燃料类能源消费量的数据，需要对各种化石燃料类能源进行单位换算，其中，煤炭的计量单位是万吨（万 t），石油的计量单位是万吨（万 t），天然气的计量单位是亿立方米（亿 m³），因此，在测算能源消费的二氧化碳排放量之前需要统一单位，将不同能源消费总量转化为万吨标准煤来计量。各种能源折算标准煤参考系数表见表 3.1。

表 3.1　各种能源折标准煤的参考系数

类别	能源种类	平均低位发热量	折标准煤指数
煤炭类燃料	原煤	20 908kJ/kg	0.7143kgce/kg
	洗精煤	26 344kJ/kg	0.9000kgce/kg
	焦炭	28 435kJ/kg	0.9714kgce/kg
石油类燃料	原油	41 816kJ/kg	1.4286kgce/kg
	燃料油	41 816kJ/kg	1.4286kgce/kg
	汽油	43 070kJ/kg	1.4714kgce/kg
	煤油	43 070kJ/kg	1.4714kgce/kg
天然气	天然气	38 931kJ/m³	1.3300kgce/m³

资料来源：《中国能源统计年鉴 2008》。

3.1.2　中国能源消费总体特征

自中华人民共和国成立，尤其是 1978 年以来，中国经济发展水平保持高速增长的态势，能源消费总量呈现逐年增加的态势。1980 年的中国能源消费总量为 60 275 万吨标准煤，2011 年的中国能源消费总量为 348 002 万吨标准煤，是 1980 年的约 5.8 倍。1980—2011 年共增加了 287 727 万吨标准煤，年平均增长率约为 5.7%，其中，2002—2011 年这短短 10 年间共增长了 188 571 万吨标准煤，年平均增长率约为 8.8%，特别是 2003 年、2004 年、2005 年这 3 年间能源消费量高速增长，增长率分别为 15.3%、16.1% 和 10.6%。2011 年中国能源消费总量比上年增加了 7.1%，煤炭消费量为 238 033 万吨标准煤，2010 上年增加了 7.7%；石油消费量为 64 728 万吨标准煤，比 2010 年增加了 5.0%；天然气消费量为 17 400 万吨标准

煤，比2010年增加了23.0%。由图3.1可以看出，在1980—2011年，中国能源消费总量呈现逐年上升的趋势。

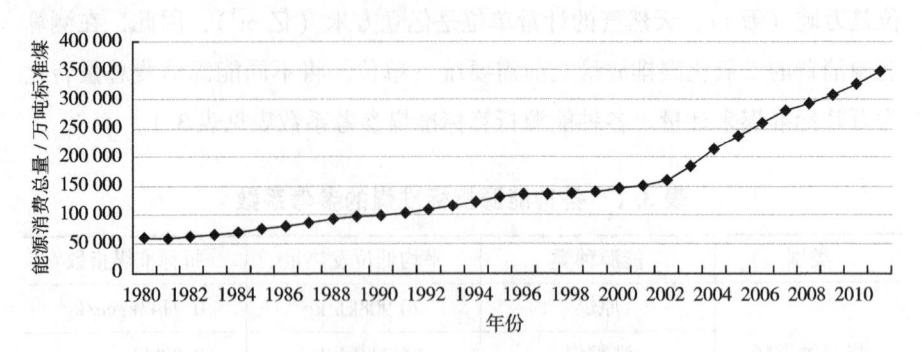

图 3.1　中国 1980—2011 年能源消费总量变化趋势

中国能源消费总量伴随着中国经济发展水平的高速增长而呈现逐年增加的态势，并且能源消费总量增加的速度越来越快。能源消费量的快速增长给中国能源供应带来了巨大的压力。因此，我们需要积极采取开发新型清洁能源、提高能源利用效率、降低煤炭等高碳排放能源的消费比重等有效积极的措施，实现能源、环境、经济的协调发展。

3.1.3　中国能源消费结构现状

与发达国家的能源消费结构相比较，中国的能源消费结构表现出一定的差异性，这是由中国经济发展阶段与资源禀赋特点所决定的。本书按照中国对于不同能源的实际消费量进行统计，不同能源消费量的数据来自《中国能源统计年鉴》中的单项能源平衡表，即煤炭平衡表、石油平衡表和天然气平衡表。由于受到资源禀赋的制约，中国能源消费总量之中煤炭所占的比重最大，因此中国能源消费结构仍然存在优化的空间。

1980—2011年，中国能源消费均以化石能源消费为主，并且能源消费结构变化并不明显。由图3.2可以看出，煤炭消费量所占比重由1980年的72.2%下降到2011年的68.4%，其中1980—1999年煤炭消费量所占比重始终保持在70%以上，但煤炭仍然是中国能源消费的主要种类。近年来，石油消费量在能源消费总量之中所占的比重呈现先下降后上升的趋势，均保持在20%左右，由于受到国际石油市场的影响，中国石油消费量有所减少，石油消费量所占比重由1980年的20.8%下降到2011年的18.6%。天然气消费在能源消费总量之中所占的比重呈增加趋势，其所占比重由1980年的3.1%上升到2011年的5.0%。同时，非化石类能源消费比重由1980年的4.0%缓慢升至2011年的8.0%。虽然煤炭消费量占能源消费总量的比重整体呈现下降趋势，但是，煤炭类能源在能源消费结构中所占的比重过大，煤炭类化石燃料能源在能源生产和消费的过程中必然产生大量的二氧化碳排放。因此，大力发展清洁能源，降低煤炭等化石燃料能源占能源消费总量的比重，提高清洁能源在能源消费总量之中所占的比重，积极提高能源效率，才能促进环境、经济的协调发展。

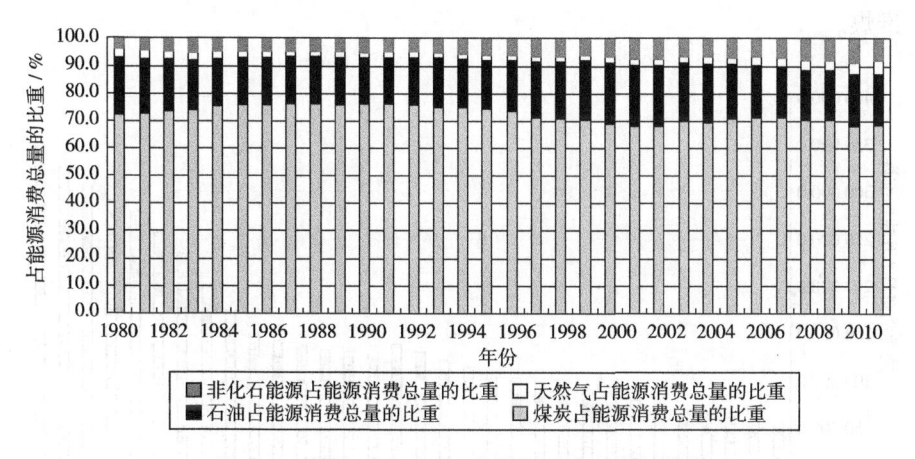

图 3.2　中国 1980—2011 年能源消费总量的构成

与此同时，本书按照不同行业对不同能源的实际消费量进行统计。不同行业能源消费量的数据来自《中国能源统计年鉴》中的能源平衡表。能源平衡表中所给出的能源消费数据是按照分部门的形式列出的，具体可以分为如下七大类别：①农、林、牧、渔、水利业；②工业（去除用作原料、材料的部分）；③建筑业；④交通运输、仓储和邮政业；⑤批发、零售业和住宿、餐饮业；⑥其他部门；⑦生活消费。

由图 3.3 可以看出，1980—2011 年，农、林、牧、渔、水利业能源消费总量波动并不明显，由 1980 年的 1 550.3 万吨标准煤缓慢升至 2011 年的

1 756.6万吨标准煤；工业部门能源消费总量随着经济发展水平提高而大幅增长，由1980年的43 848.4万吨标准煤大幅增至2011年的326 230.0万吨标准煤，2011年工业部门能源消费总量约为1980年的7.4倍；建筑业能源消费总量由1980年的556.0万吨标准煤缓慢升至2011年的781.8万吨标准煤；交通运输、仓储和邮政业能源消费总量由1980年的1 934.4万吨标准煤降至2011年的645.9万吨标准煤；批发、零售业和住宿、餐饮业能源消费总量呈现小幅上升趋势，由1980年的455.2万吨标准煤升至2011年的2 211.7万吨标准煤；生活消费部门能源消费总量呈现小幅下降趋势，由1980年的11 574.0万吨标准煤降至2011年的9 212.1万吨标准煤；其他部门能源消费量由1980年的1 091.2万吨标准煤升至2011年的2 112.2万吨标准煤。

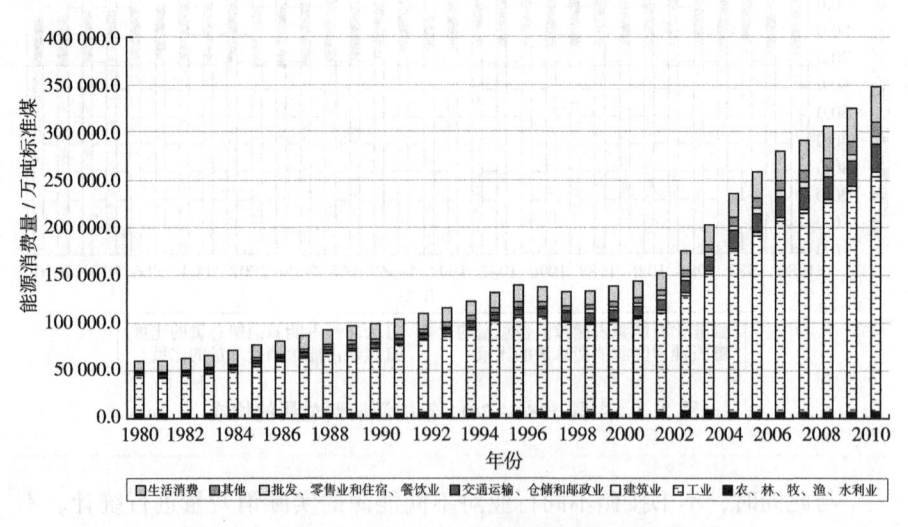

图3.3 中国1980—2011年行业能源消费量变化趋势

因此，我们可以看出，中国能源消费结构仍然具有较大的优化空间，具体来说，有如下几种优化方式。

①积极加快产业结构调整，加快低能耗产业的发展速度，加大能源消费的部门分布结构的优化力度。

②加快煤炭类燃料能源向电力类清洁能源的转换力度，增加电力类清

第3章 中国能源消费、二氧化碳排放与经济发展水平特征分析

洁能源在能源消费总量之中的比重，积极提高能源使用效率，加大能源消费结构的优化力度。

③增加天然气能源在能源消费总量之中所占的比重，大力发展可再生能源、清洁能源，从而进一步优化中国能源的供给结构。

3.1.4 中国能源消费强度特征

能源消费强度（Energy Intensity）是指单位 GDP 所需的能源消费量，也称单位 GDP 耗能量、能源利用效率或能源密集度。具体来说，能源消费强度是指一个国家或者一个地区的最终能源使用总量或者一次能源使用总量与 GDP 之比（单位：吨标准煤/万元）。

具体计算方法如下：

$$能源消费强度 = \frac{能源消费总量}{GDP} = \frac{E}{Y} \quad (3.1)$$

式中：E 为能源消费总量，单位为吨标准煤；Y 为 GDP，单位为万元。本书所选择用的 GDP 指的是根据 1980 年不变价调整之后的实际 GDP。

中国 1980—2011 年能源消费强度变化趋势如图 3.4 所示。这 32 年，中国对经济结构进行了优化调整，使得技术水平不断进步，能源利用效率得以提高，中国节能减排工作呈现显著效果。由图 3.4 可以看出，中国

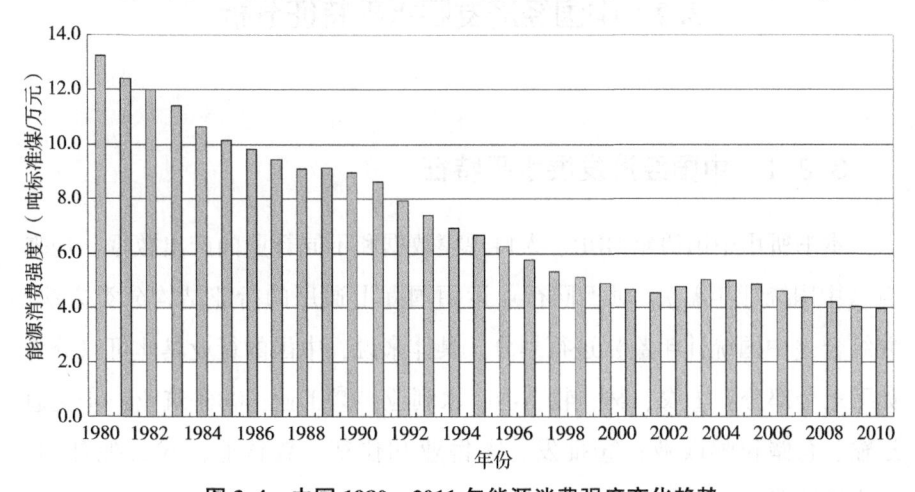

图 3.4 中国 1980—2011 年能源消费强度变化趋势

1980—2011年能源消费强度呈波动下降的状态，1980年的能源消费强度为13.3吨标准煤/万元，2011年的能源消费强度为4.0吨标准煤/万元，下降了9.3吨标准煤/万元。其中值得注意的是，2003—2005年中国能源消费强度出现小幅反弹，可能是由于在此阶段，高耗能、低产出的行业出现大规模扩张，导致了整体能源消费强度的变化。

能源消费强度反映了经济产出能源使用效率的指标，指出了能源消费量与经济发展水平之间的关系，说明在社会经济活动中对能源的利用程度，是用来衡量社会能源消费水平及能耗状态的重要指标。能源消费强度的变化与经济发展水平息息相关，即经济发展水平的变化必将导致能源消费量的变化。能源消费强度可以反映出能源的使用效率，能源消费强度越小，表明能源使用效率就越高；反之亦成立。能源消费强度直接反映出经济发展水平对于能源的依赖程度，反映出一个国家或者一个地区经济发展水平与能源消费量之间的强度关系。能源消费强度表示的是单位GDP耗能量，也就是创造一单位社会财富所需要的能源消耗量。能源消费强度越大，说明经济发展水平对于能源依赖程度越高。同时，能源消费强度间接反映出能源消费结构、产业结构调整、技术进步、能源使用效率等多方面因素。

3.2 中国经济发展水平特征分析

3.2.1 中国经济发展水平特征

本书所用中国历年GDP、人口规模数据和不同行业的产出数据，均来自《中国统计年鉴》。对不同行业运用国际上通用的行业结构分类方法，并结合《中国统计年鉴》进行划分。具体来说，中国的行业具体可以分为如下七个部分：①农、林、牧、渔、水利业；②工业；③建筑业；④交通运输、仓储和邮政业；⑤批发、零售业和住宿、餐饮业；⑥其他部门；⑦生活消费。

第3章 中国能源消费、二氧化碳排放与经济发展水平特征分析

GDP 表示在一定时期（一个季度或一年）内一个国家或者一个地区的经济中所生产出的全部最终产品和劳务的价值，常常被公认为衡量一个国家或者一个地区经济状况的最佳指标。

《中国统计年鉴》之中的 GDP 数据只是名义 GDP，其中并未剔除物价因素，是以当年价格水平为基础测算出来的。名义 GDP 充分反映出了实际的产品和劳务变化情况的真实水平。而实际 GDP 是剔除价格变动影响后的 GDP。本书选用实际 GDP 作为衡量标准，将名义 GDP 以 1980 年作为基期进行处理。（单位：亿元）。

具体计算方法如下：

$$实际GDP = \frac{名义GDP}{以1980年为基期的GDP平减指数} \quad (3.2)$$

中国 1980—2011 年实际 GDP 与 GDP 指数变化趋势如图 3.5 所示。1980—2011 年中国经济呈现高速增长态势。1980 年的实际 GDP 为 4 545.6 亿元，2011 年的实际 GDP 为 88 156.0 亿元。GDP 指数（上年=100）在 1988—1992 年出现较大波动，呈现先下降，而后大幅上升的趋势，并且 1992 年的 GDP 指数高于 1988 年的 GDP 指数。GDP 指数（上年=100）在 1992—2007 年出现小幅波动，同样呈现先下降，而后小幅上升的趋势，并且 2007 年的 GDP 指数增至 1992 年的水平。2007 年之后的 GDP 指数呈现小幅下降的趋势，表明中国经济发展呈现缓慢增长的状态。

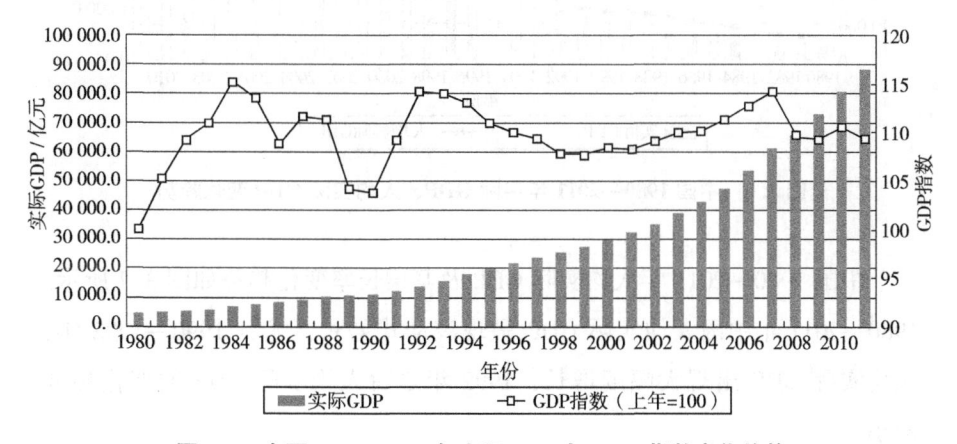

图 3.5 中国 1980—2011 年实际 GDP 与 GDP 指数变化趋势

3.2.2 中国人均实际 GDP 特征

人均实际 GDP 的数据根据《中国统计年鉴》公布的用当年价所表示的名义 GDP 进行折算后的实际 GDP 和人口规模来计算的（单位：元/人）。具体计算方法如下：

$$人均实际 GDP = \frac{实际 GDP}{人口总数} \qquad (3.3)$$

中国 1980—2011 年实际 GDP 与人均实际 GDP 变化趋势如图 3.6 所示。1980—2011 年人均实际 GDP 呈现较快增长态势。1980 年人均实际 GDP 为 460.5 元，2011 年人均实际 GDP 为 6542.9 元，约为 1980 年人均实际 GDP 的 14.2 倍。尤其 20 世纪 90 年代以来，伴随中国经济发展水平高速发展，中国人均实际 GDP 的增幅也较大。

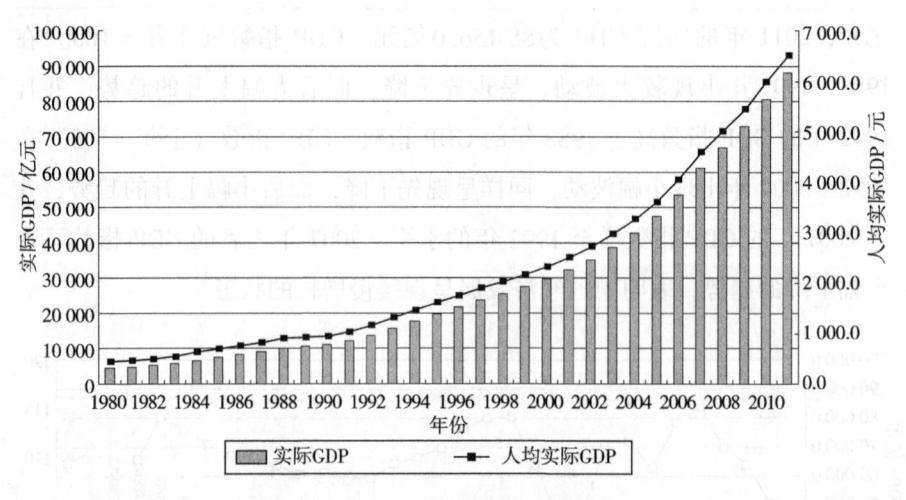

图 3.6 中国 1980—2011 年实际 GDP、人均实际 GDP 变化趋势

中国 1980—2011 年人均实际 GDP 及其增长率变化趋势如图 3.7 所示。1980—2011 年中国人均实际 GDP 呈现波动式增长，尤其 1990—1992 年，人均实际 GDP 出现大幅度增长，1992 年之后人均实际 GDP 的变化幅度较小。

第3章 中国能源消费、二氧化碳排放与经济发展水平特征分析

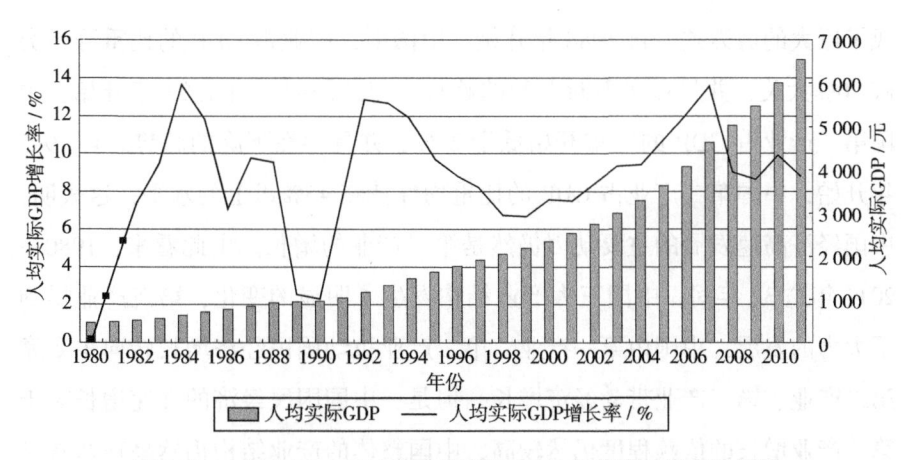

图3.7 中国1980—2011年人均实际GDP及其增长率变化趋势

3.2.3 中国三大产业结构特征

1980—2011年,中国三大产业占GDP的比重发生了很大的变化,三大产业结构由1980年的30.2∶48.2∶21.6转化为2011年的10.0∶46.7∶43.3。1980—2011年,中国三大产业在GDP之中所占比重的变化趋势如图3.8所示。

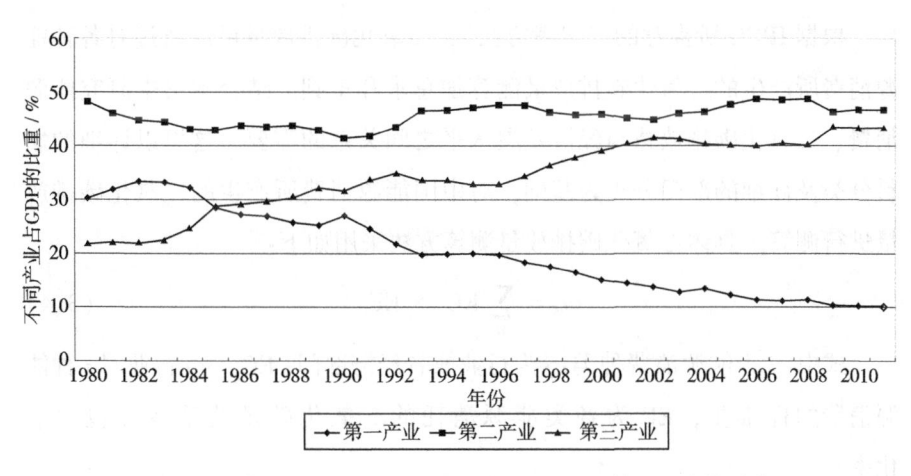

图3.8 中国1980—2011年三大产业占GDP的比重变化趋势

1978年以后,中国的产业结构不断进行优化调整,第三产业得到了大力发展。1985年之后,中国第一产业和第三产业在GDP中所占的比重形

· 81 ·

成了巨大的剪刀差。自 1988 年开始，中国第三产业占 GDP 的比重开始突破 30%大关，并且存在不断上升的趋势。与此同时，自 1993 年开始，中国第一产业占 GDP 的比重开始低于 20%，并且存在下降的趋势。自 1993 年开始，中国第二产业占 GDP 的比重均保持在 45%以上的水平，这表明，中国经济高速发展的主要动因仍然是第二产业的增长。由此看来，1980—2011 年这 32 年间，中国三大产业结构发生了明显的变化，第三产业得到了大力的发展，中国由第一产业、第二产业拉动国民经济增长转向主要靠第二产业、第三产业带动经济增长。但是，中国国民经济的高速增长对于第二产业增长的依赖程度仍然较高，中国整体的产业结构仍然呈现非常显著的重型化特征，这显然不利于中国节能减排目标的实现。

3.3 中国二氧化碳排放特征分析

3.3.1 中国能源消费产生的二氧化碳排放量

根据 IPCC 所推荐的"参考方法"，二氧化碳排放量可以通过对各种能源消费所产生的二氧化碳排放量测算加总求和得到。结合本书中研究能源消费、二氧化碳排放量与经济发展水平之间关系的需要，这里以详细的燃料分类及详细的部门分类为基础，对中国能源消费所产生的二氧化碳排放量进行测算。具体二氧化碳排放量测算方法采用如下：

$$E = \sum_{ij} EC_{ij} \times EF_i \qquad (3.4)$$

式中：i 为能源消费种类；j 为行业或者经济部门；EC_{ij} 为 j 行业对 i 种能源消费的标准量；EF 为各类能源消耗的二氧化碳排放系数（包含氧化率）。

二氧化碳排放数据来源有以下六类：一是通过美国能源部或能源信息署（DOE/EIA）所发布的各类能源消耗的二氧化碳含量系数计算得来；二是 ORNL 的 CDIAC 所发布的年度数据；三是日本能源经济研究所（IEEJ）

第3章 中国能源消费、二氧化碳排放与经济发展水平特征分析

发布的数据;四是中国科学技术部发布的数据;五是中国国家发展和改革委员会能源研究所发布的数据;六是 IPCC 指南公布的方法计算的数据。在不同能源消耗的二氧化碳排放系数这个指标上,世界上各个不同研究部门给出的数据是不同的,搜集或计算各类能源消耗的二氧化碳排放系数并进行比较,详细数据见表3.2。

表3.2 不同研究部门各类能源消耗的二氧化碳排放系数

单位:吨碳/吨标准煤

数据来源	煤炭消耗二氧化碳排放系数	石油消耗二氧化碳排放系数	天然气消耗二氧化碳排放系数
DOE/EIA	0.702	0.478	0.389
CDIAC	0.720	0.585	0.404
IEEJ	0.756	0.586	0.449
中国科学技术部	0.726	0.583	0.409
中国国家发展和改革委员会能源研究所	0.748	0.583	0.444
IPCC	0.762	0.586	0.448
平均值	0.736	0.567	0.424

通过对比分析发现,不同研究部门给出的数据之间有细微的差别,中国国家发展和改革委员会能源研究所和中国科学技术部给出的数据均居于均值附近,DOE/EIA 所给出的数据最低,IPCC 所给出的数据较高。由于国际上对于标准煤的换算指标并没有公认的统一标准,各国能源结构不同,资源禀赋也是不一样的,鉴于存在这些差别,每个国家都应该根据本国的具体实际情况来计算实际的二氧化碳排放量。通过查阅相关文献,并且考虑到上述的原因,本书选择平均值来计算中国能源消费所产生的二氧化碳排放量,最后采用平均值作为各类能源消耗的二氧化碳排放系数[中国按1标准煤等于29.3MJ(7000kcal)计算]。

本书最终选取煤炭、石油和天然气消耗的二氧化碳排放系数分别为0.7357 吨碳/吨标准煤、0.5669 吨碳/吨标准煤、0.4239 吨碳/吨标准煤,

根据各产业的详细能源消费数据及前文中所选取的二氧化碳排放系数数据，对中国历年能源消费所产生的二氧化碳排放量进行测算。

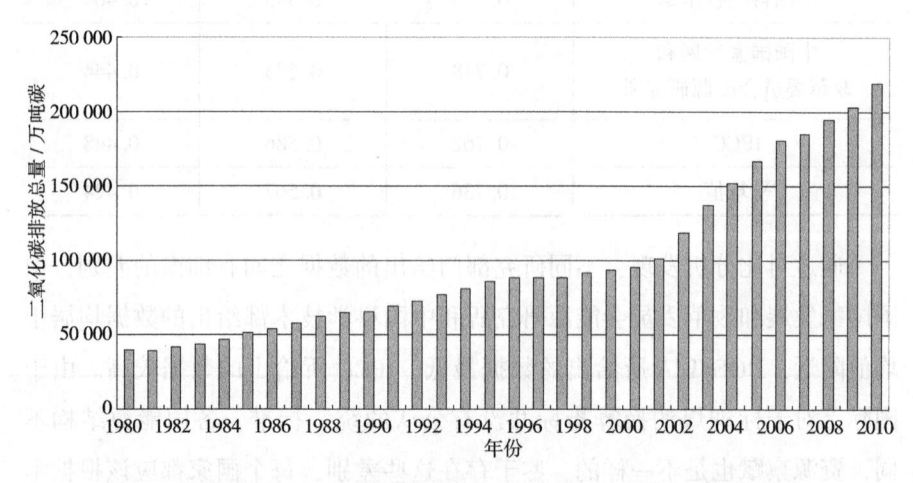

中国 1980—2011 年能源消费所产生的二氧化碳排放总量变化趋势如图 3.9 所示。由于中国经济发展水平及能源消费总量都呈现快速增长，化石类能源燃烧产生的二氧化碳排放总量也明显增加。尽管 1996—1999 年中国能源消费所产生的二氧化碳排放量呈现平稳的态势，但是，自 2003 年开始，二氧化碳排放总量开始迅速反弹并且呈现高速增长的态势，2000 年能源消费所产生的二氧化碳排放总量为 93 763 万吨碳，2011 年能源消费所产生的二氧化碳排放总量已经达到 219 192 万吨碳。总体上来说，1980—1996 年中国二氧化碳排放总量增长速度在 5% 上下波动，1996—1998 年中国二氧化碳排放总量呈现下降趋势，主要是由于同时期中国能源消费总量并没有呈现逐年增加的趋势；2003 年中国二氧化碳排放总量增加尤为迅速。

图 3.9　中国 1980—2011 年能源消费产生的二氧化碳排放总量变化趋势

3.3.2　中国人均二氧化碳排放量特征

人均二氧化碳排放量是一个相对的指标，该指标是通过一个国家或者一个地区人口在生产和消费活动之中排放的碳或二氧化碳总量，除以一国或者一地区的总人口规模得到的（单位：吨碳/人）。人均二氧化碳排放量

第3章 中国能源消费、二氧化碳排放与经济发展水平特征分析

反映的是在不同消费模式下人均二氧化碳排放水平的差异，属于从消费角度所考虑的指标。由于人均二氧化碳排放量去除了地区人口密度对于二氧化碳排放总量的影响，使得二氧化碳排放的地区差异更加具有可比性，成为国际上分析研究二氧化碳减排问题的重要指标之一。

根据英国风险评估公司 Maple-croft 2009 年公布的能源使用二氧化碳排放指数发现，目前澳大利亚是世界上人均二氧化碳排放量最大的国家，原因是澳大利亚主要以煤电类能源消费为主。澳大利亚的年人均二氧化碳排放量为 20.58 吨碳/人，美国的年人均二氧化碳排放量为 19.58 吨碳/人。

人均二氧化碳排放量的具体计算方法如下：

$$人均二氧化碳排放量 = \frac{二氧化碳排放量}{人口总量} = \frac{C}{P} \quad (3.5)$$

式中：C 为能源消费产生的二氧化碳排放量，单位：吨碳；P 为人口规模，单位：人。

中国 1980—2011 年人均二氧化碳排放量变化趋势如图 3.10 所示。虽然中国能源消费产生的二氧化碳排放量较大，但是人均二氧化碳排放量较低。由图 3.10 可以看出，1980 年中国人均二氧化碳排放量为 0.404 吨碳/人，2011 年中国人均二氧化碳排放量为 1.627 吨碳/人，约为 1980 年的 4.03 倍。随着中国经济水平的高速发展，所带来的化石类能源消费的需求必将继续增加，因此，人均二氧化碳排放量必将呈现进一步增长的趋势。

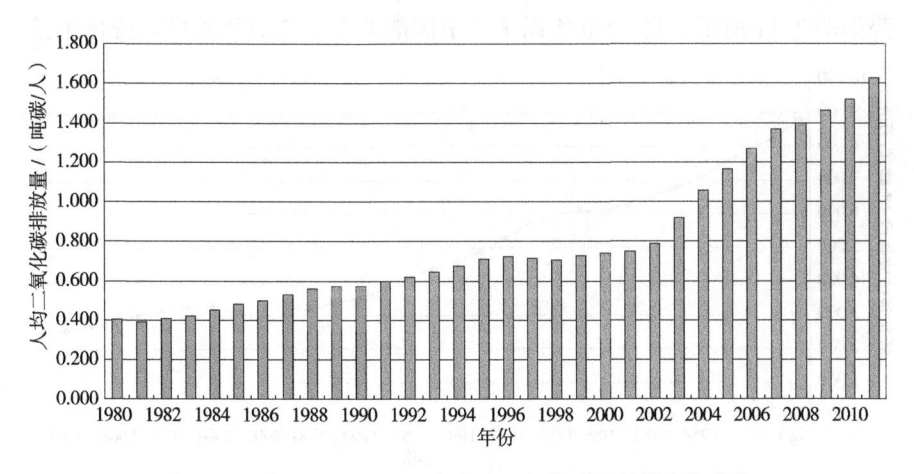

图 3.10 中国 1980—2011 年人均二氧化碳排放量变化趋势

3.3.3 中国二氧化碳排放强度特征

二氧化碳排放强度是指每单位 GDP 的增长所带来的二氧化碳排放量变化。二氧化碳排放强度等于二氧化碳排放总量与 GDP 的比值，该指标主要是用来衡量一个国家或者一个地区经济发展水平与二氧化碳排放量之间存在的关系，反映了一个国家或者一个地区经济发展水平的效率和质量，体现了一个国家或者一个地区的能源利用效率，保留了经济发展水平与减少二氧化碳排放这两个方面的要求，这比人均二氧化碳排放量指标更具有经济意义。该指标是随着经济增长和技术进步而下降的，由指标定义可以看出，二氧化碳排放强度涉及二氧化碳排放总量和 GDP，而 GDP 有名义值和实际值两种，为了使得每年度的二氧化碳排放强度具有可比性，本书选择剔除名义 GDP 的价格因素的实际 GDP（单位：吨碳/万元）。

具体计算方法如下：

$$二氧化碳排放强度 = \frac{二氧化碳排放量}{GDP} = \frac{C}{Y} \quad (3.6)$$

式中：C 为能源消费产生的二氧化碳排放量，单位为吨碳；Y 为 GDP，单位为万元。本书选择的 GDP 指的是根据 1980 年不变价调整之后的实际 GDP。

通过测算得到的中国 1980—2011 年能源消费二氧化碳排放强度变动趋势如图 3.11 所示。自 1980 年以来，中国能源消费二氧化碳排放强度虽然

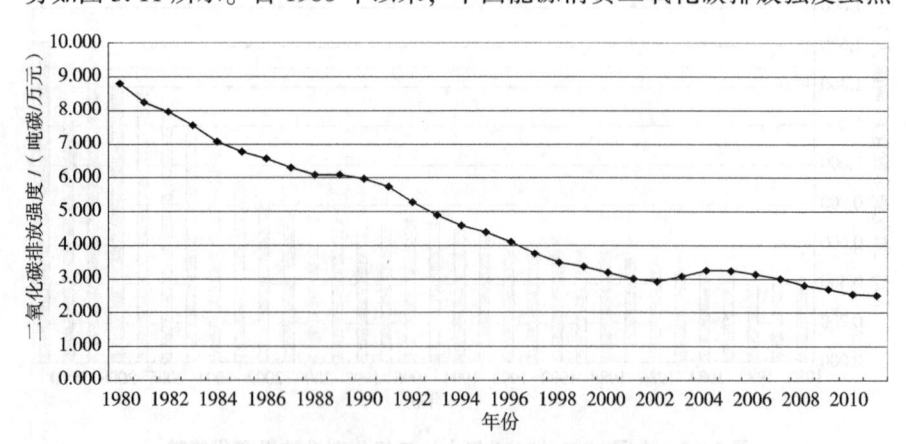

图 3.11 中国 1980—2011 年二氧化碳排放强度变化趋势

呈现小幅波动，但是总体上呈现出下降趋势。1980年能源消费二氧化碳排放强度为8.773吨碳/万元，2011年能源消费二氧化碳排放强度为2.486吨碳/万元，达到自1980年以来的最小值。1978年以后，中国能源消费二氧化碳排放强度下降较快，1996—2002年下降幅度较大，2002年能源消费二氧化碳排放强度约为2.886吨碳/万元。2003—2004年二氧化碳排放强度呈现出上升趋势，原因是这两年间二氧化碳排放总量呈现高速增长，年平均增长率约为13.97%。

能源消费二氧化碳排放强度是衡量一个国家或一个地区能源消费结构、能源消耗水平等能源利用模式的重要指标，同时，它也是衡量一个国家或者一个地区低碳经济发展水平的重要指标。但是，鉴于存在较多的因素可以影响二氧化碳排放强度，该指标并不能充分体现出各国能源利用效率之间的差异性。例如，关于大多数高耗能产品的单位能源消耗强度指标，中国均优于印度，但是关于GDP的二氧化碳排放强度指标，中国却是印度的1.6倍；关于主要耗能产品的单位能源消耗强度指标，中国比世界先进水平高30%~70%。因此，除了能源利用效率外，影响二氧化碳排放强度的因素还包括产业结构、汇率、一次能源品种构成等。

3.4 中国能源消费、二氧化碳排放、经济发展水平特征分析

3.4.1 中国能源消费与二氧化碳排放特征分析

能源消费所产生的二氧化碳排放量是极为巨大的，在中国经济快速发展的过程中，化石燃料类能源消费量的持续增加是二氧化碳排放量持续增加的主要原因。

1980—2011年中国能源消费总量及能源消费总量年增长率变化趋势如图3.12所示。中国能源消费总量的年增长率达到了5.7%。1997—1998年中国能源消费总量年增长率近似为零。2003年、2004年、2005年中国能源消费总量的年增长率均高于13%。2004—2008年中国能源消费总量的年

增长率呈现下降趋势。2008年中国能源消费总量的年增长率已经降至3.90%。

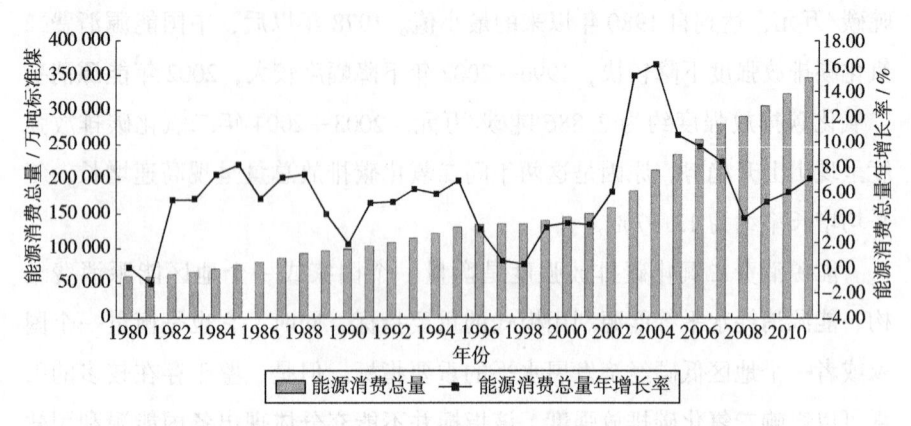

图 3.12　中国 1980—2011 年能源消费总量及年增长率变化趋势

中国1980—2011年能源消费所产生的二氧化碳排放总量趋势如图3.13所示。1980—1996年中国能源消费所产生的二氧化碳排放总量以每年约4.83%的速度保持增长态势；1996—1998年中国能源消费所产生的二氧化碳排放总量呈现小幅下降趋势，主要是由于同时期中国能源消费总量也呈现小幅下降的趋势；2002年以后中国能源消费所产生的二氧化碳排放总量增长尤为迅速。自1978年以来，能源消费总量的持续增加是中国经济快速发展所导致的必然结果。能源消费总量从1980年的60 275万吨标准

图 3.13　中国 1980—2011 年二氧化碳排放总量及年增长率变化趋势

第3章 中国能源消费、二氧化碳排放与经济发展水平特征分析

煤增加到 2011 年的 348 002 万吨标准煤，年平均增长率约为 5.70%。同时，能源消费所产生的二氧化碳排放总量同样呈现不断增长的趋势，并且增长速度呈现阶段式变化趋势。

1980—1996 年，中国二氧化碳排放总量处于稳步上升阶段，二氧化碳排放总量从 39 880 万吨碳上升至 88 467 万吨碳，这 17 年间，二氧化碳排放总量增加超过一倍，年平均增长率约为 5.54%，其中 1990 年二氧化碳排放量的年增长率较小，约为 1.68%，能源消费总量的年增长率也同样较小，约为 1.83%。这个阶段出现此种趋势的原因如下。

①1980—1996 年这 17 年间，中国经济发展水平正处于逐渐回暖时期，中国能源消费总量年平均增长率约为 4.83%，经济发展水平的提高必然带来能源需求的不断增加，能源投入的增加极大地推动了经济发展水平的提高，这样，必然引起二氧化碳排放量的不断上升。

②1997 年、1998 年这 2 年，中国二氧化碳排放总量呈现小幅下降，在此阶段的二氧化碳排放总量年平均下降率约为 0.19%，由于市场经济的逐步发展，中国政府正大力推进国有企业改革，能源需求量出现小幅降低，导致二氧化碳排放总量出现小幅下降。

③1999—2007 年这 9 年间，中国二氧化碳排放总量呈现快速增长态势，二氧化碳排放总量从 1999 年的 91 337 万吨碳迅速增加到 2007 年的 180 549 万吨碳，这 9 年，二氧化碳排放总量增长了约一倍，年平均增长率高达 8.41%，同时，这一阶段，中国经济发展水平也处于快速增长阶段，实际 GDP 年平均增长率约是 10.20%。煤炭类能源消费总量年平均增长率已经达到 8.55%，高于二氧化碳排放总量年平均增长率，并且煤炭类能源是三种化石燃料类能源中增长最快的。因此，煤炭类能源燃烧所产生的二氧化碳排放量的高速增长成为此阶段二氧化碳排放总量高速增长的主要原因，这也说明，此阶段中国经济发展正处于高投入、高能耗、低产出、高碳排放的粗放型经济增长方式。

④2008—2011 年这 4 年间，中国处于二氧化碳排放量低速增长阶段，这一阶段中国处于二氧化碳减排初期，并且已经初步出现减排效果，能源消费总量年平均增长率开始降低到 5.54%，尤其是 2008 年能源消费总量年

平均增长率仅为 3.90%。这 4 年间，能源消费所产生的二氧化碳排放量仍然在不断增加，但是增加速度显著减慢，年平均增长率约为 4.98%，其中，2010 年的二氧化碳排放总量下降较为明显，年增长率约为 4.36%。

接下来，引入指标——二氧化碳能源消费系数来衡量能源消费结构、能源消费强度及资源禀赋等对于二氧化碳排放量的影响。二氧化碳能源碳排放系数，指的是单位能源消费量所产生的二氧化碳排放量，单位：吨碳/吨标准煤。

具体计算方法如下：

$$\text{二氧化碳能源消费系数} = \frac{\text{二氧化碳排放总量}}{\text{能源消费总量}} = \frac{C}{E} \quad (3.7)$$

式中：C 为能源消费产生的二氧化碳排放量，单位为吨碳；E 为能源消费总量，单位为吨标准煤。

1980—2011 年中国二氧化碳能源消费系数变化趋势如图 3.14 所示。1980—2011 年中国二氧化碳能源消费系数虽然在部分年份呈现小幅波动的态势，但是从整体来看仍然呈现出逐年下降的趋势。1980 年二氧化碳能源消费系数为 0.661 6 吨碳/吨标准煤，2011 年二氧化碳能源消费系数为 0.629 9 吨碳/吨标准煤。随着中国经济发展水平的提高，能源利用效率的提高，清洁能源的广泛应用，能源消费产生的二氧化碳排放量整体呈现出下降的态势。

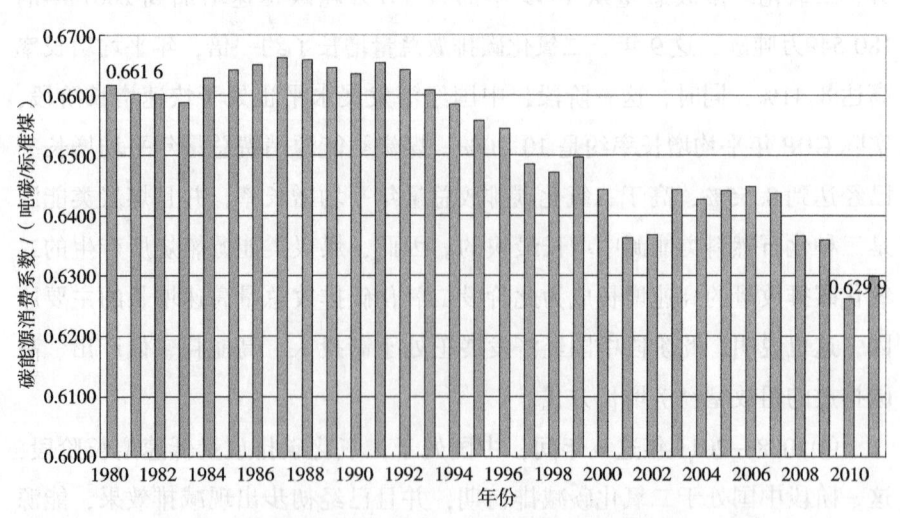

图 3.14　中国 1980—2011 年二氧化碳能源消费系数变化趋势

第3章 中国能源消费、二氧化碳排放与经济发展水平特征分析

中国能源消费强度与二氧化碳排放强度变化趋势如图3.15所示。由于本书中二氧化碳排放量是基于能源消费角度进行测算的，因此，从图3.15中可以看出，能源消费强度的变化趋势和二氧化碳排放强度变化趋势总体上相同的，但仍存在细小的差别。能源消费强度平均年度变化率约为3.67%，并且呈现下降的趋势。二氧化碳排放强度平均年度变化率约为3.81%，同样呈现下降趋势。这表明，随着经济发展水平和能源利用效率的提高、清洁能源的大量使用，二氧化碳排放强度变化率高于能源消费强度变化率。

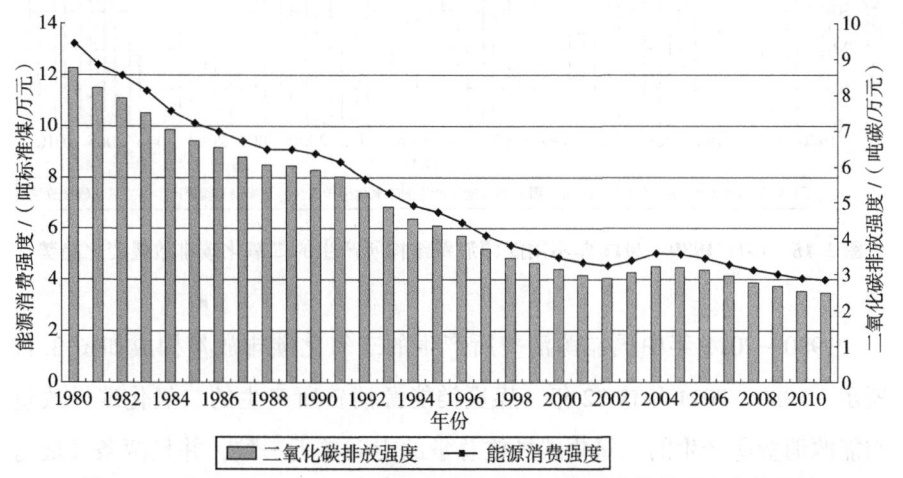

图3.15 中国1980—2011年能源消费强度与二氧化碳排放强度变化趋势

能源消费所产生的二氧化碳排放量之中，化石燃料类能源消费产生的二氧化碳排放量所占的比重最大。同时，由于不同种类的化石燃料类能源具有不同的二氧化碳排放系数，因此能源消费结构不同会导致所产生的二氧化碳排放量不同。本书选择的三种主要化石燃料类能源之中，煤炭的二氧化碳排放系数最大，天然气的二氧化碳排放系数最小。1980—2011年这32年，中国不同能源消费结构产生的二氧化碳排放量变化趋势如图3.16所示。除个别年份之外，中国煤炭类能源消费所产生的二氧化碳排放量在中国能源消费所产生二氧化碳排放总量之中所占的比重都超过80%，石油类能源和天然气类能源所产生的二氧化碳排放量在中国能源消费所产生二氧化碳排放总量之中所占的比重都低于20%。正如前文所述，煤炭类能源

消费所产生的二氧化碳排放量在中国能源消费所产生二氧化碳排放量之中所占的比重较高主要由于煤炭类能源自身的高二氧化碳排放特征。

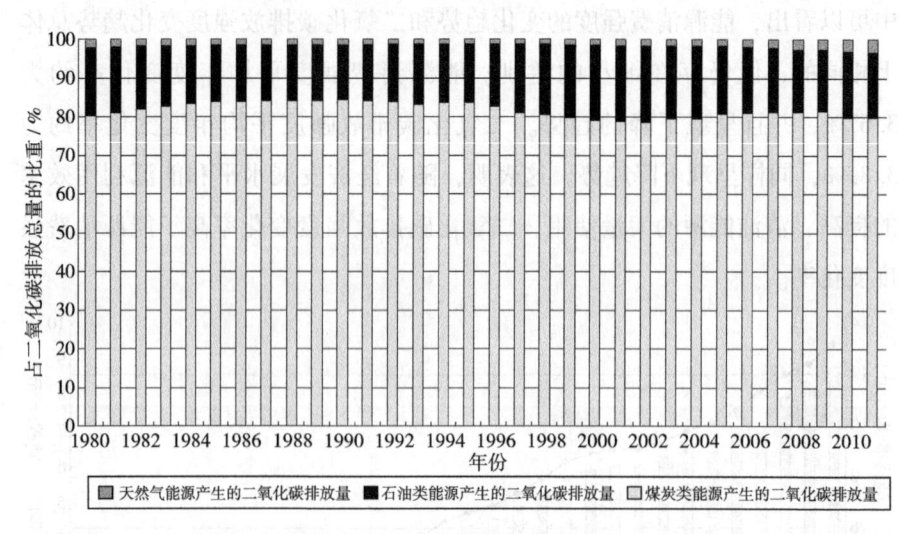

图 3.16 中国 1980—2011 年不同能源消费结构所产生的二氧化碳排放量变化趋势

1980—2011 年中国能源消费所产生的二氧化碳排放量构成如图 3.17 所示。1980—2011 年这 32 年，煤炭类能源消费所产生的二氧化碳排放量与能源消费所产生的二氧化碳排放总量的走向接近一致，并且两条线最为接近。出现这种情形是因为中国是世界上最大的煤炭生产国，并且中国能源消费中占据主导地位的就是煤炭类能源消费。虽然近年来，中国煤炭类能源消费比重略有下降，但是，2011 年中国煤炭类能源消费量仍为 238 033 万吨标准煤，占能源消费总量的 68.40%。鉴于中国当前的经济发展状况，能源消费仍然是以煤炭类为主，但是由于煤炭类能源燃烧所产生的二氧化碳排放量较高，使得煤炭类能源消费二氧化碳排放量占二氧化碳排放总量的 80% 以上。天然气作为清洁能源在能源消费中所占的比重缓慢上升，2011 年中国天然气消费比重已经增至 5.00%，但天然气燃烧产生的二氧化碳排放量却仅为 3.37%。可见，中国能源消费结构已经初步呈现出由煤炭类高碳排放、高污染能源向天然气等低碳排放、清洁能源转变的特征。

第3章 中国能源消费、二氧化碳排放与经济发展水平特征分析

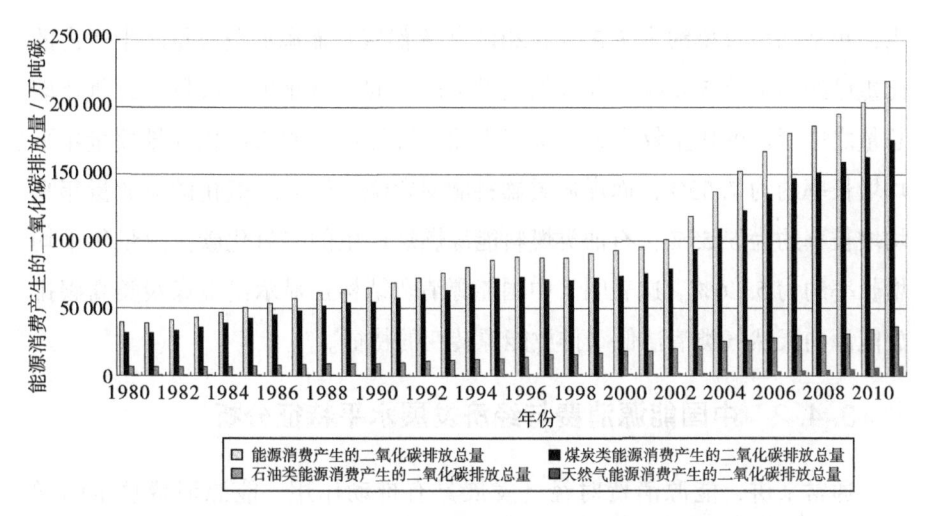

图3.17 中国1980—2011年能源消费产生的二氧化碳排放量构成

由于中国仍然是以煤炭类燃料能源为主的能源消费结构，能源消费结构对于二氧化碳排放量的影响起到决定性作用，从不同种类能源消费对于二氧化碳排放量的贡献程度来看，煤炭类燃料能源消费基本可以决定能源消费活动中二氧化碳排放量的总体变化趋势。

即使煤炭类燃料能源消费在能源消费总量之中所占的比重呈现出下降的趋势，但是2011年中国煤炭类燃料能源消费量在能源消费总量之中所占的比例约为68.40%，并且煤炭消费总量从1980年的43 488万吨标准煤增加到2011年的238 033万吨标准煤，年平均增长率约为8.55%，这表明能源消费总量中煤炭占主导地位的现实仍然无法改变，同时，由于煤炭类燃料能源是二氧化碳排放量较高的能源种类，导致煤炭类燃料能源消费贡献了79.90%以上的二氧化碳排放量。尤其是2003—2011年，煤炭类燃料能源消费量的快速增加引发二氧化碳排放量也快速增加，成为中国这一阶段二氧化碳排放总量迅速增加的最主要原因。

1980—2011年这32年，中国石油类能源消费量从1980年的12 513万吨标准煤增加到2011年的64 728万吨标准煤，年平均增长率约为5.36%。而作为清洁低碳能源的天然气在能源消费总量中所占的比重小幅上升，天然气消费量从1980年的1 869万吨标准煤增加到2011年的17 400万吨标准

煤，年平均增长率约为7.55%，2011年天然气在能源消费总量之中所占的比重已经增加至5.00%，而天然气燃烧产生的二氧化碳排放量在二氧化碳总量之中所占的比重仅为3.37%。天然气燃烧产生的二氧化碳排放量年平均增长率约为7.55%，而煤炭类燃料能源燃烧产生的二氧化碳排放量年平均增长率约为5.55%，石油类燃料能源燃烧产生的二氧化碳排放量年平均增长率约为5.36%。这表明，中国能源消费结构正显示出由煤炭类高碳排放能源向天然气类清洁低碳排放能源转变的特征。

3.4.2 中国能源消费与经济发展水平特征分析

通常来讲，能源消费对经济发展具有推动作用，能源消费总量的增加，会推动劳动生产率提高，而且，伴随着劳动生产率的不断提高，社会财富总量也会不断增加；与此同时，伴随着经济发展水平的提高，社会生产生活所需要的能源规模也会不断增加，因此，能源消费与经济发展水平之间呈现出一种交互上升的形态。

随着中国经济的高速发展，中国能源消费量也在不断增加。中国1980—2011年实际GDP与能源消费总量之间的变化趋势如图3.18所示，增长率变化趋势如图3.19所示。在这32年，实际GDP的增长速度与能源消费总量的增长速度较为近似，实际GDP从1980年的4 546亿元增加到1992年的13 777亿元，年平均增长率约为9%，能源消费总量从1980年的60 275万吨标准煤增加到1992年的109 170万吨标准煤，年平均增长率约为5%；1993—2002年实际GDP的增长速度与能源消费总量的增长速度相比，保持了其高速增长的态势，实际GDP从1993年的15 705亿元增加到2002年的35 186亿元，年平均增长率约为10%，能源消费总量从1993年的115 993万吨标准煤增加到2002年的159 432万吨标准煤，年平均增长率约为4%；2003—2011年实际GDP增长速度不断加快，而能源消费总量增长速度却逐年减慢，实际GDP从2003年的38 704亿元增加到2011年的88 156亿元，年平均增长率约为11%，能源消费总量从2003年的183 792万吨标准煤增加到2011年的348 002万吨标准煤，年平均增长率约为9%，此阶段能源消费总量年平均增长率较高的原因是2003年、2004年、2005

年的年增长率分别为15%、16%、11%，2005年之后能源消费总量的年平均增长率逐年迅速下降，2008年能源消费总量的年增长率已经下降到4%，这表明中国经济在保持高速增长的同时，能源消费总量同样保持高速增长，但是能源消费总量的增长速度低于实际GDP的增长速度。

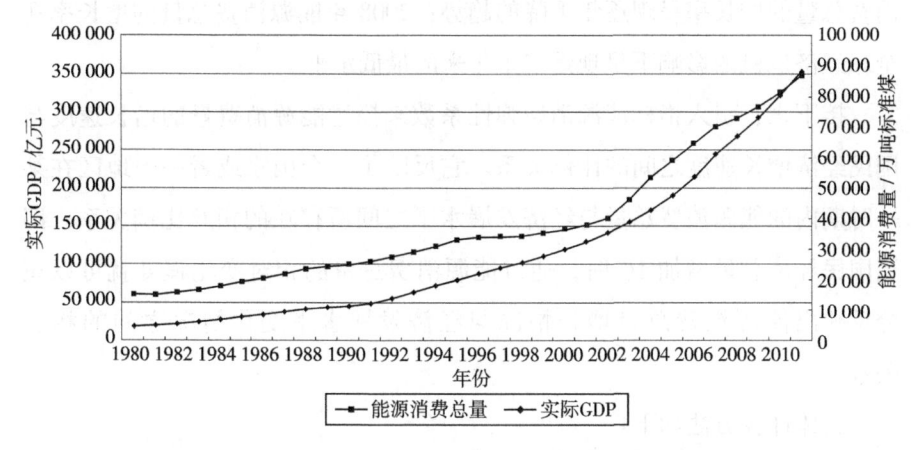

图3.18 中国1980—2011年实际GDP与能源消费总量变化趋势

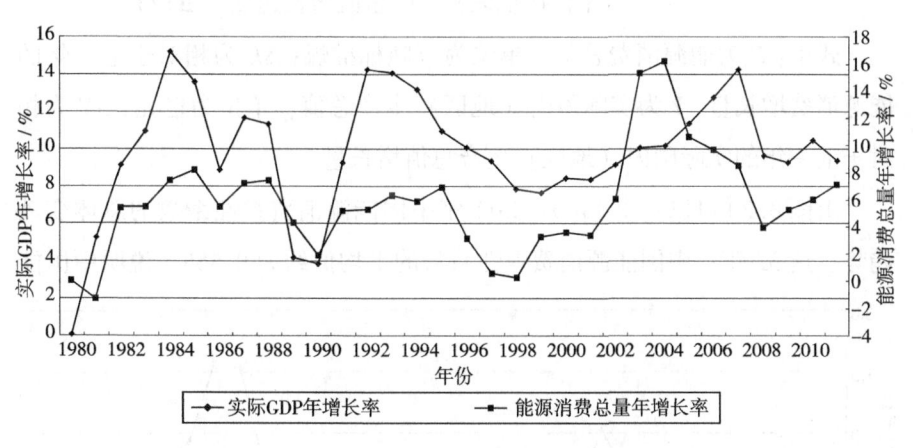

图3.19 中国1980—2011年实际GDP年增长率与能源消费总量年增长率变化趋势

由图3.18可以看出，1980—2011年，中国实际GDP与能源消费总量在总体上处于同步增长的趋势；但是存在个别年份并不同步，与能源消费总量增长趋势相比，实际GDP的增长趋势相对平缓。从1996—2011年这16年，实际GDP与能源消费总量都呈现出"低速增长—加速增长—高速增长"这三个阶段,但是在具体时间上二者的增长过程并不同步,总体上来说,实际 GDP 的变化程度领先于能源消费总量的变化程度。

由图 3.19 可以看出,中国实际 GDP 增长率和能源消费总量的增长率自 1991 年起均开始加速上升;1996—1998 年中国实际 GDP 增长率和能源消费总量的增长率呈现逐年下降的趋势;2008 年能源消费总量的增长率在全球经济危机的影响下呈现近二十年来的最低水平。

接下来,引入指标能源消费弹性系数来描述能源消费量的增长速度与国民经济增长速度之间的比例关系。它反映了一个国家或者一个地区在某一时期内的能源消费总量与经济发展水平之间所存在的相互比例关系,即当国民经济总量增加 1% 时,通过能源消费总量的相对变化程度就可以充分反映出能源消费总量增长情况与经济发展水平变化情况之间的相互关系。

具体计算方法如下:

$$能源消费弹性系数 = \frac{能源消费增长速度}{国内(地区)生产总值增长速度} = \frac{\Delta E/E}{\Delta Y/Y} \quad (3.8)$$

式中:E 为能源消费总量,单位为万吨标准煤;ΔE 为相对于上一年的能源消费增长量;Y 为实际国内(地区)生产总值,单位为亿元;ΔY 为相对于上一年的实际国内(地区)生产总值增长量。

由图 3.20 可以看出 1980—2011 年中国能源消费弹性系数的总体变动趋势。这 32 年,中国能源消费弹性系数的平均值约为 0.555,说明中国能

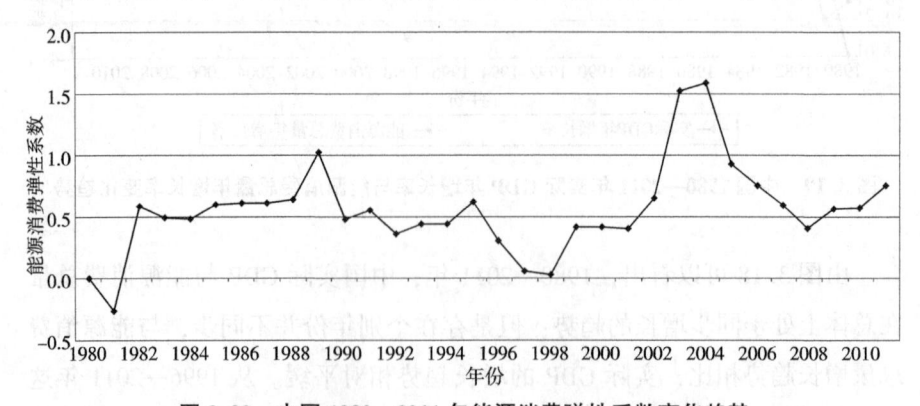

图 3.20 中国 1980—2011 年能源消费弹性系数变化趋势

源消费总量的增长速度整体上低于实际 GDP 的增长速度。其中，1981 年能源消费弹性系数为负，1982—1996 年能源消费弹性系数大部分在平均值附近浮动，仅 1989 年能源消费弹性系数大于 1.0，2003 年、2004 年连续两年能源消费弹性系数均大于 1.5。

通常来说，能源消费弹性系数的变化与社会经济活动的变化是紧密联系在一起的。这里所说的社会经济活动的变化，通常指的是社会经济发展过程中的产业结构的变化。能源消费弹性系数的影响因素主要有生产力发展水平、居民消费水平、经济产出结构等。通过计算能源消费弹性系数可以对能源消费量与经济发展水平之间的关系进行分析研究，该指标是可以反映出能源消费量与经济发展水平之间直接关系的经济指标，同时，该指标也可以对于能源消费量与经济增长速度进行直接比较。经济发展水平越高，能源消费量越大，能源消费所带来的经济效益就越高，所以能源消费弹性系数就越低。

在工业化发展初期，能源消费量不断提升，能源消费增长速度大于经济增长速度，此时，能源消费弹性系数大于 1.0；当能源消费水平达到稳定状态时，能源消费弹性系数近似为 1.0；接下来，产业结构调整、科学技术进步、能源价格上涨等因素使得能源消费量不断下降，这时能源消费弹性系数约小于 1.0。总之，当经济水平发展到一定程度时，能源消费弹性系数呈现下降的趋势。

3.4.3 中国二氧化碳排放与经济发展水平特征分析

1980—2011 年中国 GDP 和二氧化碳排放量变化趋势如图 3.21 所示。伴随着中国经济水平的快速发展，二氧化碳排放总量也逐年增长，从 1980 年的 39 880 吨碳增长到 2011 年 219 192 吨碳，增长了接近 4.5 倍，平均年增长率约为 4.98%。这个增长过程显然具有明显的阶段性变化特征。1980—2002 年中国二氧化碳排放量呈现稳定增长的趋势，平均年增长率约为 4.18%。同时，1980—2002 年中国 GDP 增长趋势更为迅速，平均年增长率达到 9.37%。

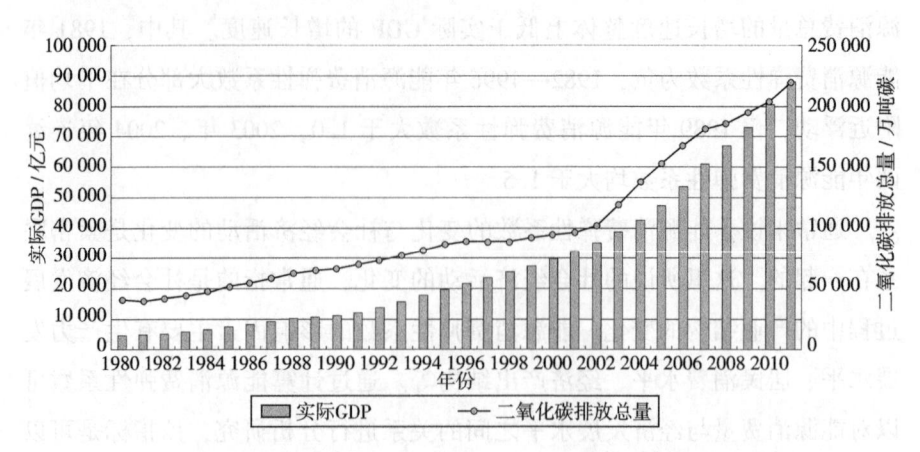

图 3.21　中国 1980—2011 年 GDP 和二氧化碳排放总量变化趋势

(1) 二氧化碳生产率

二氧化碳生产率反映的是能源的生产效率，指的是单位二氧化碳的 GDP 产出水平，又可称为"碳均 GDP"，它与"单位 GDP 的碳排放强度"呈倒数关系。通过现行统计数据中的"万元 GDP 能耗"可较为方便地计算出一个地区或某一个产业的碳生产率水平，反映出一个单位二氧化碳排放所产生出的经济效益（单位：万元/吨碳）。

具体计算方法如下：

$$二氧化碳生产率 = \frac{GDP}{二氧化碳排放总量} = \frac{Y}{C} \tag{3.9}$$

式中：Y 为 GDP，单位为万元。本书选择用的实际 GDP 指的是根据 1980 年不变价调整之后的实际 GDP。C 表示的是能源消费所产生的二氧化碳排放量，单位为吨碳。

二氧化碳生产率已经成为衡量社会低碳经济发展水平高低的一个非常重要的指标。其年度增长率常常被用于度量一个国家或者一个地区在应对气候变化方面所作出的努力或者所取得的成就。中国 1980—2011 年二氧化碳生产率变化趋势如图 3.22 所示。1980 年中国二氧化碳生产率为 0.114 0 万元/吨碳，2011 年中国二氧化碳生产率为 0.402 2 万元/吨碳，约为 1980 年二氧化碳生产率的 3.53 倍。这表明中国低碳经济发展水平出现增加的态

第3章 中国能源消费、二氧化碳排放与经济发展水平特征分析

势，其中，2002—2004 年中国二氧化碳生产率出现小幅下降，2005 年之后呈现出快速增长的态势。

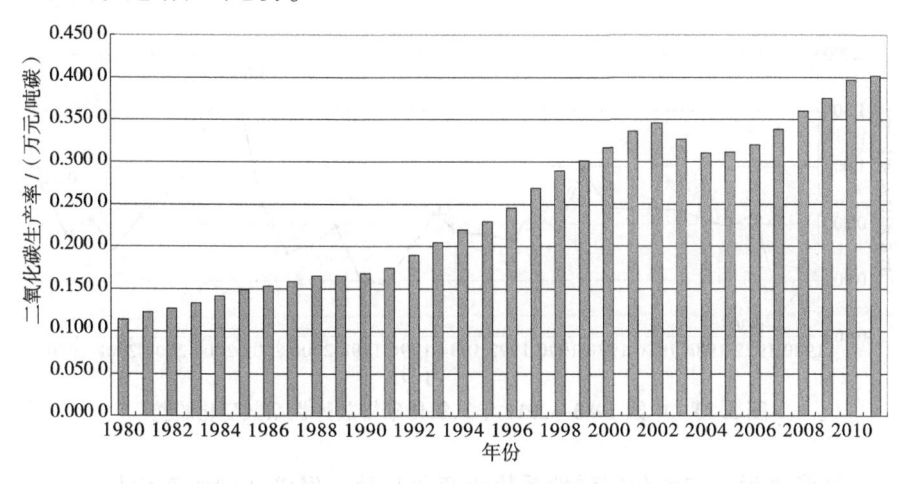

图 3.22 中国 1980—2011 年二氧化碳生产率变化趋势

(2) 二氧化碳排放弹性系数

二氧化碳排放弹性系数表示的是一个国家或一个地区二氧化碳排放量增长速度与经济发展水平变化速度（GDP 增长速度）之比，它可以反映二氧化碳排放量增长与经济发展水平之间的相互比例关系。二氧化碳排放弹性系数越小，说明经济发展水平对于二氧化碳排放的依赖程度越小，经济发展水平的低碳化程度越高，经济增长的质量越高。

具体计算公式如下：

$$二氧化碳排放弹性系数 = \frac{二氧化碳排放增长速度}{GDP\ 增长速度} = \frac{\Delta C/C}{\Delta Y/Y} \quad (3.10)$$

式中：C 为二氧化碳排放总量，单位为吨碳；ΔC 为相对于上一年的二氧化碳排放增长量；Y 为实际 GDP，单位为万元；ΔY 为相对于上一年的实际 GDP 增长量。

1980—2011 年中国二氧化碳排放弹性系数总体变动趋势如图 3.23 所示。在这 32 年间，1981 年二氧化碳排放弹性系数为 −0.307，2011 年二氧化碳排放系数已经升至 0.829。1983—1996 年中国二氧化碳排放弹性系数均维持在 0.500 附近波动，1997 年、1998 年二氧化碳排放弹性系数却为负

· 99 ·

值，2003年二氧化碳排放弹性系数迅速升至1.662。2003年之后又呈现快速下降的趋势。

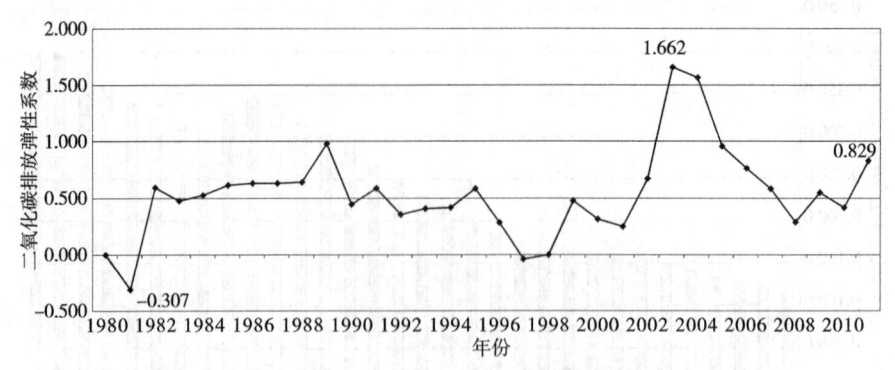

图3.23 中国1980—2011年二氧化碳排放弹性系数变化趋势

通常来说，二氧化碳弹性系数的变化与社会经济活动的变化是紧密联系在一起的。通过计算二氧化碳弹性系数可以对二氧化碳排放量与经济发展水平之间的关系进行分析研究，该指标是可以反映出二氧化碳排放量与经济发展水平之间直接关系的经济指标，同时，该指标可以对二氧化碳排放量与经济增长速度进行直接比较。经济发展水平越高，二氧化碳排放量越大。总之，当经济发展到一定水平时，二氧化碳弹性系数呈现出下降的趋势。

3.5 本章小结

本章从中国能源消费、二氧化碳排放量、经济增长这三个方面对中国能源消费量、环境污染水平、经济发展水平的现状进行分析。

中国能源消费量现状分析。书中所述的能源消费主要包括煤炭、石油、天然气能源的消费。中国能源消费表现出能源消费总量大、能源消费总量增长速度快、清洁能源在能源消费总量之中所占比例小、能源利用效率总体较低等特点。中国能源消费总量持续增加，能源消费结构"以煤炭类能源为主"。因此，大力优化能源消费结构，降低煤炭类燃料能源在能

第3章 中国能源消费、二氧化碳排放与经济发展水平特征分析

源消费总量之中所占的比重，着重大力发展新型清洁能源，成为中国能源消费结构的主要变化趋势。

中国经济增长现状分析。伴随改革开放的持续发展，中国的 GDP 保持着高速增长的态势。三大产业的发展对于经济发展水平的贡献程度及拉动作用正发生着显著的变化，第一产业对于 GDP 的贡献程度逐年下降，而第三产业对于 GDP 的贡献程度逐年上升。同时，中国人均 GDP 的增长速度同样保持了高速增长态势。

中国二氧化碳排放量现状分析。通过对中国能源消费所产生二氧化碳排放量的测算，从能源消费总量及能源消费结构对二氧化碳排放的特征和成因进行分析，主要得到以下结论。①中国能源消费所产生的二氧化碳排放呈现出较为明显的阶段性特征。中国能源消费所产生的二氧化碳排放总量较大，而人均能源消费所产生的二氧化碳排放量则较小，并且，在特定的时间序列内，表现出快速增长、平稳增长和急速增长这三个阶段性特征。②中国能源消费所产生的二氧化碳排放量现状的出现主要是基于以下原因：从能源消费结构来看，中国 79.9% 的能源消费所产生二氧化碳排放量来自煤炭类燃料能源，12.2% 的能源消费所产生二氧化碳排放量来自石油类燃料能源，仅有 7.9% 的能源消费所产生二氧化碳排放量来自天然气。

第4章 中国能源消费、二氧化碳排放与经济发展水平的经济学分析

能源资源是社会生产所必需的物质基础，能源储备是一国经济增长的重要条件之一，鉴于地域的原因，各国能源资源分布各不相同，这使得各国经济增长的基础条件各不相同。作为推动中国经济保持高速发展的战略性资源，伴随着中国城市化进程及工业化进程的加快，能源资源的需求量不断增大，能源问题早已成为中国高度关注的焦点问题。而一个国家或者一个地区的生产力是衡量其经济增长水平的重要标志，具体来说，一个国家或者一个地区的生产力取决于其资本数量和质量、劳动力的规模、科学技术水平的研发应用能力，以及能源资源的储备量和质量等。这也就是说，经济发展水平是由资本、劳动力、技术、能源等多种因素所共同推动的。因此，具体分析能源消费总量与经济发展水平之间存在的关系，对于制定能源及经济的相关政策具有一定的指导意义。

本章首先基于 LMDI 对中国能源消费所产生二氧化碳排放量的影响因素进行因素分解分析，然后对能源消耗强度的影响因素进行因素分解分析。从二氧化碳排放总量的角度，分析能源消费结构效应、能源消耗强度效应、经济发展水平效应及人口规模效应对中国能源消费所产生二氧化碳排放量变化的影响。鉴于影响能源消费所产生二氧化碳排放量的因素较多，分析时所选取的分解因子是最主要的影响因素，其他影响因素已经包含在所选取分解因子的某些因素之中。本书通过对在能源、环境、经济领域得到广泛应用的 Kaya 恒等式进行扩展，结合 LMDI，对中国能源消费产生二氧化碳排放的影响因素进行分解分析，并且对中国能源消耗强度的影

第4章 中国能源消费、二氧化碳排放与经济发展水平的经济学分析

响因素进行分解分析。接下来，引入计量经济学的分析方法，在选定样本期内各影响因素的变化对二氧化碳排放量增长的影响规律作进一步的分析。随后，构建中国二氧化碳排放库兹涅茨曲线，通过对中国二氧化碳排放库兹涅茨曲线形态的验证，分析得出二氧化碳排放总量与经济发展水平之间所存在的关系。在分别研究中国能源消费总量与二氧化碳排放总量影响因素之间关系、中国能源消费量与经济发展水平之间的关系、中国二氧化碳排放总量与经济发展水平之间关系的基础之上，对所构建的方程进行回归分析，得出相应的回归模型，同时对具体的回归结果进行阐述和分析。总体来说，一方面，环境质量水平的下降必然制约经济发展水平的规模和速度；另一方面，能源消费对经济增长具有推动作用，同时经济发展水平的提高必然导致对于能源需求的大量增加，从而能源消费量的增加必然将引起环境质量水平的恶化。深入研究中国能源消费、二氧化碳排放量与经济发展水平三者之间的关系，可以详细解析三者之间的经济学关系。

4.1 中国二氧化碳排放总量 LMDI 因素分解分析

4.1.1 Kaya 恒等式及其扩展

日本教授加屋洋一（Yoichi Kaya）[1] 在 IPCC 召开的一次研讨会上首次提出了 Kaya 恒等式。该恒等式具体表现形式如下：

$$C = \frac{C}{E} \times \frac{E}{Y} \times \frac{Y}{P} \times P \tag{4.1}$$

式中：C 为能源消费所产生的二氧化碳总排放量，单位为万吨碳；E 为能源消费总量，单位为万吨标准煤；Y 为实际 GDP，单位为亿元；P 为人口规模数量，单位为万人。

---

[1] KAYA Y. Impact of Carbon Dioxide Emission Control on GNP Growth [C]. IPCC/RSWG, Energy and Industry Subgroup, Geneva. 1989.

鉴于 Kaya 恒等式的结构比较简单，已经在能源、环境、经济领域得到了较为广泛的应用，但是，由于该恒等式所考察的变量比较有限，其研究结果仅仅能表明二氧化碳排放总量、能源消费总量、经济发展水平及人口规模在宏观情况下的量化关系。近年来的国内外相关研究表明，能源消费所产生的二氧化碳排放量不仅与能源消费量、人口规模、经济发展水平有直接关系，而且与能源消费结构、能源效率等因素有密切关系，因此，基于不同的研究目的，可以对 Kaya 恒等式进行相对应的扩展。

4.1.2 LMDI

采用 LMDI，可以分析不同影响因素对二氧化排放总量的变化特征与不同影响因素的贡献值。根据本书研究工作的需求，可以将二氧化碳排放量分解为所要研究的各影响因子的乘积求和的形式。下面来具体说明 LMDI。

本书所采用具体分解公式如下：

$$C = \sum_i C_i = \sum_i \frac{C_i}{E_i} \times \frac{E_i}{E} \times \frac{E}{Y} \times \frac{Y}{P} \times P \tag{4.2}$$

式中：C_i 表示的是第 i 种能源消费的二氧化碳排放量，单位：万吨碳；E_i 表示的是第 i 种能源的消费量，单位：万吨标准煤；这里，我们将能源消费所产生的二氧化碳排放量具体分解如下。

① F 表示的是能源排放强度，$F = \frac{C_i}{E_i}$，即为各类能源的二氧化碳排放系数。

② S 表示的是能源消费结构，$S = \frac{E_i}{E}$，即为各类能源在能源消费总量中的份额。

③ I 表示的是能源效率或称能源消耗强度因素，$I = \frac{E}{Y}$，即为单位 GDP 能耗。

④ R 表示的是经济发展因素，$R = \frac{Y}{P}$，即为人均实际 GDP 或称人均国民收入水平。

第4章 中国能源消费、二氧化碳排放与经济发展水平的经济学分析

⑤ P 表示的是人口规模因素,即为人口数量。

将式(4.2)变为如下形式:

$$C = \sum_i C_i = \sum_i \frac{C_i}{E_i} \times \frac{E_i}{E} \times \frac{E}{Y} \times \frac{Y}{P} \times P = \sum_i FSIRP \quad (4.3)$$

第 T 年相对于基年的能源消费所产生的二氧化碳排放量变化具体表示为如下形式:

$$\Delta C = C_i^T - C_i^0 = \sum_i F_i^T S_i^T I_i^T R_i^T P^T - \sum_i F_i^0 S_i^0 I_i^0 R_i^0 P^0$$
$$= \Delta C_F + \Delta C_S + \Delta C_I + \Delta C_R + \Delta C_P + \Delta C_{rsd} \quad (4.4)$$

式中:ΔC 为能源消费二氧化碳排放变化的总效应,可以具体分解为如下六个部分。

① ΔC_F 表示的是排放因子效应,即二氧化碳排放系数变化对二氧化碳排放量变化的贡献值。

② ΔC_S 表示的是能源结构效应,即能源消费结构变化对二氧化碳排放量变化的贡献值。

③ ΔC_I 表示的是能源效率效应,即能源消耗强度变化对二氧化碳排放量变化的贡献值。

④ ΔC_R 表示的是经济发展效应,即人均实际 GDP 变化对二氧化碳排放量变化的贡献值。

⑤ ΔC_P 表示的是人口规模效应,即人口数量变化对二氧化碳排放量变化的贡献值。

⑥ ΔC_{rsd} 表示的是分解余量,即以上五个影响因素中的两个或多个因素的交互效应。

对式(4.3)采用 LMDI 进行分解,具体结果为如下形式:

$$\Delta C_F = \sum_i L(C_i^0, C_i^t) \ln\left(\frac{F_i^t}{F_i^0}\right); \quad \Delta C_S = \sum_i L(C_i^0, C_i^t) \ln\left(\frac{S_i^t}{S_i^0}\right);$$

$$\Delta C_I = \sum_i L(C_i^0, C_i^t) \ln\left(\frac{I_i^t}{I_i^0}\right); \quad \Delta C_R = \sum_i L(C_i^0, C_i^t) \ln\left(\frac{R_i^t}{R_i^0}\right);$$

$$\Delta C_P = \sum_i L(C_i^0, C_i^t) \ln\left(\frac{P_i^t}{P_i^0}\right); \quad L(C_i^0, C_i^t) = \sum_i \frac{C_i^t - C_i^0}{\ln(C_i^t/C_i^0)} = L(*)$$

(4.5)

公式验证如下：

$$\Delta C = \sum_i \left[L(*)\ln\left(\frac{F_i^T}{F_i^0}\right) + L(*)\ln\left(\frac{S_i^T}{S_i^0}\right) + L(*)\ln\left(\frac{I_i^T}{I_i^0}\right) + \right.$$
$$\left. L(*)\ln\left(\frac{R_i^T}{R_i^0}\right) + L(*)\ln\left(\frac{P_i^T}{P_i^0}\right) \right]$$

$$= \sum_i L(*)\left[\ln F_i^T + \ln S_i^T + \ln I_i^T + \ln R_i^T + \ln P_i^T - \ln F_i^0 - \ln S_i^0 - \ln I_i^0 - \ln R_i^0 - \ln P_i^0\right]$$

$$= \sum_i L(*)\left[\ln(F_i^T \times S_i^T \times I_i^T \times R_i^T \times P_i^T) - \ln(F_i^0 \times S_i^0 \times I_i^0 \times R_i^0 \times P_i^0)\right]$$

$$= \sum_i L(*)\ln\left(\frac{C_i^T}{C_i^0}\right)$$

$$= \sum_i \left(\frac{C_i^T - C_i^0}{\ln(C_i^T/C_i^0)}\right)\ln\left(\frac{C_i^T}{C_i^0}\right)$$

$$= \sum_i (C_i^T - C_i^0)$$

与此同时，

$$\Delta C_{rsd} = \Delta C - (\Delta C_F + \Delta C_S + \Delta C_I + \Delta C_R + \Delta C_P)$$
$$= C^t - C^0 - \sum_i L(C_i^0, C_i^t)\left(\ln\frac{F_i^t}{F_i^0} + \ln\frac{S_i^t}{S_i^0} + \ln\frac{I_i^t}{I_i^0} + \ln\frac{R_i^t}{R_i^0} + \ln\frac{P_i^t}{P_i^0}\right)$$
$$= C^t - C^0 - \sum_i L(C_i^0, C_i^t)\ln\frac{C_i^t}{C_i^0}$$
$$= C^t - C^0 - \sum_i (C_i^t - C_i^0)$$
$$= 0$$

由于 $\Delta C_{rsd} = 0$，故可以认为对数平均权重迪氏指数因素分解分析方法能够将二氧化碳排放量变化完全分解，因此，ΔC_{rsd} 可以不作为考量因素。

式（4.4）可以简化为如下具体形式：

$$\Delta C = \Delta C_F + \Delta C_S + \Delta C_I + \Delta C_R + \Delta C_P \tag{4.6}$$

与此同时，

$$D = \frac{C^t}{C^0} = \frac{\sum_i F_i^t S_i^t I_i^t R_i^t P_i^t}{\sum_i F_i^0 S_i^0 I_i^0 R_i^0 P_i^0} = D_F D_S D_I D_R D_P D_{rsd} \tag{4.7}$$

式中：D 为能源消费所产生二氧化碳排放变化的相对贡献率，可以分解为如下六个部分。

① D_F 表示的是二氧化碳排放系数变化对二氧化碳排放量变化的相对贡献率。

② D_S 表示的是能源消费结构变化对二氧化碳排放量变化的相对贡献率。

③ D_I 表示的是能源消耗强度变化对二氧化碳排放量变化的相对贡献率。

④ D_R 表示的是人均实际 GDP 变化对二氧化碳排放量变化的相对贡献率。

⑤ D_P 表示的是人口规模变化对二氧化碳排放量变化的相对贡献率。

⑥ D_{rsd} 表示的是分解余量，即以上五个影响因素中的两个或者多个因素的交互贡献率。

由式（4.7）可得如下等式：

$$\ln D = \ln D_F + \ln D_S + \ln D_I + \ln D_R + \ln D_P + \ln D_{rsd} \tag{4.8}$$

将式（4.4）和（4.8）进行对照，可假设各项相应成比例，即

$$\frac{\ln D}{\Delta C} = \frac{\ln D_F}{\Delta C_F} = \frac{\ln D_S}{\Delta C_S} = \frac{\ln D_I}{\Delta C_I} = \frac{\ln D_R}{\Delta C_R} = \frac{\ln D_P}{\Delta C_P} = \frac{\ln D_{rsd}}{\Delta C_{rsd}}$$

这里，假设 $\frac{0}{0}$ 可以为任意常数。

假设，$\frac{\ln D}{\Delta C} = \frac{\ln D^t - \ln D^0}{C^t - C^0} = W$，

那么，可以得到如下具体形式：

$D_F = \exp(W \Delta C_F)$，$D_S = \exp(W \Delta C_S)$，$D_I = \exp(W \Delta C_I)$，
$D_R = \exp(W \Delta C_R)$，$D_P = \exp(W \Delta C_P)$，$D_{rsd} = 1$

4.1.3 中国二氧化碳排放总量 LMDI 因素分解分析结果

由于 F_i 是能源排放强度，即第 i 类能源的二氧化碳排放系数，书中 F_i 为所选定的固定值，煤炭类燃料能源的二氧化碳排放系数为 0.7357 吨碳/

吨标准煤，石油类燃料能源的二氧化碳排放系数为 0.5669 吨碳/吨标准煤，天然气类燃料能源的二氧化碳排放系数为 0.4239 吨碳/吨标准煤，即 $\Delta C_F = 0$，$D_F = 1$。因此，这里对于二氧化碳排放总量产生影响的因素包括如下四个因素：能源消耗强度、能源消费结构、人口规模、经济发展水平。具体因素分解分析结果见表 4.1、表 4.2。

表 4.1 中国 1981—2011 年二氧化碳排放总量各影响因素的贡献值

年份	二氧化碳排放 ΔC	能源消费结构效应 ΔC_S	能源消耗强度效应 ΔC_I	经济发展水平效应 ΔC_R	人口规模效应 ΔC_P
1981	296.00	−90.33	−2 552.55	2 394.77	544.10
1982	2 364.48	−97.63	−4 027.91	5 294.74	1 195.29
1983	4 907.85	−179.21	−6 243.53	9 553.33	1 777.27
1984	10 525.80	76.14	−9 542.90	17 580.93	2 411.62
1985	19 023.72	181.51	−12 126.73	27 813.58	3 155.35
1986	24 269.95	244.11	−13 933.93	33 992.85	3 966.92
1987	31 064.16	347.16	−16 424.17	42 226.21	4 914.96
1988	41 457.47	332.45	−18 861.08	54 099.33	5 886.77
1989	48 529.00	240.84	−19 201.38	60 709.26	6 780.28
1990	52 730.36	172.32	−20 362.15	65 339.77	7 580.42
1991	60 561.13	319.54	−22 966.39	74 718.21	8 489.77
1992	69 159.99	237.72	−28 073.61	87 643.72	9 352.16
1993	82 359.01	−48.25	−32 913.04	105 032.67	10 287.63
1994	98 727.88	−243.95	−37 746.90	125 477.80	11 240.93
1995	113 669.82	−504.79	−41 304.20	143 206.01	12 272.80
1996	121 029.54	−646.10	−45 950.29	154 517.80	13 108.12
1997	121 476.17	−1 196.71	−50 952.48	159 929.95	13 695.42
1998	120 903.72	−1 329.01	−55 393.67	163 376.30	14 250.11
1999	124 786.06	−1 109.66	−59 110.72	169 955.87	15 050.57

第4章 中国能源消费、二氧化碳排放与经济发展水平的经济学分析

续表

年份	二氧化碳排放 ΔC	能源消费结构效应 ΔC_S	能源消耗强度效应 ΔC_I	经济发展水平效应 ΔC_R	人口规模效应 ΔC_P
2000	129 581.17	-1 659.26	-62 895.28	178 381.41	15 754.29
2001	133 681.56	-2 483.95	-66 620.34	186 402.51	16 383.34
2002	142 581.00	-2 498.97	-70 822.41	198 527.66	17 374.72
2003	168 912.35	-1 909.06	-74 096.59	225 476.64	19 441.37
2004	201 193.20	-2 282.17	-76 662.76	258 457.54	21 680.59
2005	225 136.53	-2 240.60	-82 135.38	285 948.68	23 563.83
2006	248 788.69	-2 282.60	-89 397.54	315 060.83	25 408.01
2007	274 361.73	-2 554.00	-98 703.46	348 455.08	27 164.10
2008	287 697.73	-3 621.74	-105 442.65	368 654.39	28 107.73
2009	305 314.64	-3 823.03	-112 395.04	392 046.78	29 485.92
2010	324 360.98	-5 457.41	-119 561.69	418 630.67	30 749.41
2011	355 581.07	-5 062.30	-127 415.73	455 336.44	32 722.67

表4.2 中国1980—2011年二氧化碳排放总量各影响因素的相对贡献率

年份	二氧化碳排放 D	能源消费结构效应 D_S	能源消耗强度效应 D_I	经济发展水平效应 D_R	人口规模效应 D_P
1981	1.0075	0.9977	0.9375	1.0624	1.0138
1982	1.0600	0.9976	0.9056	1.1393	1.0299
1983	1.1250	0.9957	0.8608	1.2577	1.0436
1984	1.2749	1.0018	0.8024	1.5003	1.0572
1985	1.5236	1.0040	0.7646	1.8508	1.0723
1986	1.6857	1.0053	0.7410	2.0780	1.0891
1987	1.9038	1.0072	0.7115	2.3993	1.1072
1988	2.2879	1.0067	0.6862	2.9447	1.1247
1989	2.5816	1.0047	0.6871	3.2754	1.1417
1990	2.7768	1.0033	0.6741	3.5450	1.1581

续表

年份	二氧化碳排放 D	能源消费结构效应 D_S	能源消耗强度效应 D_I	经济发展水平效应 D_R	人口规模效应 D_P
1991	3.1260	1.0060	0.6491	4.0804	1.1732
1992	3.5508	1.0044	0.5979	4.9820	1.1869
1993	4.3210	0.9991	0.5572	6.4648	1.2006
1994	5.4926	0.9958	0.5214	8.7139	1.2140
1995	6.6453	0.9916	0.5025	10.8703	1.2269
1996	7.2769	0.9895	0.4707	12.6020	1.2398
1997	7.3605	0.9805	0.4329	13.8461	1.2524
1998	7.2928	0.9784	0.4024	14.6563	1.2639
1999	7.4603	0.9823	0.3860	15.4410	1.2743
2000	7.8139	0.9740	0.3687	16.9481	1.2840
2001	8.1368	0.9618	0.3518	18.6001	1.2929
2002	8.6810	0.9628	0.3418	20.2697	1.3013
2003	10.3887	0.9739	0.3582	22.7501	1.3092
2004	12.8656	0.9714	0.3778	26.6194	1.3169
2005	14.6807	0.9736	0.3753	30.3319	1.3247
2006	16.5267	0.9746	0.3650	34.8889	1.3317
2007	19.0175	0.9730	0.3466	42.1307	1.3386
2008	20.8327	0.9625	0.3286	48.9593	1.3454
2009	22.7317	0.9616	0.3167	55.2097	1.3521
2010	25.3010	0.9471	0.3039	64.7044	1.3584
2011	29.3481	0.9530	0.2979	75.7351	1.3648

中国 1981—2011 年二氧化碳排放各影响因素的贡献值及累积贡献值变化趋势如图 4.1 所示。这 32 年，中国能源消费结构仍然以煤炭类燃料能源为主，从图中可以看出，促使二氧化碳排放量增加的影响因素是经济发展水平、人口规模，使得二氧化碳排放量降低的影响因素是能源消耗强度。

第4章 中国能源消费、二氧化碳排放与经济发展水平的经济学分析

我们还可以发现能源消费结构效应的贡献值几乎处于一条水平线上，变化非常微小。虽然能源消耗强度对于降低二氧化碳排放量的贡献值呈现波动性增加，但是与经济发展水平和人口规模对于增加二氧化碳排放量的贡献值相比较，能源消耗强度的贡献值增长程度较小，这成为导致中国二氧化碳排放量急剧增加的主要原因。

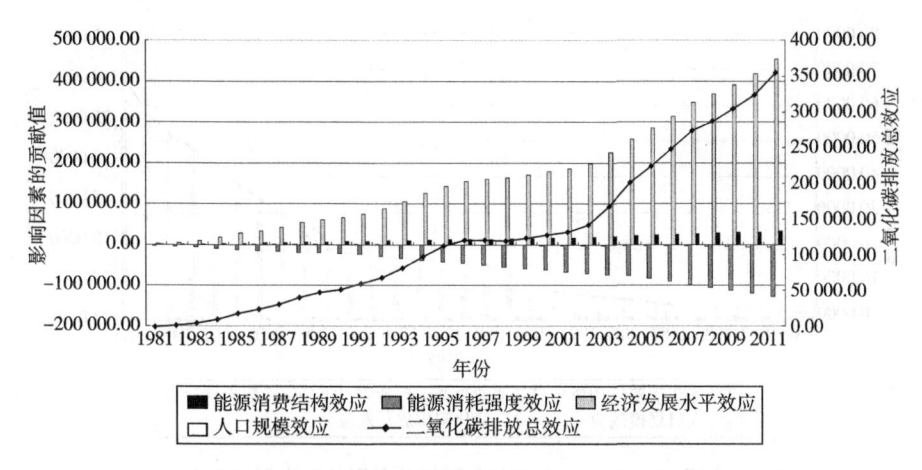

图 4.1 中国 1981—2011 年二氧化碳排放各影响因素贡献值变化趋势

由于中国二氧化碳排放总量增长的主要原因是经济发展水平的不断提高，经济发展水平效应 ΔC_R 由 1981 年的 2 394.77 增加到 2011 年的 455 336.44，增长了约 189 倍；能源消费结构效应 ΔC_S 对于二氧化碳排放总效应的影响程度较小；能源消耗强度效应 ΔC_I 在所研究的 32 年间，均为负值，即能源消耗强度效应基本呈现负增长趋势，这对于中国减少二氧化碳排放起到了一定的制约作用，其中，2011 年能源消耗强度效应为 −127 415.73，达到了 32 年中的最低值。同时，由图 4.1 可以看出，中国 1996—2002 年二氧化碳排放总量的增长速度减缓，影响中国 1996—2002 年二氧化碳排放总量的正向影响因素为经济发展水平和人口规模，负向影响因素包括能源消费结构和能源消耗强度。

中国 1981—2011 年二氧化碳排放总量各影响因素的相对贡献率见表 4.2。

中国 1981—2011 年二氧化碳排放各影响因素的贡献率及累积贡献率变

· 111 ·

化趋势如图 4.2 所示。影响中国二氧化碳排放总量增加的主要因素是经济发展水平、人口规模，而能源消费结构、能源消耗强度抑制了中国二氧化碳排放量的增加。其中，能源消费结构贡献率与图 4.1 中能源消费结构因素贡献值较小并且变化微小的特征保持一致，这与中国能源消费结构仍然以煤炭类能源为主的特征相一致。

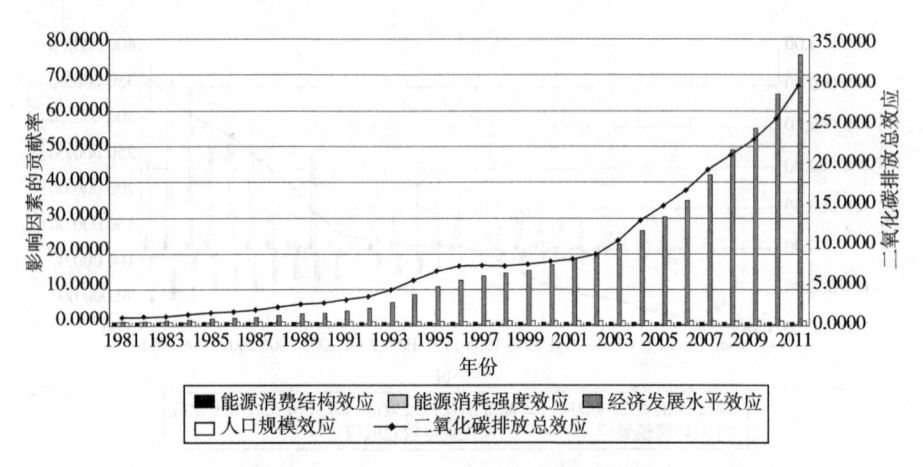

图 4.2 中国 1981—2011 年二氧化碳排放各影响因素贡献率变化趋势

中国 1981—2011 年二氧化碳排放各影响因素的效应具体分析结果如下。

自 1981 年开始，中国能源消费结构对于二氧化碳排放的变化全部表现为负效应，这表明其对于减少二氧化碳排放的贡献值在不断增加，平均贡献值约为 1200 万吨。中国仍然是以煤炭类能源为主的能源消费结构，这表明，能源消费结构效应对于中国二氧化碳排放量的减少贡献程度较小。由图 4.1、图 4.2 可以看出，各年份能源消费结构的累积效应变化较小，并且逐渐趋于平缓。能源消费结构效应的累积贡献值为 -5062.30 万吨碳。能源消耗强度的降低是减缓中国二氧化碳排放量增长速度的重要因素。中国经济发展水平的高速增长必然带来了大量的能源消费，这表明，经济发展水平的提高是促进二氧化碳排放量增长的重要因素。自 2003 年开始，中国经济发展水平对于二氧化碳排放增长的累积贡献值仍然在逐年增加，但是其贡献率却开始逐年降低。人口规模的扩大通过增加能源消耗等方式对二氧化碳排放产生影响。中国计划生育的基本国策对于控制中国人口过快增长较为有效，人口规模的扩大对于二氧化碳排放量增加的贡献值不断增加，但是其累计贡献率却逐渐下降。虽然人口规模效应的累积贡献值变化程度较小，但是其相对于经济发展水平效应的影响较小。

综上所述，能源消费结构对于降低二氧化碳排放量的抑制作用贡献微小，因此，中国能源消费结构仍然有很大的改善空间。能源消耗强度的提高成为抑制二氧化碳排放量快速升高的重要因素，但是基于中国产业结构的重型化及新型清洁能源、节能减排技术的发展存在一定的制约条件，能源消耗强度对于二氧化碳排放量的贡献率较低，因此，大力开发利用新型清洁能源，并且加大产业结构的调整力度，才能有效地提高中国能源消耗强度。人口规模对于降低二氧化碳排放量的抑制作用同样贡献微小，这表明，中国人口规模仍然有一定的调控空间。中国二氧化碳排放量持续上升的根本原因是经济发展水平的提高，由于中国经济发展水平仍然会保持高速增长的态势，因此，该影响因素对降低二氧化碳排放量并没有促进作用。

4.2 中国能源消耗强度的 LMDI 因素分解分析

能源消耗强度的变化是降低二氧化碳排放量的最重要因素。不同的产业结构会使得能源消费量出现不同，等产值不同产业所需要的能源消费量也不同。为了分析不同产业结构对于能源消费量的影响，充分了解能源消耗强度的驱动因素，下文对于能源消耗强度 I 进行进一步分解分析，从而考量各影响因素的效应。

本书将能源消耗强度分解为经济产业结构和部门能源消耗强度两个因素，所采用的分解恒等式为如下具体形式：

$$I = \frac{E}{Y} = \sum_j \left(\frac{E_j}{Y_j} \cdot \frac{Y_j}{Y} \right)$$

$$I = \sum_j i_j \cdot s_j \tag{4.9}$$

式中：E_j 为第 j 个产业的能源消费总量，单位：万吨标准煤；Y_j 为第 j 个产业的产出值，单位：亿元；i 为终端能源效率，即各部门能源消耗强度，单位：吨标准煤/万元；s 为经济产业机构因素，即为各产业产出值在实际 GDP 所占的比重。

相对于基期的第 t 期的能源消耗强度变化可以表示为如下两种形式：

$$\Delta I = I_t - I_0 = \sum_j i_j^t s_j^t - \sum_j i_j^0 s_j^0 = \Delta I_i + \Delta I_s + \Delta I_{rsd} \qquad (4.10)$$

$$D = \frac{I_t}{I_0} = D_i D_s D_{rsd} \qquad (4.11)$$

式（4.10）中，ΔI 为能源消耗强度变化的相对贡献值，可以分解为如下三个部分。

① ΔI_i 表示的是部门能源消耗强度因素变化对于能源消费强度变化的相对贡献值。

② ΔI_s 表示的是产业结构因素变化对于能源消费强度变化的相对贡献值。

③ ΔI_{rsd} 表示的是分解余量，即为以上两个影响因素的交互效应。

式（4.11）中，D 表示的是能源消耗强度变化的相对贡献率，可以分解为如下三个部分。

① D_i 表示的是部门能源消耗强度因素变化对于能源消费强度变化的相对贡献率。

② D_s 表示的是产业结构因素变化对于能源消费强度变化的相对贡献率。

③ D_{rsd} 表示的是分解余量，即为以上两个影响因素的交互贡献率。

运用昂（Ang）等提出的 LMDI 进行因素分解分析[1]。

按照该因素分解分析方法，各影响因素的具体分解结果为如下形式：

---

[1] ANG B W, ZHANG F Q, CHOI K H. Factorizing changes in energy and environmental indicators through decomposition [J]. Energy, 1998, 23 (6)：489-495.

第4章 中国能源消费、二氧化碳排放与经济发展水平的经济学分析

$$\Delta I_i = \sum_j \left(\frac{I_j^t - I_j^0}{\ln(I_j^t/I_j^0)} \right) \ln \frac{i_j^t}{i_j^0}; \quad \Delta I_s = \sum_j \left(\frac{I_j^t - I_j^0}{\ln(I_j^t/I_j^0)} \right) \ln \frac{s_j^t}{s_j^0} \quad (4.12)$$

所以,

$$\begin{aligned}
\Delta I_{\mathrm{rsd}} &= \Delta I - (\Delta I_i + \Delta I_s) \\
&= I_t - I_0 - \sum_j \left(\frac{I_j^t - I_j^0}{\ln(I_j^t/I_j^0)} \right) \left(\ln \frac{i_j^t}{i_j^0} + \ln \frac{s_j^t}{s_j^0} \right) \\
&= I_t - I_0 - \sum_j \left(\frac{I_j^t - I_j^0}{\ln(I_j^t/I_j^0)} \right) \ln \frac{I_j^t}{I_j^0} \\
&= I_t - I_0 - \sum_j (I_j^t - I_j^0) \\
&= 0
\end{aligned}$$

对 $D = \dfrac{I_t}{I_0} = D_i D_s D_{\mathrm{rsd}}$ 两边取自然对数,得到如下等式:

$$\ln D = \ln D_i + \ln D_s + \ln D_{\mathrm{rsd}} \quad (4.13)$$

对照式 (4.10)、(4.11),可设各项相应成比例,即

$$\frac{\ln D}{\Delta I} = \frac{\ln D_i}{\Delta I_i} = \frac{\ln D_s}{\Delta I_s} = \frac{\ln D_{\mathrm{rsd}}}{\Delta I_{\mathrm{rsd}}} \quad (4.14)$$

这里,假定 $\dfrac{0}{0}$ 可以为任意常数。

假定 $\dfrac{\ln D}{\Delta I} = \dfrac{\ln I_t - \ln I_0}{I_t - I_0} = W$,

则 $D_i = \exp(W \Delta I_i)$,$D_s = \exp(W \Delta I_s)$,$D_{\mathrm{rsd}} = 1$

依据上述能源消耗强度因素分解分析方法,依据历年《中国能源统计年鉴》和《中国统计年鉴》所提供的能源、产出等数据进行整理。由于物质生产部门(农、林、牧、渔业,工业,建筑业,交通运输、仓储及邮政业,批发、零售业和住宿、餐饮业)所需的终端能源消费量所产生的二氧化碳排放总量最多。本书将中国的各个行业部门划分为三个部分:第一产业为农、林、牧、渔业;第二产业为工业和建筑业;第三产业为交通运输、仓储及邮政业,批发、零售业和住宿、餐饮业。具体的因素分解分析结果见表4.3、表4.4。

表 4.3 中国 1981—2011 年能源消耗强度各因素的相对贡献值

年份	能源消耗强度总效应 ΔI	部门能源消耗强度效应 ΔI_i	产业结构效应 ΔI_s
1981	−1.640 5	−1.584 4	−0.056 1
1982	−1.625 2	−1.584 1	−0.041 1
1983	−1.862 8	−1.823 9	−0.038 9
1984	−2.034 1	−2.017 1	−0.017 0
1985	−2.697 3	−2.659 5	−0.037 9
1986	−3.386 8	−3.293 8	−0.093 0
1987	−3.362 3	−3.290 2	−0.072 2
1988	−3.723 1	−3.637 8	−0.085 3
1989	−4.413 7	−4.198 8	−0.214 9
1990	−4.580 7	−4.348 3	−0.232 5
1991	−4.243 2	−4.098 1	−0.145 1
1992	−4.305 9	−4.226 8	−0.079 1
1993	−4.781 4	−4.687 1	−0.094 3
1994	−5.229 7	−5.105 5	−0.124 2
1995	−5.637 5	−5.453 3	−0.184 3
1996	−6.015 7	−5.794 1	−0.221 6
1997	−6.557 3	−6.312 2	−0.245 1
1998	−7.332 4	−7.032 1	−0.300 3
1999	−7.620 3	−7.307 1	−0.313 1
2000	−7.783 0	−7.483 9	−0.299 1
2001	−8.051 5	−7.734 6	−0.316 8
2002	−8.090 3	−7.795 1	−0.295 2
2003	−7.695 9	−7.427 2	−0.268 7
2004	−7.447 2	−7.199 9	−0.247 2
2005	−7.173 5	−6.925 7	−0.247 9
2006	−7.157 5	−6.949 7	−0.207 8
2007	−7.329 6	−7.160 4	−0.169 2
2008	−8.088 6	−7.719 0	−0.369 5

第4章 中国能源消费、二氧化碳排放与经济发展水平的经济学分析

续表

年份	能源消耗强度总效应 ΔI	部门能源消耗强度效应 ΔI_i	产业结构效应 ΔI_s
2009	−8.302 0	−7.903 9	−0.398 1
2010	−8.299 8	−7.950 0	−0.349 7
2011	−8.433 8	−8.028 7	−0.405 1

表 4.4 中国 1981—2011 年能源消耗强度各因素的相对贡献率

年份	能源消耗强度总效应 D	部门能源消耗强度效应 D_i	产业结构效应 D_s
1981	0.880 1	0.883 9	0.995 6
1982	0.879 2	0.882 1	0.996 8
1983	0.859 6	0.862 3	0.996 8
1984	0.842 9	0.844 1	0.998 6
1985	0.793 0	0.795 6	0.996 7
1986	0.744 0	0.750 0	0.991 9
1987	0.741 4	0.746 2	0.993 6
1988	0.713 9	0.719 4	0.992 3
1989	0.670 8	0.684 0	0.980 7
1990	0.658 3	0.672 4	0.979 0
1991	0.674 2	0.683 4	0.986 6
1992	0.660 0	0.665 1	0.992 4
1993	0.621 1	0.626 9	0.990 7
1994	0.584 6	0.592 1	0.987 3
1995	0.555 3	0.566 1	0.981 0
1996	0.524 1	0.536 8	0.976 5
1997	0.481 8	0.495 2	0.973 1
1998	0.430 7	0.445 8	0.966 1
1999	0.410 2	0.425 5	0.964 0
2000	0.395 4	0.409 8	0.965 0
2001	0.375 8	0.390 5	0.962 2
2002	0.369 6	0.383 3	0.964 3

续表

年份	能源消耗强度总效应 D	部门能源消耗强度效应 D_i	产业结构效应 D_s
2003	0.395 1	0.408 2	0.968 1
2004	0.415 3	0.427 6	0.971 3
2005	0.428 0	0.440 7	0.971 1
2006	0.424 5	0.435 2	0.975 4
2007	0.408 0	0.416 6	0.979 5
2008	0.363 8	0.381 0	0.954 9
2009	0.348 6	0.366 7	0.950 7
2010	0.342 6	0.358 5	0.955 9
2011	0.333 8	0.351 8	0.948 7

中国1980—2011年能源消耗强度各影响因素的贡献值及累积贡献值变化趋势如图4.3所示。由图4.3可知，从1980—2011年，中国总体能源消耗强度呈现较大幅度的波动。中国能源消耗强度总效应的主要影响因素为部门能源消耗强度因素，这也就是说降低部门能源消耗强度可以促进中国总体能源消耗强度的降低。部门能源消耗强度因素的变化幅度逐渐减小，这表明，该因素的影响程度是不断降低的。其中，1981年的部门能源消耗强度对于能源消耗强度总效应的贡献值为-1.5844，而至2011年的部门能

图4.3 中国1980—2011年能源消耗强度各影响因素的贡献值变化趋势

源消耗强度对于能源消耗强度总效应的累计贡献值为 -8.0287,随着部门能源消耗强度因素影响程度的增加,中国能源消耗强度变化总效应的下降幅度也随之出现波动性的变化;与此同时,在这32年间,产业结构因素总体上对于中国能源消耗强度总效应的影响程度较小。

从不同产业能源消费量在中国能源消费总量之中所占的比重来看:2011年,第一产业所占比重最小,约为1.03%;第三产业次之,约为7.53%;第二产业所占比重最大,已经达到约89.7%。从不同产业能源消费量在中国能源消费总量之中所占的比重的历史变动情况来看:①第一产业能源消费量所占比重呈现稳步下降趋势,由1980年的4.14%下降到2011年的1.03%;②第二产业能源消费量所占比重呈现先下降再上升而后下降然后再上升的波动型变化趋势,由1980年的78.86%下降到1983年的77.91%,然后开始逐年上升,并于1996年达到最高值,约为90.24%,之后开始出现下降的趋势,于2001年降至81.84%,至2011年已经上升到89.71%;③第三产业能源消费量所占比重大体上处于稳步上升的趋势,由1980年的5.64%上升到7.53%。

中国1980—2011年能源消耗强度各影响因素的贡献率及累积贡献率变化趋势如图4.4所示。由图4.4可以看出,部门能源消耗强度对中国总体能源消耗强度变化的影响较大,而产业结构变化对于能源消耗强度变化的影响较小。1980—2011年,中国总体能源消耗强度呈现较大幅度的波动。中国能源消耗强度总效应的主要影响因素为部门能源消耗强度,这也就是说降低部门能源消耗强度可以促进中国总体能源消耗强度的降低。部门能源消耗强度因素的变化幅度逐渐减小,这表明,该因素的影响程度是平稳中下降的。其中,1981年的部门能源消耗强度对于能源消耗强度总效应的贡献率为0.8839,而至2011年的部门能源消耗强度对于能源消耗强度总效应的贡献率为0.3518,随着部门能源消耗强度因素影响程度的变化,中国能源消耗强度变化总效应的下降幅度也随之出现波动性的变化;与此同时,在这32年间,产业结构总体上对于中国能源消耗强度总效应的影响程度较小。

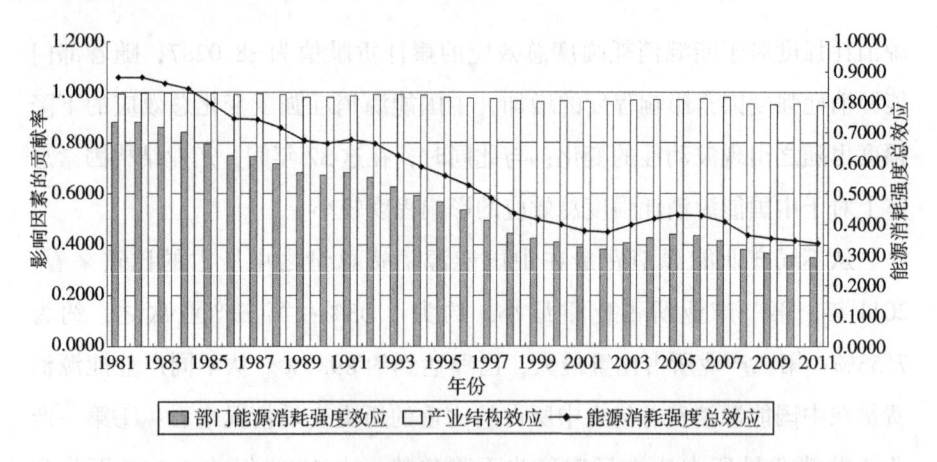

图 4.4 中国 1980—2011 年能源消耗强度各影响因素的贡献率变化趋势

综上所述，部门能源消耗强度是影响能源消耗强度下降的主要原因，产业结构调整对于能源消耗强度的影响并不显著。这表明，中国经济仍然处于粗放型经济增长的形态。通过降低部门能源消耗强度，大力加强技术进步，将产业结构向能源节约型部门的方向调整，是当前中国能源消耗强度降低最为直接并且有效的途径。

4.3 中国二氧化碳排放影响因素的计量分析

前文对中国能源消费二氧化碳排放影响因素的因素分解分析采用的是LMDI，所运用的是样本期两端的数据，没有充分反映中国能源消费二氧化碳排放趋势变化的样本信息，无法充分解释经济发展过程中的二氧化碳排放规律。下面引入计量经济学的分析方法，对样本期内各影响因素的变化对二氧化碳排放量增长的影响规律做进一步的分析。

4.3.1 模型选择

伴随着工业化时代的到来，环境质量水平不断恶化，环境问题受到了世界各国研究学者的广泛关注。厄里克（Ehrlich）和赫德莱恩（Holdren）

第4章 中国能源消费、二氧化碳排放与经济发展水平的经济学分析

认为技术水平的发展是环境质量水平改善的重要手段之一❶❷，同时人口规模的扩大、人均财富水平的增加及环境政策的缺乏成为环境质量水平恶化的重要原因。因此，他们提出了评估环境压力的模型，即 IPAT 模型。模型的具体形式如下：

$$I = P \times A \times T \tag{4.15}$$

式中：I 为环境压力（environmental impact），该指标包括能源消耗、资源消耗及废弃物的大量排放等；P 为人口规模（population）；A 为富裕程度（affluence），该指标通常用人均 GDP 或者居民人均消费水平表示；T 为技术进步（technology），该指标通常用能源消耗强度、资源消耗强度或者废弃物排放强度等来表示。

根据 IPAT 模型，二氧化碳排放量的变化主要取决于三个方面的因素，即人口规模、经济发展水平和用于衡量技术水平与能源消费结构差异的二氧化碳排放强度。IPAT 模型的主要研究目的是找出决定性因素，并且通过改变一个影响因素而保持其他的影响因素固定不变来具体研究分析实际问题。如果仅从 IPAT 模型的结构和联系来看，环境质量水平会随着人口规模、经济发展水平、能源消耗强度（或者废弃物排放强度）的增加而出现变化，与此同时，通过降低经济发展水平、人口规模、能源消耗强度（或者废弃物排放强度）的危害性的影响程度，达到降低对环境质量水平的影响。因此，协调环境、人口、经济、科技之间的相互关系，最后实现人与自然的可持续协调发展。由于 IPAT 模型仅能反映出对因变量的等比例的影响，表明该模型存在一定的局限性。因为变量之间的相互关系并未呈现线性变化关系，而是呈现交互式的非线性关系。

基于 $I = PAT$ 模型所存在的局限性，如果仅仅通过改变一个因素，而保持其他的因素固定不变来分析问题，那么，所得到的结果只能是等比例影

---

❶ EHRLICH P R, HOLDREN J P. Impact of population growth [J]. Science, 1971, (171): 1212-1217.

❷ EHRLICH P R, HOLDREN J P. A bulletin dialogue on the "closing circle": critique: one-dimensional ecology [J]. Bulletin of the Atomic Scientists, 1972, 28 (5): 16-27.

响。为此，约克[1]等建立了STIRPAT（stochastic impacts by regression on population, affluence and technology）模型，具体形式如下：

$$I = aP^b A^c T^d e \tag{4.16}$$

式中：a为模型的系数；b、c、d为各自变量指数；e为误差。通过各个变量的指数的引入，模型可以体现出人文因素对于环境质量水平的非比例性因果影响。

从STIRPAT模型（4.16）中，我们可以看出，当$a=b=c=d=e=1$时，IPAT模型与STIRPAT模型等价，也就是说，IPAT模型是STIRPAT模型的特殊表现形式。因此，模型的拓展形式保留了原"$I=PAT$"模型所呈现出的乘法结构，其中，模型主要因素分为如下三个部分：人均财富水平、人口规模及技术水平。将这三个因素作为二氧化碳排放量的决定性影响因素，对模型（4.16）两边取自然对数以后，其变为如下具体形式：

$$\ln I = a + b\ln P + c\ln A + d\ln T + \ln e \tag{4.17}$$

根据弹性系数的概念，可以看出，模型的回归系数所反映出的特征是解释变量与被解释变量之间的弹性关系。STIRPAT模型和弹性系数概念的引入，可以用来对实证分析中各驱动力变化对环境压力变化的影响程度进行分析。

考虑到城乡居民的消费结构和消费水平存在巨大差距，人口规模中城乡居民结构的差异可能会对二氧化碳排放产生重要的影响，因此在模型（4.17）中增加变量人口城镇化率（PP），即可得到以$\ln I$作为因变量，$\ln P$、$\ln PP$、$\ln A$、$\ln T$作为自变量，$\ln e$作为残差项的二氧化碳排放影响因素模型，模型具体形式如下：

$$\ln I_t = \ln a + b\ln P_t + c\ln PP_t + d\ln A_t + e\ln T_t + \ln e_t \tag{4.18}$$

式中：I表示的是环境压力，选取二氧化碳排放量作为其变量，单位为万吨碳。P单位为万人；PP表示的是人口城镇化比率。选取居民人均消费

---

[1] YORK R, ROSA E A, DIETZ T. STIRPAT, IPAT and ImPACT analytic tools for unpacking the driving forces of environmental impacts [J]. Ecological Economics, 2003, 46 (3): 351-365.

水平作为 A 变量，单位为元。

选取能源消耗强度作为 T 指标，单位为吨标准煤/万元。下标 t 表示的是年份。

这里可以根据模型（4.18）直接获得二氧化碳排放总量对各个变量的弹性。根据弹性系数的概念，$\ln P$、$\ln PP$、$\ln A$、$\ln T$ 每出现 1% 的变化，将分别引起 $\ln I$ 出现 $b\%$、$c\%$、$d\%$、$e\%$ 的变化。由于居民消费的变化所带来的能源消费量变化，反映了能源经济活动的整体效率，因此能源消费强度越高，二氧化碳排放量也随之越大。

4.3.2 变量和数据的选取

本书选用的数据是均为年度数据，样本期为 1980—2011 年，数据来源为《中国能源统计年鉴》《新中国五十年统计资料汇编》《中国统计年鉴》，具体变量选择如下。

①环境压力（I）。能源消费所产生的二氧化碳排放总量作为本书的环境压力变量。书中将消费的能源种类分为煤炭、石油、天然气三种，这里选用前文中所测算的能源消费所产生的二氧化碳排放量结果。

②人口规模（P）。人口规模对于能源消费所产生二氧化碳排放总量的影响具有正效应。具体来说：其一，人口规模越大，那么能源消耗和使用的数量就越大，其所产生的二氧化碳排放总量也就越大；其二，人口规模的扩大必然使得自然生态环境出现恶化，从而增加了二氧化碳排放总量。但是，随着技术水平和收入水平的提高，改善环境质量水平的能力及二氧化碳排放总量的减少程度也会随之提高，这就使人口规模对二氧化碳排放总量产生了负效应。

③人口城镇化比率（PP），城镇人口占总人口的比重。城镇化比率的提高对环境的影响有正负两种效用：一方面，城镇居民的生活水平高于乡村居民的生活水平，这也就意味着需要占用更多自然资源和排放更多的废物，从而导致环境质量的下降；另一方面，城镇化是一种集约型的发展方式，它的规模效应和集聚效应有利于提高资源的使用率，降低环境污染的治理成本，从而缓解经济发展对资源和生态环境的压力。

④经济发展水平（A），用居民消费水平表示。经济发展水平的提高必然加大了煤炭、石油、天然气等化石类燃料能源的投入和使用，与此同时，能源消费量的提高必然使得其产生的二氧化碳排放量大量增加。为了消除通货膨胀等因素对于时间序列变量序列值的影响，书中选用居民消费价格指数，对历年的居民消费水平数据进行平减（以1980年为基期）。

⑤技术水平（T），用能源消耗强度表示，即单位 GDP 所需的能源消费量，其中历年的 GDP 选用平减之后的数据（以1980年为基期）。

4.3.3 研究方法

运用时间序列数据进行回归分析不仅会呈现自相关问题，同时也可能会存在伪回归问题。平稳性主要是用来描述时间序列数据所具有的统计形态的一种特殊术语。所谓时间平稳性检验分析，就是指变量时间序列数据的均值、方差和自协方差并不随时间的变化而变化，这表明，平稳性的时间序列并不受时间因素的影响。如果时间序列数据的均值、方差和自协方差会随着时间的变化而变化，这就说明该时间序列数据是非平稳的。因此，时间序列的平稳性检验已经成了计量经济学的基本要求之一。

进行平稳性检验的主要原因是这时间序列数据可能是非平稳的，若直接使用普通最小二乘法来对非平稳的时间序列数据进行回归分析可能会产生伪回归，那么，回归分析结果将没有任何意义。因此，计量经济模型中的数据变量只有在具有平稳性的前提下，才有进一步分析的必要，此时，计量经济分析结果才是有效的。

检验序列平稳性检验的标准方法是单位根检验方法。这里选取由笛凯（Dickey）和富勒（Fuller）提出的 Augmented Dickey-Fuller 检验方法，简称为 ADF 单位根检验方法。该方法的基本假定如下：鉴于 DF 单位根检验方法假设了模型的随机误差项 ε_t 独立同分布，这就使得 DF 检验方法存在一定的缺陷。因此，在实际检验分析过程中，样本时间序列数据存在着由更高阶的自回归过程生成的可能性，或者模型的随机误差项 ε_t 并非白噪声，这样一来，通过运用普通最小二乘法进行估计模型随机误差项 ε_t 可能出现自相关问题，从而导致 DF 单位根检验无效。在这个基础上笛凯和富

第4章 中国能源消费、二氧化碳排放与经济发展水平的经济学分析

勒对 DF 检验方法进行了改进,得到了 ADF 单位根检验方法。本书在研究中国能源消费与经济发展水平关系时,运用 ADF 单位根检验方法来确定模型中各个变量的平稳性。

ADF 单位根检验方法从本质上说,就是通过对时间序列 y_t 运用普通最小二乘法对回归方程 $y_t = \rho y_{t-1} + u_t$ 中的系数 ρ 进行检验。具体检验方法如下。

下面考虑三种形式的回归模型:

$$y_t = \rho y_{t-1} + u_t \qquad t = 1,2,\cdots,T \qquad (4.19)$$

$$y_t = \rho y_{t-1} + a + u_t \qquad t = 1,2,\cdots,T \qquad (4.20)$$

$$y_t = \rho y_{t-1} + a + \delta t + u_t \qquad t = 1,2,\cdots,T \qquad (4.21)$$

式中:a 为常数;δt 为线性趋势函数;$u_t \sim i.i.d. N(0,\sigma^2)$。

$$\Delta y_t = \gamma y_{t-1} + \sum_{i=1}^{p} \beta_i \Delta y_{t-i} + u_t \qquad t = 1,2,\cdots,T \qquad (4.22)$$

$$\Delta y_t = a + \gamma y_{t-1} + \sum_{i=1}^{p} \beta_i \Delta y_{t-i} + u_t \qquad t = 1,2,\cdots,T \qquad (4.23)$$

$$\Delta y_t = a + \delta t + \gamma y_{t-1} + \sum_{i=1}^{p} \beta_i \Delta y_{t-i} + u_t \qquad t = 1,2,\cdots,T \qquad (4.24)$$

其中,$\gamma = \rho - 1$,模型中 Δy_t 的滞后项用来消除随机残差的序列相关性。

检验的原假设为:$H_0: \gamma = 0$,即 $\rho = 1$,这表明,假设时间序列 y_t 的一阶差分序列是 $I(1)$。若原假设 H_0 成立,即表明时间序列 y_t 的一阶差分序列存在着单位根过程,这表明,其一阶差分序列则是不平稳的。接下来,若时间序列 y_t 的一阶差分序列存在单位根的零假设,那么,对参数 β 的估计值进行显著性检验,此时,t 统计量不服从常规的 t 分布。

检验的备择假设为:$H_1: \gamma < 0$,即 $\rho < 1$,这表明,可以假定时间序列 y_t 的一阶差分序列是 $I(0)$,若拒绝原假设 H_0,这就表明备择假设 H_1 成立,即时间序列 y_t 的一阶差分序列是平稳序列,也就是说,序列 y_t 是一阶单整序列 $I(1)$。

上面三个方程中,式(4.22)不包括常数项及时间趋势,式(4.23)包括常数项,式(4.24)不仅包括常数项,还包括时间趋势。通常来说,

进行检验的原则如下：首先从包含时间趋势和常数项的方程开始，若不能拒绝原假设，那么，就要继续检验既没有常数项也没有时间趋势的方程和只包含常数项的方程，直至原序列不存在单位根为止。

4.3.4 实证分析结果

由于本书中所有的影响因素变量均为时间序列数据，可能存在非平稳性，而对于非平稳的时间序列数据应用回归分析可能会导致虚假回归现象，使得分析结论无效，所以首先在时间层面上对各时间序列变量数据是否具有平稳性进行检验，如果各个时间序列变量均为非平稳的同阶单整时间序列，那么就可以通过协整分析来确定变量间是否存在长期稳定关系。

为了直观地反映中国二氧化碳排放量、人口规模、人口城镇化比率、居民人均消费量、技术进步水平这五个时间序列变量的变化趋势，需要对这五个时间序列数据进行描述性分析。1980—2011 年序列 ln$I$、ln$P$、lnPP、ln$A$、ln$T$ 的水平变化趋势图如图 4.5 所示。

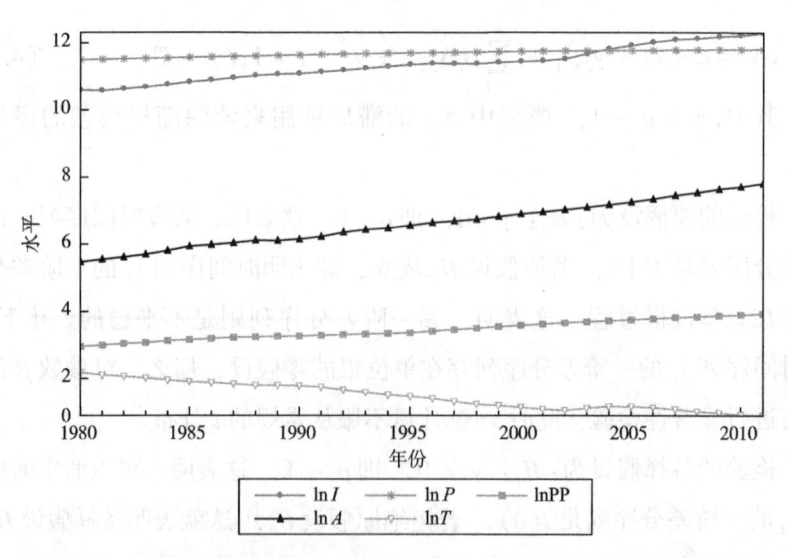

图 4.5　1980—2011 年序列 ln$I$、ln$P$、lnPP、ln$A$、ln$T$ 的水平变化趋势图

由图 4.5 可以看出，序列 ln$I$、ln$P$、lnPP、ln$A$、ln$T$ 均随时间的变化而呈现逐渐上升或者下降的态势，所以，我们可以初步认为序列 ln$I$、 lnP、lnPP、lnA、lnT 是不平稳的。

由图 4.6 可以看出，序列 lnI、lnP、lnPP、lnA、lnT 通过一阶差分之后的序列均没有呈现显著的上升或者下降的态势，但是，依据一阶差分序列的变化趋势图，无法判定一阶差分之后的序列 ΔlnI、ΔlnP、ΔlnPP、ΔlnA、ΔlnT 是否为平稳序列，因此，仍然需要通过 Eviews 软件来对各个时间序列进行单位根检验来判定序列的平稳性。

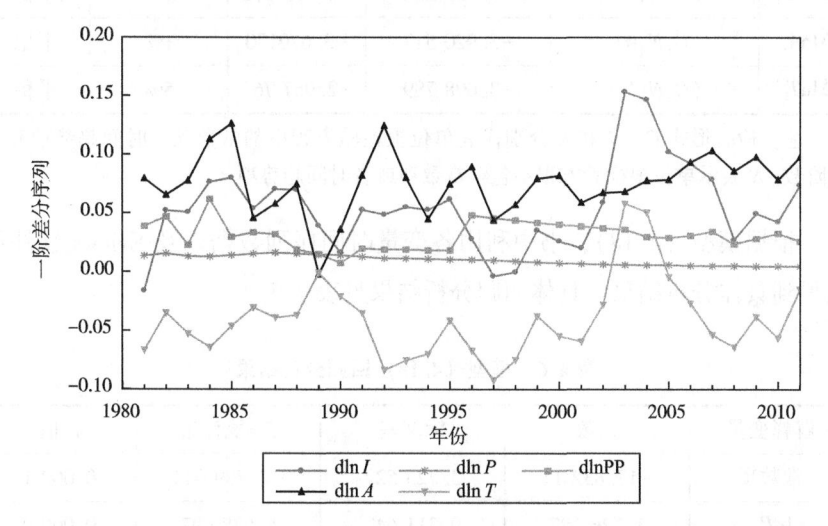

图 4.6 1980—2011 年序列 lnI、lnP、lnPP、lnA、lnT 的一阶差分序列变化趋势图

下面采用 ADF 单位根检验方法来检验变量的平稳性。通过 Eviews 软件得到如下分析结果：变量 $\ln I_t$、$\ln P_t$、$\ln PP_t$、$\ln A_t$、$\ln T_t$ 均为非平稳的时间序列，而它们的一阶差分序列 $\Delta \ln I_t$、$\Delta \ln P_t$、$\Delta \ln PP_t$、$\Delta \ln A_t$、$\Delta \ln T_t$ 在 5% 的显著性水平下均为平稳的时间序列，故时间序列 $\ln I_t$、$\ln P_t$、$\ln PP_t$、$\ln A_t$、$\ln T_t$ 为一阶单整序列 $I(1)$，具体检验结果见表 4.5。

表 4.5 二氧化碳排放量影响因素平稳性检验的结果

变量	检验形式 (C,T,K)	ADF 检验统计量	ADF 临界值	显著性水平	结论
$\ln I_t$	$(C,T,1)$	-2.238 898	-3.218 382	10%	不平稳
$\ln P_t$	$(C,T,1)$	-1.706 108	-3.218 382	10%	不平稳
$\ln PP_t$	$(C,T,1)$	-1.718 453	-3.218 382	10%	不平稳

续表

变量	检验形式 (C,T,K)	ADF 检验统计量	ADF 临界值	显著性水平	结论
$\ln A_t$	$(C,T,0)$	-1.026 442	-3.215 267	10%	不平稳
$\ln T_t$	$(C,T,1)$	-2.185 894	-3.218 382	10%	不平稳
$\Delta \ln I_t$	$(C,N,0)$	-2.980 879	-2.963 972	5%	平稳
$\Delta \ln P_t$	$(N,N,1)$	-2.515 400	-1.952 910	5%	平稳
$\Delta \ln PP_t$	$(C,N,0)$	-3.423 338	-2.963 972	5%	平稳
$\Delta \ln A_t$	$(C,N,0)$	-3.920 517	-3.670170	1%	平稳
$\Delta \ln T_t$	$(C,N,1)$	-3.098 789	-2.967 767	5%	平稳

注：检验形式 C、T 和 K 分别代表单位根检验方程中的常数项、时间趋势项和滞后阶数。N 表示单位根检验方程不包含常数项或者时间趋势项。

根据模型（4.18），书中利用各变量时间序列数据以及 Eviews 软件可以得到具体分析结果。具体回归分析结果见表 4.6。

表 4.6 模型（4.18）回归分析结果

解释变量	系数	标准差	T-统计量	P 值
常数项	-17.832 11	3.723 522	-4.789 043	0.000 1
$\ln P_t$	1.726 187	0.311 643	5.538 997	0.000 0
$\ln PP_t$	-0.052 274	0.179 472	-0.291 268	0.773 1
$\ln A_t$	1.093 806	0.084 370	12.964 41	0.000 0
$\ln T_t$	1.037 882	0.081 060	12.803 87	0.000 0
R^2	0.997 708	F-统计量	2 937.898	
调整后的 R^2	0.997 368	DW 值	0.789 108	

由表 4.6 中可以看出，DW 值为 0.789 1，所以认为回归残差序列存在自相关问题。因此，通过在模型（4.18）之中加入 AR(1)、AR(2) 两项，用以消除残差序列的自相关性，可以得到以下形式的方程：

$$\ln I_t = \ln a + b\ln P_t + c\ln PP_t + d\ln A_t + e\ln T_t + \ln e_t + AR(1) + AR(2)$$
(4.25)

对式（4.25）的具体回归分析结果见表 4.7。从表 4.7 中可以看出，

第4章 中国能源消费、二氧化碳排放与经济发展水平的经济学分析

人口规模、人口城镇化比率、居民人均消费量、能源消费强度对于二氧化碳排放总量均有显著正向影响，人口规模弹性、人口城镇化弹性、居民消费水平弹性、能源消耗强度弹性分别为1.966 284、0.747 236、0.682 791、0.974 729，即人口规模、人口城镇化比率、居民人均消费量、能源消费强度每提高1%时，二氧化碳排放总量增长率依次为1.966%、0.747%、0.683%、0.975%。因此，在对于二氧化碳排放总量的影响因素中，人口规模影响最大，居民人均消费量影响最小。

表4.7 模型（4.25）回归分析结果

解释变量	系数	标准差	T-统计量	P值
常数项	−20.560 15	7.559 859	−2.719 648	0.012 2
$\ln P_t$	1.966 284	0.645 068	3.048 180	0.005 7
$\ln PP_t$	0.747 236	0.213 906	3.493 283	0.002 0
$\ln A_t$	0.682 791	0.093 934	7.268 863	0.000 0
$\ln T_t$	0.974 729	0.143 991	6.769 358	0.000 0
AR（1）	1.318 117	0.153 506	8.586 734	0.000 0
AR（2）	−0.589 681	0.143 507	−4.109 084	0.000 4
R^2	0.999 269	F-统计量	5 243.452	
调整后的R^2	0.999 079	DW值	1.776 848	

因此，二氧化碳排放量各影响因素的回归结果具体形式如下：

$$\ln I_t = -20.56 + 1.966\ln P_t + 0.747\ln PP_t + 0.682\ln A_t + 0.974\ln T_t + 1.318\text{AR}(1) - 0.59\text{AR}(2) \tag{4.26}$$

综上所述，书中基于影响二氧化碳排放量的主要因素，对IPAT模型进行拓展，实证研究人口规模、人口城镇化比率、居民人均消费量、能源消费强度等影响因素对于二氧化碳排放总量的影响。实证研究结果发现，人口规模是影响二氧化碳排放量的主要因素，二氧化碳排放量与人口规模的变化息息相关。人口规模对于二氧化碳排放量的影响主要表现在两个方面：第一，在维持人均收入水平不变的前提之下，人口规模的扩大所带来对于能源消费、交通运输方面需求的增加，必然带来二氧化碳排放量的大

量增加；第二，作为发展中国家的中国，仍然存在较为贫困的地区，人口规模的扩大必然导致为了满足生活需要，加大对于森林的砍伐等，这样一来，增加燃料燃烧，必然导致二氧化碳排放量的大量增加。在当前的经济发展模式之下，能源消费是维持经济系统高速运行的必需投入之一，所以能源消费所产生的二氧化碳排放量必然大量增加。

4.4 中国二氧化碳排放库兹涅茨曲线

EKC描述了一个国家或者一个地区经济发展水平与环境质量水平之间存在的倒"U"形曲线关系。作为发展中国家的中国，经济发展水平与环境质量水平之间是否存在倒"U"形线关系是值得深入研究的命题。这里构建中国二氧化碳库兹涅茨曲线，通过对二氧化碳库兹涅茨曲线形态的验证，分析中国二氧化碳排放量与经济发展水平之间的关系。

4.4.1 碳排放库兹涅茨曲线

这里阐述将EKC演变到碳排放库兹涅茨曲线（CKC）的过程。引入计量经济学的研究方法，对中国经济发展水平与二氧化碳排放量之间的环境库兹涅茨模型进行估计，并对其估计结果进行分析。这里主要考虑的是在EKC假说的基础之上，建立有关能源消费所产生的二氧化碳排放量与经济发展水平之间关系的理论模型。接下来，运用各个变量的时间序列数据作实证分析及相关检验，最后，得到能源消费所产生的二氧化碳排放量与经济发展水平之间的定量关系，用来判定中国CKC将会以何种曲线形态存在。

环境—经济问题已经成为经济学与环境学的研究领域所热点讨论的问题。1991年，Grossman（格罗斯曼）和Krueger（克鲁格）首次提出了环境质量水平与人均收入水平之间所存在的曲线关系是一种倒"U"形的曲线关系，这也就是说，该曲线方程已经作为研究环境质量水平与人均收入水平之间相互关系的理论方程模型。并且，在有关减少二氧化碳排放量的

第4章　中国能源消费、二氧化碳排放与经济发展水平的经济学分析

相关研究之中，最为重要的理论模型之一就是研究经济发展水平与环境质量水平之间所存在相互关系的 EKC 方程。

根据 EKC 假说，在不同的经济发展阶段，经济发展水平与二氧化碳排放量之间的关系也是不同的。一般来说，在工业化时代到来之前，农业在国民经济中所占的比重较高，经济发展速度较为缓慢，对能源的需求程度也比较低，二氧化碳排放水平也同样较低；随后，在工业化时代期间，工业在整个国民经济之中所占的比例呈现出逐渐上升的态势。此时，为了推动工业化的快速发展，必然需要进行大量的基础设施建设，这样一来，就需要大量如水泥、机械、钢铁等高污染、高耗能产品，这使得在经济保持较快的速度发展的同时带来了能源消费量的增加。但是，由于这个经济发展阶段能源的技术水平相对不高，能源利用效率较低，因此工业化时代通常均伴随着较高的二氧化碳排放量；在工业化时代的后期，经济发展方式逐渐转变为以内涵式经济增长为主的方式，科学技术得到快速发展，产品附加值得到迅速提升，经济发展必然依赖第三产业及高新技术所具备的产业拉动作用。鉴于这些产业均呈现出较低的能源消耗强度，在这个阶段所产生的二氧化碳排放量必然随经济发展水平的提高而呈现下降趋势。因此，在工业化发展过程中，一个国家或者一个地区的二氧化碳排放量与经济发展水平会呈现倒"U"形曲线关系。但是，在已有的研究成果中，在一些国家，两者之间的关系呈现出倒"U"形曲线关系，而有些国家，两者之间的关系可能存在"N"形曲线等其他形状的关系。那么，中国的二氧化碳排放水平与经济发展水平之间是否存在 CKC 假说呢？若存在该假说，那么，库兹涅茨曲线以何种形态存在。本书以 EKC 假说为基础进行分析，考察中国能源消费产生的人均二氧化碳排放量与人均实际 GDP 之间的关系。

4.4.2　中国碳排放库兹涅茨曲线方程

在实际研究中，研究人员通常采用人均收入指标和人均污染物排放指标进行实证分析。本书所采用的 EKC 方程仅仅分析经济发展水平与二氧化碳排放量水平之间的相互关系，由于不确定中国人均能源消费产生的二氧

化碳排放量与人均实际 GDP 之间的关系是否符合 EKC 假说,所以,在分析过程中假定其他二氧化碳排放的影响因素是保持不变的。因此,本书选取人均实际 GDP 和人均能源消费产生的二氧化碳排放量作为定量指标,对人均二氧化碳排放量与人均经济发展水平之间所存在的 EKC 关系进行曲线形态的验证。

在多元回归模型的设定中,由于二次方多项式从模型设定上就已经倾向于倒"U"形 EKC 的成立;但是三次方多项式在模型设定上比较灵活,可以具有灵活变换的非线性特征,得到的结果可以是线性的、"U"形、倒"U"形、"N"形或者倒"N"形曲线。

本书具体采用如下形式的 EKC 模型:

$$C_t = \beta_1 Y_t + \beta_2 Y_t^2 + \beta_3 Y_t^3 + \varepsilon_t \qquad (4.27)$$

式中: C_t 为第 t 年的人均二氧化碳排放量,单位:吨碳; Y_t 为第 t 年的人均实际收入水平,本书选用剔除了价格影响因素的人均实际 GDP 来表示,单位:万元; β_1、β_2 和 β_3 分别为模型需要估计的参数; ε_t 为模型的残差项。

假定人均二氧化碳排放量为人均实际 GDP 的三次曲线方程。同时,考虑到样本时间序列数据之中存在异方差的可能性,并且考量到不对各经济序列之间的协整关系产生影响,这里将人均二氧化碳排放量、人均实际 GDP 取自然对数。因此,将前文中所述的 EKC 模型转化为如下形式:

$$\ln C_t = \beta_0 + \beta_1 (\ln Y_t) + \beta_2 (\ln Y_t)^2 + \beta_3 (\ln Y_t)^3 + \varepsilon_t \qquad (4.28)$$

由于每个变量都已经取自然对数形式,这样就可以避免量纲对于模型造成的影响,这里还可以直接获得人均二氧化碳排放量对各变量的弹性。根据弹性系数的概念, $\ln Y_t$ 每出现1%的变化,将分别引起 $\ln C_t$ 出现 β_1%变化。

在模型(4.28)之中,待估模型参数 β_0、β_1、β_2、β_3 具有非常重要的意义。若 EKC 假说在中国成立,那么, $\beta_1 > 0$、$\beta_2 < 0$、$\beta_3 = 0$。当 β_1、β_2、β_3 取其他值时,例如:

①当 $\beta_1 < 0$、$\beta_2 > 0$、$\beta_3 = 0$ 时,人均二氧化碳排放量与人均实际GDP 之间呈现出"U"形曲线关系;

②当 $\beta_1 \neq 0$、$\beta_2 \neq 0$、$\beta_3 \neq 0$ 时，人均二氧化碳排放量与人均实际 GDP 之间呈现出三次型曲线关系；

③当 $\beta_1 \neq 0$、$\beta_2 = 0$、$\beta_3 = 0$ 时，人均二氧化碳排放量与人均实际 GDP 之间呈现出线性关系。

4.4.3 中国二氧化碳排放量的库兹涅茨曲线验证

本书选用时间序列数据进行分析，根据样本数据本身的特性需要检验数据的平稳性。鉴于分析各变量的序列之间存在协整关系的首要前提就是各变量序列均为非平稳序列，因此，这里需要对这四个变量序列进行单位根检验。

为了直观地反映中国人均氧化碳排放量、人均实际 GDP 这两个时间序列变量的变化趋势，需要对这两个时间序列变量进行描述性分析。1980—2011 年序列 $\ln C_t$、$\ln Y_t$ 的水平变化趋势及其一阶差分序列变化趋势如图 4.7 所示。

由图 4.7 可以看出，序列 $\ln C_t$、$\ln Y_t$ 均随时间的变化而呈现逐渐上升的态势，所以，我们可以初步认为序列 $\ln C_t$、$\ln Y_t$ 是不平稳的。同时，序列 $\ln C_t$、$\ln Y_t$ 通过一阶差分之后的序列均没有呈现显著的上升或者下降的态势，但是，依据一阶差分序列的变化趋势图，我们无法判定一阶差分之

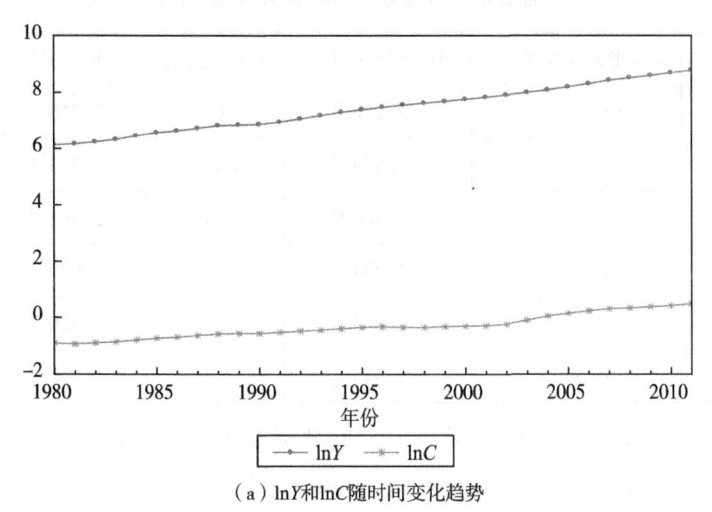

（a）$\ln Y$ 和 $\ln C$ 随时间变化趋势

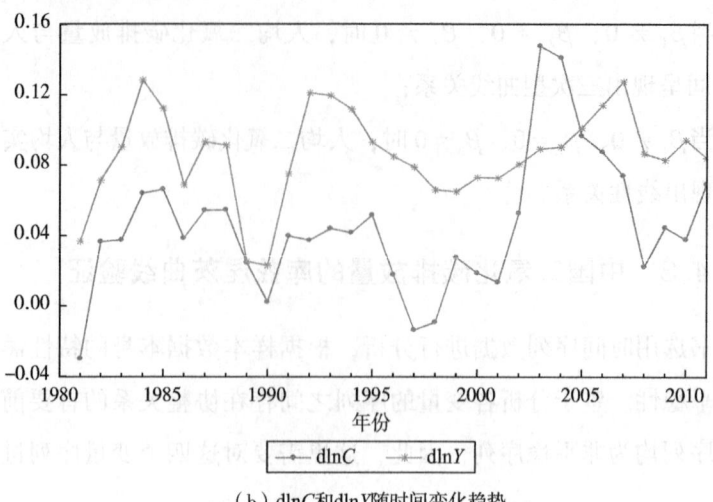

(b) dlnC和dlnY随时间变化趋势

图 4.7 1980—2011 年序列 $\ln C_t$、$\ln Y_t$ 的水平变化趋势及其一阶差分序列变化趋势

后的序列 $\Delta \ln C_t$、$\Delta \ln Y_t$ 是否为平稳序列,因此,我们仍然需要通过 Eviews 软件对各个时间序列变量运用单位根检验方法来判定各变量序列的平稳性。

下面运用 ADF 单位根检验方法对自然对数序列 $\ln C_t$、$\ln Y_t$、$(\ln Y_t)^2$ 和 $(\ln Y_t)^3$ 的一阶差分序列分别进行单位根检验,表 4.8 所示为差分序列的具体单位根检验结果。

表 4.8 各变量一阶差分序列的 ADF 单位根检验结果

变量	检验形式 (C,T,K)	ADF 检验统计量	显著性水平	ADF 临界值	结论
$\ln C_t$	$(C,T,1)$	-2.238 9	10%	-3.218 4	不平稳
$\ln Y_t$	$(C,T,3)$	-2.833 7	10%	-3.225 3	不平稳
$\Delta \ln C_t$	$(C,N,0)$	-2.980 9	5%	-2.964 0	平稳
$\Delta \ln Y_t$	$(C,N,1)$	-4.274 4	1%	-3.679 3	平稳
$\Delta (\ln Y_t)^2$	$(C,T,1)$	-3.833 6	1%	-3.679 3	平稳
$\Delta (\ln Y_t)^3$	$(C,T,1)$	-3.945 4	5%	-3.574 2	平稳

注:检验形式 C、T 和 K 分别代表 ADF 单位根检验方程中的常数项、时间趋势项和滞后阶数。N 表示单位根检验方程不包含常数项或者时间趋势项。

第4章 中国能源消费、二氧化碳排放与经济发展水平的经济学分析

从检验结果可以看出,序列 $\Delta \ln C_t$、$\Delta \ln Y_t$、$\Delta (\ln Y_t)^2$、$\Delta (\ln Y_t)^3$ 在5%的显著性水平下均为平稳时间序列。因此,$\ln C_t \sim I(1)$、$\ln Y_t \sim I(1)$、$(\ln Y_t)^2 \sim I(1)$、$(\ln Y_t)^3 \sim I(1)$ 均满足协整关系检验分析的条件。在这个前提之下,可以对序列 $\ln C_t$、$\ln Y_t$、$(\ln Y_t)^2$ 和 $(\ln Y_t)^3$ 进行回归分析。

回归模型的具体形式如下:

$$\ln C_t = \beta_0 + \beta_1 \ln Y_t + \beta_2 (\ln Y_t)^2 + \beta_3 (\ln Y_t)^3 + \varepsilon_t \quad (4.29)$$

下面对模型 (4.29) 的具体回归分析步骤如下:

①若三次项模型的回归系数中三次项系数最为显著,那么模型选用三次型回归;

②若三次项模型的回归系数中三次项系数不显著,而是二次项系数显著,那么模型选用二次型回归;

③若三次项模型的回归系数中二次项、三次项系数均不显著,那么模型选用线性回归。

然后,根据回归估计结果中的 DW 统计量来分析残差序列是否存在自相关。若残差序列存在着自相关,那么,模型的估计方程之中就需要加入滞后项,来达到消除残差序列自相关的目的。同时,还需要根据 F 统计量以及调整后的可决系数 $\bar{R}^2$ 来分析判断模型的拟合效果。

本书对于中国人均二氧化碳排放量与人均实际 GDP 之间的几种不同函数形式进行验证,根据调整后的可决系数 $\bar{R}^2$ 来判断回归模型拟合效果。

模型 (4.29) 的具体回归分析结果详见表 4.9。由表 4.9 可知,鉴于常数项的统计分析结果并不显著,因此在模型 (4.29) 中将常数项剔除。同时,由于 DW 值为 0.334 7,所以认为回归残差序列存在自相关问题。

表 4.9 模型 (4.29) 的回归分析结果

解释变量	系数	标准差	T-统计量	P 值
常数项	-46.021 1	17.956 9	-2.562 9	0.056 0
$\ln Y_t$	16.988 8	5.487 5	3.095 9	0.004 4
$(\ln Y_t)^2$	-1.725 1	0.556 6	-3.099 3	0.004 4

续表

解释变量	系数	标准差	T-统计量	P值
$(\ln Y_t)^3$	0.060 0	0.018 7	3.202 7	0.056 0
R^2	0.987 9	F-统计量	760.446 9	
调整后的 R^2	0.986 7	DW 值	0.343 7	

因此，通过在模型（4.29）之中加入 AR(1)、AR(2) 两项，用以消除残差序列的自相关性，可以得到以下形式的方程：

$$\ln C_t = \beta_1 \ln Y_t + \beta_2 (\ln Y_t)^2 + \beta_3 (\ln Y_t)^3 + \beta_4 AR(1) + \beta_5 AR(2) + \varepsilon_t \tag{4.30}$$

对模型（4.30）的具体回归分析结果详见表4.10。

表4.10 模型（4.30）的具体回归分析结果

解释变量	系数	标准差	T-统计量	P值
$\ln Y_t$	3.238 4	0.300 9	10.761 4	0.000 0
$(\ln Y_t)^2$	-0.360 6	0.059 8	-6.034 2	0.000 0
$(\ln Y_t)^3$	0.015 0	0.003 0	5.098 0	0.000 0
AR（1）	1.471 3	0.128 3	11.468 2	0.000 0
AR（2）	-0.702 0	0.129 3	-5.431 6	0.000 0
R^2	0.998 2	调整后的 R^2	0.998 0	
DW 值			1.878 9	

因此，将系数代入回归模型，模型（4.30）变成如下形式：

$$\ln C_t = 3.238\,4\ln Y_t - 0.360\,6(\ln Y_t)^2 + 0.015(\ln Y_t)^3 +$$
$$1.471\,3 AR(1) - 0.702 AR(2) + \varepsilon_t \tag{4.31}$$

由回归方程（4.31）可以看出，模型系数 $\beta_1 > 0$、$\beta_2 < 0$ 并且 $\beta_3 > 0$，这表明人均二氧化碳排放量与人均实际 GDP 之间存在着"N"形曲线关系。但是本书的"N"形 CKC 是否存在拐点，仍然需要进一步运算，并且需要拟合图形来解释说明。

第4章 中国能源消费、二氧化碳排放与经济发展水平的经济学分析

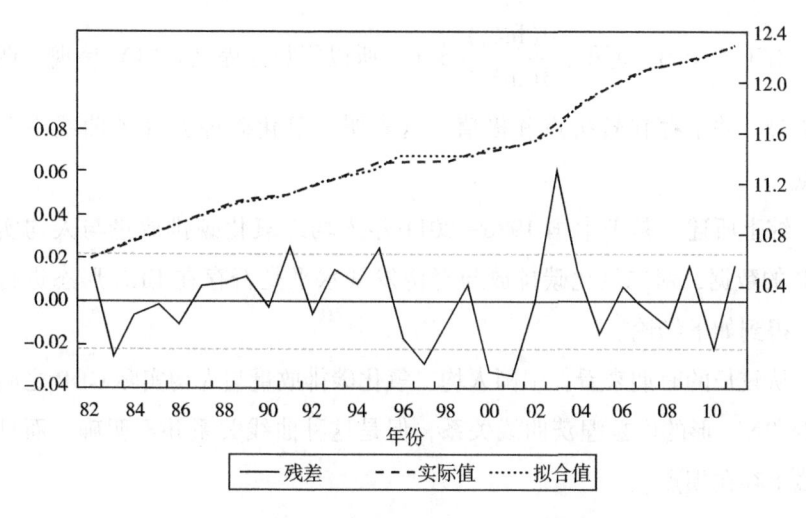

图4.8 中国二氧化碳排放库兹涅茨曲线拟合图

从图4.9中可以看出,虽然人均二氧化碳排放量与人均实际GDP之间存在着"N"形曲线关系,但是这种关系表现较为不显著。通过对模型(4.31)求导数的方式,来求得二氧化碳库兹涅茨曲线的极值点。具体计算结果如下:

$$\frac{\mathrm{d}(\ln C_t)}{\mathrm{d}(\ln Y_t)} = 3.238 - 0.721\ln Y_t + 0.045(\ln Y_t)^2,$$

$$\Delta = (-0.721)^2 - 4 \times 3.238 \times 0.045 < 0$$

图4.9 中国二氧化碳排放库兹涅茨曲线

由于 $\Delta < 0$，可得，$\dfrac{d(\ln C_t)}{d(\ln Y_t)} > 0$，所以回归方程（4.31）呈现单调递增态势，并不存在转折点和极值。这表明二氧化碳库兹涅茨曲线不存在拐点。

综上所述，基于中国 1980—2011 年人均二氧化碳排放量与人均实际 GDP 的数据，对二氧化碳排放与经济发展水平是否存在 EKC 形态进行检验，得到如下结论。

从较长的时期来看，中国人均二氧化碳排放量与人均实际 GDP 之间存在着"N"形的库兹涅茨曲线关系，但是这种曲线关系并不明确，而且该曲线不存在拐点。

虽然在短期内，中国人均二氧化碳排放量与人均实际 GDP 之间存在较为不明确的倒"U"形的库兹涅茨曲线关系，但是当人均实际 GDP 达到一定水平之后，人均二氧化碳排放量与人均实际 GDP 呈现同方向的变动关系。这表明，随着人均实际 GDP 的持续增加，人均二氧化碳排放量是不断增大的。

4.5 中国能源消费总量对经济发展水平影响的实证分析

4.5.1 模型选择

本书以经济增长理论为基础建立经济学分析框架，除资本、劳动力两个基本的生产要素之外，将能源消费作为一个独立的生产要素，构建一个包含劳动力规模、资本存量、能源消费量这几种影响经济增长要素的具体分析框架，用以实现对于中国能源消费与经济发展水平之间的相互关系进行分析研究的目的。

书中所构建的实证分析模型如下：

$$Y_t = F(L_t, E_t, K_t) = A L_t^{\gamma} E_t^{\beta} K_t^{\alpha} \qquad (4.32)$$

式中：Y 为实际 GDP，单位：亿元；L 为劳动力规模，单位：万人；γ 为

第4章 中国能源消费、二氧化碳排放与经济发展水平的经济学分析

劳动力规模的投入产出弹性系数；E 为能源消费量，单位：万吨标准煤；β 为能源消费量的投入产出弹性系数，并且 $0 < \beta < 1$；K 为固定资本存量，单位：亿元；α 为资本存量的投入产出弹性系数，并且 $0 < \alpha < 1$，并且 $\alpha + \beta + \gamma = 1$。

对模型（4.32）两边取自然对数并且进行全微分得到如下等式：

$$\frac{\mathrm{d}\ln Y}{\mathrm{d}\ln t} = \frac{\partial \ln F}{\partial \ln L} \cdot \frac{\partial \ln L}{\partial \ln t} + \frac{\partial \ln F}{\partial \ln E} \cdot \frac{\partial \ln E}{\partial \ln t} + \frac{\partial \ln F}{\partial \ln K} \cdot \frac{\partial \ln K}{\partial \ln t} \quad (4.33)$$

由式（4.33）可以得出如下等式：

$$\frac{\mathrm{d}\ln Y}{\mathrm{d}t} = \frac{\dot{Y}}{Y}, \quad \frac{\mathrm{d}\ln L}{\mathrm{d}t} = \frac{\dot{L}}{L}, \quad \frac{\mathrm{d}\ln E}{\mathrm{d}t} = \frac{\dot{E}}{E}, \quad \frac{\mathrm{d}\ln K}{\mathrm{d}t} = \frac{\dot{K}}{K}$$

其中，

$$\dot{Y} = \frac{\partial Y}{\partial t}, \quad \dot{L} = \frac{\partial L}{\partial t}, \quad \dot{E} = \frac{\partial E}{\partial t}, \quad \dot{K} = \frac{\partial K}{\partial t}$$

在这里，$\frac{\dot{Y}}{Y}$ 所表示的是 GDP 的增长率，$\frac{\dot{L}}{L}$ 所表示的是劳动力规模的增长率，$\frac{\dot{E}}{E}$ 所表示的是能源消费的增长率，$\frac{\dot{K}}{K}$ 所表示的是资本存量的增长率。

令 $y = \frac{\dot{Y}}{Y}, \quad y_L = \frac{\dot{L}}{L}, \quad y_E = \frac{\dot{E}}{E}, \quad y_K = \frac{\dot{K}}{K}$

根据弹性系数的定义以及式（4.32）、式（4.33），可以得到系数的具体形式如下：

$$\gamma = \frac{\partial \ln F}{\partial \ln L} = \frac{\partial F}{\partial L} \times \frac{L}{F}, \quad \beta = \frac{\partial \ln F}{\partial \ln E} = \frac{\partial F}{\partial E} \times \frac{E}{F}, \quad \alpha = \frac{\partial \ln F}{\partial \ln K} = \frac{\partial F}{\partial K} \times \frac{K}{F}$$

则上面的微分形式可以写成如下等式：

$$y = \gamma y_L + \beta y_E + \alpha y_K \quad (4.34)$$

模型（4.34）就是表示经济增长速度的方程。

通过实证分析研究可以得出 γ、β、α，这样就可以得出经济发展水平与劳动力规模、能源消费量、资本存量之间的关系。

基于各样本数据的经济学意义，对模型（4.32）两边同时取自然对

数，可以得到如下等式：

$$\ln Y_t = \ln A + \gamma \ln L_t + \beta \ln E_t + \alpha \ln K_t \tag{4.35}$$

模型（4.35）是线性经济模型的拓展形式，为本书具体研究分析能源消费水平与经济发展水平之间的关系提供模型基础。

4.5.2 变量选择与数据处理

本节选用的数据是年度数据，样本期为 1980—2011 年，数据来源为《中国统计年鉴》《新中国五十年统计资料汇编》《中国能源统计年鉴》。

数据的具体说明如下。

（1）实际 GDP（单位：亿元）：根据《中国统计年鉴》发布的当年价 GDP，以 1980 年为基准，即 1980 年为 100%，调整计算 1980—2011 年内的实际 GDP。

（2）固定资本存量（单位：亿元）：由于权威部门并没有公布中国固定资本存量的数据，故需要对其进行测算。本文选用由戈德史密斯（Goldsmith）开创的永续盘存法（Perpetual Inventory Method）来测算中国的固定资本存量，该方法被经济合作与发展组织（OECD）国家广泛使用。应用永续盘存法测算资本存量的具体计算公式如下：

$$K_t = K_{t-1}(1 - \delta_t) + I_t \tag{4.36}$$

式中：K_t 为第 t 年的资本存量，单位：亿元；δ_t 为第 t 年的固定资本折旧率；I_t 为第 t 年的投资量，单位：亿元。

测算固定资本存量首先需要界定四个变量：初始年份的固定资本存量、固定资本投资的价格指数、当年投资 I_t 的选择、固定资本折旧率。

①对于初始年份的固定资本存量，我们使用 1952 年的固定资本形成总额乘以 10 作为对 1952 年的固定资本存量的估计。由于我们关注的是 1980 年以后的固定资本存量，因此，1952 年基期的固定资本存量在 28 年的时间跨度下也就不太重要了，因此任何选择都是可取的[1]。

---

[1] ALWYN Y. Gold into Base Metals: Productivity Growth in the people's Republic of China during the Reform Period. 2000, NBRE working paper 7856.

②由于《中国统计年鉴》从1992年才开始公布固定资产投资价格指数，并且没有1991年之前的时间序列数据。针对1991年之前的缺失数据，可以使用《中国国内生产总值核算历史资料（1952—2004）》之中所提供的以不变价格衡量的固定资本形成总额指数进行计算得到，具体计算公式为如下（以1985年的固定资本形成指数为例）：

1985年固定资产投资价格指数(1980 = 100) =

$$\frac{1985\text{年固定资本形成总额(当年价格)}}{1980\text{年固定资本形成总额(当年价格)} \times 1985\text{年固定资本形成总额指数(1980 = 100)}}$$

(4.37)

③关于当年投资 I_t 的指标，近期大部分研究都采用固定资本形成总额或者资本形成总额，本书同样使用固定资本形成总额作为当年投资指标。

④关于固定资本折旧率，我们采用宋海岩等的做法，假设固定资本的物理折旧和经济增长率成正比关系，因此实际的折旧率为官方公布的名义折旧率（3.6%）的基础上加上经济增长率❶。

(3) 人口规模（单位：万人）：本书选取《中国统计年鉴》中1980—2011中的具体指标"就业人口数"作为人口规模数据指标，不需要进行调整。

(4) 能源消费量（单位：万吨标准煤）：本书选取的1980—2011年的能源消费总量数据均来自各年度的《中国能源统计年鉴》。

4.5.3 研究方法

由于本书选用中国能源消费量、就业人口数、固定资本存量及实际经济发展水平的时间序列数据，在选用此种类型的数据运用计量经济学方法进行回归分析时，得到的结果很有可能存在自相关及伪回归问题。因此，这里考量到实际研究之中可能存在的分析问题，就需要对回归分析结果进行平稳性检验、格兰杰因果关系检验、协整分析检验及误差修正模型等，来提高模型的准确性。鉴于前文已经阐述过了平稳性检验的具体方法，这

---

❶ 宋海岩，刘淄楠，蒋萍．改革时期中国总投资决定因素的分析［J］．世界经济文汇，2003（1）．

里就不再赘述。

(1) 格兰杰因果关系检验

格兰杰因果关系检验表示的是对变量之间出现可能的因果关系的一种检验方法。此检验方法是由诺贝尔经济学奖得主格兰杰（Granger）于1977年首先提出的，他率先将变量之间的关系定义为依赖于使用过去某些时间点上具备的所有信息的最佳最小二乘法预测的方差[1]。

假定两个时间序列变量x、y，若将序列x、y过去的信息相比较，序列x仅比序列y过去的信息对序列y的将来会产生变化的解释要更为有效，这样我们可以认为变量x是变量y的格兰杰原因。从深层次的分析角度来看，格兰杰因果关系检验是运用信息集的方式来分析两个时间序列变量之间的因果关系，其前提条件是两个时间序列变量具有平稳性，其不随时间的变化而变化，否则就可能会出现序列虚假回归问题，然后，利用交叉谱密度函数从频域的角度对时间序列变量之间所存在的线性关系进行具体研究和分析。从而，格兰杰因果关系检验的前提假设就是：时间序列变量未来的数据不会对过去该时间序列产生任何影响，但是现在的时间序列的数据可能会影响未来时间序列数据的取值[2]。

以两时间序列变量x、y为例，格兰杰非因果性检验的具体方法如下。

若仅由y_t滞后值所决定的条件分布与由y_t和x_t的滞后值所决定的y_t的条件分布相同，即

$$f(y_t|y_{t-1},\cdots,x_{t-1},\cdots) = f(y_t|y_{t-1},\cdots) \qquad (4.38)$$

那么，称x_{t-1}对y_t不存在格兰杰因果关系。

另一种用来表述格兰杰因果关系的方式为：当保持其他条件不变的前提之下，如果加上x_t的滞后变量之后对于y_t的预测精度并不存在着显著性的改善，那么，可以认为x_{t-1}对y_t不存在格兰杰因果关系。

依据上述定义方法，格兰杰因果检验式的具体形式如下：

---

[1] GRANGER C W J, Newbold P. Forecast economic time series [M]. New York: Academic Press, 1977.

[2] 高铁梅. 计量经济分析方法与建模——Eviews 应用及实例 [M]. 清华大学出版社, 2006.

第4章 中国能源消费、二氧化碳排放与经济发展水平的经济学分析

$$y_t = \sum_{i=1}^{k} \alpha_i y_{t-i} + \sum_{i=1}^{k} \beta_i x_{t-i} + u_{1t} \tag{4.39}$$

如果有实际需要的话,常数项、趋势项及季节虚拟变量等均可以包括在式(4.39)中。那么,用来检验 x_t 对 y_t 不存在格兰杰因果关系的零假设可以表示为

$$H_0: \beta_1 = \beta_2 = \cdots = \beta_k = 0 \tag{4.40}$$

显然,在格兰杰因果检验之中,如果 x_t 的任何一个滞后变量的回归参数的估计值均不存在显著性,那么上述假设不能被拒绝。从而,如果 x_t 的任何一个滞后变量的回归参数的估计值均存在显著性,那么,x_t 对 y_t 存在格兰杰因果关系。我们可以运用 F 统计量来完成上述检验。

具体计算形式如下:

$$F = \frac{(\text{SSE}_r - \text{SSE}_u)/k}{\text{SSE}_u/(T-2k)} \tag{4.41}$$

式中:SSE_u 为不施加约束的条件下模型残差平方和;SSE_r 为施加约束(零假设成立)条件之后模型的残差平方和;T 为样本容量;k 为最大滞后期。

在零假设成立的前提之下,上述的 F 检验统计量渐进服从于 $F(k, T-2k)$ 分布。如果运用样本所计算的 F 统计量的值落在临界值以内,那么可以认为接受原假设,即 x_t 对 y_t 不存在格兰杰因果关系。

(2) 协整关系分析

经典回归模型都是以时间序列变量平稳性作为分析基础所建立起来的,那么对于非平稳的时间序列数据,如果运用经典回归模型进行研究分析,必然会产生"伪回归"的问题。在现实经济生活中,关于宏观经济的时间序列大部分都是非平稳的,这样一来,数据的特性就极大地限制了经典回归模型的应用。因此,通常都运用差分的方法来去除时间序列中显示出的非平稳趋势,使时间序列趋于平稳之后再建立回归分析模型。由于这种将时间序列进行变化的方法显然制约了所分析经济问题的范围,而且,进行变化后的时间序列不仅仅损失了序列的长期信息,还可能不具备直接的显示经济意义,这样,根据变化后的时间序列数据所建立的时间序列模

型也不利于解释经济问题,因此,伊格(Engle)和格兰杰提出了协整理论[1],该理论为非平稳序列的建模提供了可能,这样即便时间序列数据是非平稳的序列,但各个时间序列之间的线性组合就非常有可能是平稳的序列,一般来说,这种具有平稳性的线性组合可以称为协整方程,即变量之间存在长期均衡关系[2]。

所谓协整关系描述的是对非平稳经济变量之间存在的长期均衡关系的统计性特征。这也就是说,非平稳经济变量之间所存在的长期稳定的均衡关系可称作协整关系,具体定义为:两个非平稳序列的线性组合通常来说是非平稳的,即对于两个序列 $(x_t) \sim I(k)$,$(y_t) \sim I(k)$,而且存在一组非零常数 α_1、α_2,使得 $\alpha_1 x_t + \alpha_2 y_t \sim I(k, 1)(k>1>0)$,则称 x_t 和 y_t 是 $(k,1)$ 协整。协整检验方法可以分为如下两种:第一种是基于回归残差的检验,另外一种则是基于回归系数的完全信息协整检验。

回归残差检验方法的基本原理为:首先在序列之间进行静态回归,从而,可以获得普通最小二乘残差序列,然后需要对残差序列进行单位根检验,如果序列之中不存在单位根,那么这些序列之间存在协整关系,这样就完成了协整关系的存在性检验。

回归残差协整检验法以两个序列 x_t 和 y_t 为例,其中两变量都是 k 阶单整序列,那么:

第一步,建立协整回归方程,具体为

$$y_t = \alpha + \theta x_t + \varepsilon_t \tag{4.42}$$

并通过普通最小二乘法进行回归得

$$\hat{y}_t = \alpha + \theta \hat{x}_t + \hat{\varepsilon}_t \tag{4.43}$$

第二步,通过对残差序列 $\hat{\varepsilon}_t$ 运用 ADF 单位根检验方法检验其平稳性,从而判断 x_t 和 y_t 的协整性。若 x_t 和 y_t 不具有协整性,那么它们的任意线性组合均为非平稳的,则残差序列 $\hat{\varepsilon}_t$ 也必然是非平稳的。因此,若检验结果

---

[1] ENGLE R F, Granger C W J. Cointegration and error correction: representation, estimation and testing [J]. Econometrica, 1981, 49: 1057-1072.

[2] 易丹辉. 数据分析与 Eviews 应用 [M]. 北京:中国统计出版社, 2002.

第4章　中国能源消费、二氧化碳排放与经济发展水平的经济学分析

是平稳的，则可认为 x_t 和 y_t 之间存在协整关系。[1]

伊格和格兰杰提出了另外一种协整检验分析方法，称为 EG 协整检验分析，主要分析步骤如下。

①若 k 个序列 y_{1t} 和 $y_{2t}, y_{3t}, \cdots, y_{mt}$ 都是一阶单整序列，建立回归方程如下：

$$y_{1t} = \beta_2 y_{2t} + \beta_3 y_{3t} + \cdots + \beta_k y_{kt} + \mu_t \quad (4.44)$$

模型残差估计值为

$$\hat{\mu}_t = y_{1t} - \beta_2 y_{2t} - \beta_3 y_{3t} - \cdots - \beta_k y_{kt} \quad (4.45)$$

②检验残差序列 $\hat{\mu}_t$ 是否具有平稳性，也就是判断残差序列 $\hat{\mu}_t$ 是否含有单位根。通常来说，运用 ADF 单位根检验方法来判断残差序列 $\hat{\mu}_t$ 的平稳性。

③若残差序列 $\hat{\mu}_t$ 具有平稳性，那么可以确定回归方程之中的 k 个变量 $(y_{1t}, y_{2t}, y_{3t}, \cdots, y_{kt})$ 之间存在着协整关系，协整向量为 $(\hat{\beta}_1, -\hat{\beta}_2, -\hat{\beta}_3, \cdots, -\hat{\beta}_k)'$，其中 $\hat{\beta}_1 = 1$；反之，变量 $(y_{1t}, y_{2t}, y_{3t}, \cdots, y_{kt})$ 之间不存在协整关系。

（3）误差修正模型

萨甘（Sargan）首先提出误差修正模型，随后，戴维森（Davidson）和亨德里-安德森（Hendry-Anderson）等对其进一步完善。该模型（Error Correction Model，ECM）的基本原理如下：若变量之间存在着协整关系，那么这些变量之间必然存在着长期均衡关系；并且该长期的均衡关系是需要在短期波动过程之中不断进行调整实现的。根据格兰杰定理，若存在若干个非平稳的变量存在着协整关系，那么这些变量之间必然有误差修正模型的表达式存在。

伊格和格兰杰将协整分析与误差修正模型结合起来，从而建立了向量误差修正模型。如果变量之间存在协整关系，那么由自回归分布滞后模型可以导出误差修正模型。而由于向量自回归模型中的每一个方程均是自回

---

[1] 张晓峒. 计量经济学基础 [M]，第 3 版. 天津：南开大学出版社，2008.

归分布滞后模型,所以,可以将向量误差修正模型认为是含有协整约束的向量自回归模型。通常来说,向量误差修正模型主要用来构建具有协整关系的非平稳时间序列之间的模型。

误差修正模型包括单一方程和多方程两种形式。在向量自回归模型基础上建立起来的模型为多方程误差修正模型,称为向量误差修正(VEC)模型。接下来,简要阐述单一方程的误差修正模型。该模型包括原变量的差分变量、非均衡误差及随机误差项。

设 $y_t, x_t \sim I(1)$,并且存在协整关系,从而,误差修正模型表达式的简单形式具体表示如下:

$$D y_t = \beta_0 D x_t + \beta_1 ECM_{t-1} + u_t \qquad (4.46)$$

式中:$ECM_t = y_t - k_0 - k_1 x_t$ 为非均衡误差;$y_t = k_0 + k_1 x_t$ 为 y_t 和 x_t 的长期关系;$\beta_1 ECM_{t-1}$ 为误差修正项,其中,β_1 为修正系数,它表明误差修正项对于 $D y_t$ 的修正速度;由误差修正模型的具体推导原理可以得出,β_1 的值应该为负值,这表明误差修正机制是一个负反馈过程,k_0 和 k_1 表示的是长期参数,β_0 和 β_1 表示的是短期参数。

误差修正模型的优势如下。

①若 y_t 和 x_t 之间存在着协整关系,则 ECM_t 具有平稳性;由于 $y_t, x_t \sim I(1)$,从而,$D y_t, D x_t \sim I(0)$,上式中的变量均具有平稳性。由于回归参数的估计量所具备的优良的渐进性特征,那么运用最小二乘法来估计误差修正模型应该不存在虚假回归的问题。

②误差修正模型之中既存在描述变量之间长期关系的参数,又存在描述变量之间短期关系的参数;既可以探索经济问题的静态或者长期特征,又可以分析经济问题的动态或者短期特征。

4.5.4 实证分析结果

为了直观地反映中国实际 GDP、就业人口数、能源消费总量、固定资本存量这四个时间序列变量的变化趋势,需要对这四个时间序列进行描述性分析。1980—2011 年序列 $\ln Y$、$\ln L$、$\ln E$、$\ln K$ 的水平变化趋势图如图4.10所示。

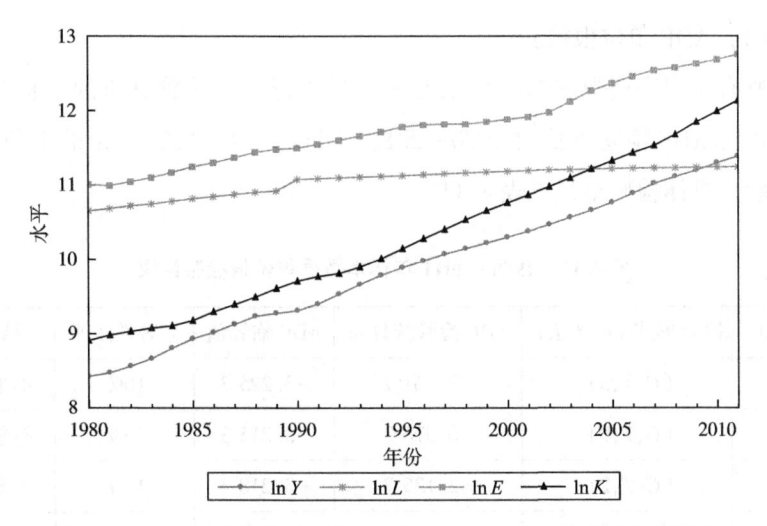

第4章 中国能源消费、二氧化碳排放与经济发展水平的经济学分析

图 4.10 1980—2011 年序列 lnY、lnL、lnE、lnK 的水平变化趋势

由图 4.10 可以看出,序列 lnY、lnL、lnE、lnK 均随时间的变化而呈现逐渐上升的态势,所以可以初步认为序列 lnY、lnL、lnE、lnK 是不平稳的。

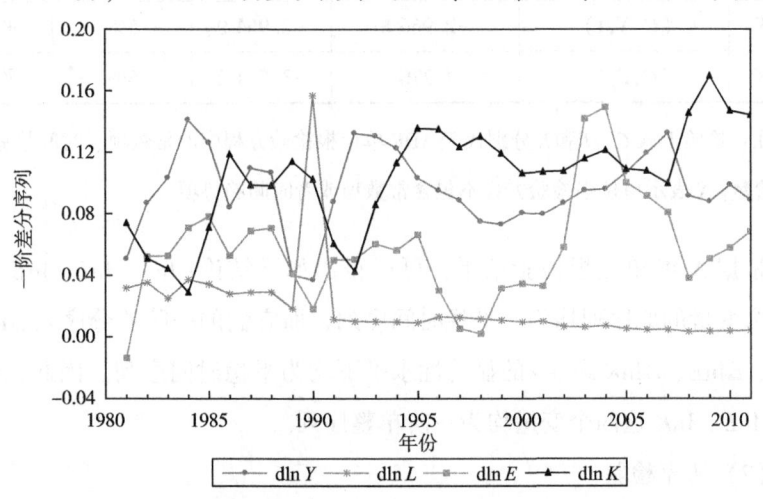

图 4.11 1980—2011 年序列 lnY、lnL、lnE、lnK 的一阶差分序列变化趋势

由图 4.11 可以看出,序列 lnY、lnL、lnE、lnK 通过一阶差分之后的序列均没有呈现显著的上升或者下降的态势,依据一阶差分序列的变化趋势我们无法判定一阶差分之后的序列 ΔlnY、ΔlnL、ΔlnE、ΔlnK 是否为平稳序列,因此仍然需要通过 Eviews 软件来对各个时间序列进行单位根检验来判定各个序列的平稳性。

(1) ADF 单位根检验

所有时间序列数据都是平稳性序列是进行协整检验分析的前提条件。下文运用 ADF 检验方法对 1980—2011 年 $\ln Y$、$\ln L$、$\ln E$、$\ln K$ 的平稳性进行检验。具体检验结果见表 4.11。

表 4.11 1980—2011 年样本数据单位根检验结果

变量	检验形式 (C,T,K)	ADF 检验统计量	ADF 临界值	显著性水平	结论
$\ln Y$	$(C,T,3)$	-3.161 7	-3.225 3	10%	不平稳
$\ln L$	$(C,T,0)$	-0.976 2	-3.215 3	10%	不平稳
$\ln E$	$(C,T,2)$	-2.135 7	-3.218 4	10%	不平稳
$\ln K$	$(C,T,2)$	-1.431 7	-3.574 2	10%	不平稳
$\Delta\ln Y$	$(C,N,2)$	-4.300 9	-3.679 3	1%	平稳
$\Delta\ln L$	$(C,N,2)$	-4.742 1	-3.670 20	1%	平稳
$\Delta\ln E$	$(C,N,1)$	-2.966 8	-2.964 0	5%	平稳
$\Delta\ln K$	$(C,T,1)$	-4.270 4	-3.574 2	5%	平稳

注：检验形式 C、T 和 K 分别代表 ADF 单位根检验方程中的常数项、时间趋势项和滞后阶数。N 表示单位根检验方程不包含常数项或者时间趋势项。

根据 ADF 单位根检验结果，可以得出如下结论：$\ln Y$、$\ln L$、$\ln E$、$\ln K$ 这四个变量的原序列均为不平稳时间序列，而它们的一阶差分序列 $\Delta\ln Y$、$\Delta\ln L$、$\Delta\ln E$、$\Delta\ln K$ 在 5% 的显著性水平下均为平稳时间序列。因此，$\ln Y$、$\ln L$、$\ln E$、$\ln K$ 这四个变量均为一阶单整序列。

(2) 协整检验

根据 ADF 单位根检验的结果，可以得出如下结论：$\ln Y \sim I(1)$、$\ln L \sim I(1)$、$\ln E \sim I(1)$、$\ln K \sim I(1)$，可以认为 $\ln Y$、$\ln L$、$\ln E$、$\ln K$ 这四个变量之间存在协整关系。因此，通过建立 $\ln Y$、$\ln L$、$\ln E$、$\ln K$ 这四个变量之间的回归模型 (4.35)，并且运用 ADF 单位根检验来判定模型残差序列的平稳性，从而来判定 $\ln Y$、$\ln L$、$\ln E$、$\ln K$ 这四个变量之间的协整关系的存在性。

模型（4.35）的具体回归分析结果见表4.12。

表4.12 模型（4.35）的回归分析结果

解释变量	系数	标准差	t-统计量	P值
常数项	-9.880 094	1.250 854	-7.898 679	0.000 0
$\ln L$	0.834 720	0.113 897	7.328 726	0.000 0
$\ln E$	0.435 089	0.123 628	3.519 328	0.001 5
$\ln K$	0.524 343	0.066 460	7.889 586	0.000 0
R^2	0.996 644	调整后的 R^2	0.996 284	
F-统计量	2 771.662	P值	0.000 000	

根据表4.12的具体回归结果，可以得出模型（4.35）的具体形式如下：

$$\ln Y_t = -9.88 + 0.835\ln L_t + 0.435\ln E_t + 0.524\ln K_t \quad (4.47)$$

依据模型（4.35）的具体回归结果可知，回归方程（4.47）的具体拟合结果良好，具体的拟合优度 $R^2 = 0.9966$，同时，t 统计量及 F 统计量均显著，且均通过检验。从就业人口、能源消费总量、固定资本存量这三个变量的系数来看，就业人口的系数约为 0.835，即当就业人口增加 1% 时，实际 GDP 增长 0.835%；能源消费量的系数约为 0.435，即当能源消费量增加 1% 时，实际 GDP 增长 0.435%；固定资本存量系数约为 0.524，即当固定资本存量增加 1% 时，实际 GDP 增长 0.524%。

依据协整检验理论，假定回归方程（4.47）的残差序列为 ε_t，接下来，运用 ADF 单位根检验方法对残差序列 ε_t 进行检验，从而判定残差序列 ε_t 的平稳性。如果残差序列 ε_t 属于平稳序列，则回归方程（4.47）的四个变量 $\ln Y$、$\ln L$、$\ln E$、$\ln K$ 之间存在着稳定的均衡关系，即回归方程（4.47）的假定前提是合理的；若残差序列 ε_t 属于不平稳序列，那么，回归方程（4.47）的四个变量 $\ln Y$、$\ln L$、$\ln E$、$\ln K$ 之间不存在着稳定的均衡关系，即回归方程（4.47）的假定前提是不合理的。

回归方程（4.47）的残差序列 ε_t 的变化情况如图4.12所示。残差值均呈现围绕 0 上下波动的状态，显然，残差序列并不具备明显的时间趋势。从而，对残差序列 ε_t 进行不含有时间趋势及截距项的 ADF 单位根检验。

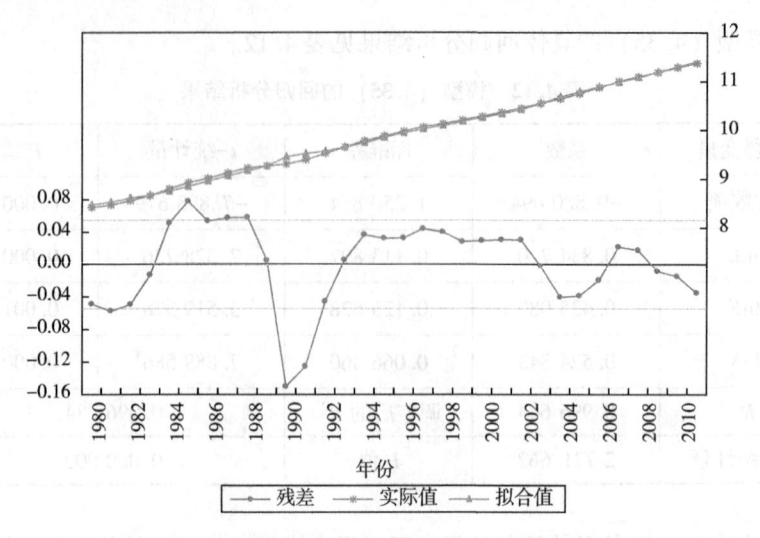

图 4.12 回归方程 (4.47) 的实际值、拟合值及残差

依据 SIC 定阶准则可以确定之后阶数为 1，残差序列 ε_t 的具体检验结果见表 4.13。由表 4.13 中残差序列 ε_t 的具体单位根检验结果可以看出，在 1% 的显著性水平下，残差序列 ε_t 拒绝原假设，这表明，可以接受残差序列 ε_t 并不存在单位根的结论，也就是说，残差序列 ε_t 是平稳序列，即 $\varepsilon_t \sim I(0)$。即 1980—2011 年中国实际 GDP、就业人口、能源消费总量、固定资本存量这四个变量之间存在着长期的均衡关系。

表 4.13 残差序列 ε_t 的 ADF 检验结果

检验项	ADF 检验
t 统计量	-4.308 148
P 值	0.000 1

综上所述，本节以生产函数作为理论基础，以能源、劳动力和资本作为生产投入要素，通过协整检验的方法分析这三种投入要素对经济发展水平的影响。实证研究结果表明：劳动力和资本作为最核心的生产要素，对经济发展水平的影响是至关重要的；能源这一要素作为现代生产生活之中必不可少的生产要素，其对于经济发展水平的影响也是必不可少的，经济要保持长期稳定的增长必须以保障能源持续供应为前提。

第4章 中国能源消费、二氧化碳排放与经济发展水平的经济学分析

4.6 中国能源消费、二氧化碳排放与经济发展水平的计量分析

4.6.1 数据说明

鉴于时间因素对分析结果具有一定程度的影响，本书将中国能源消费量、二氧化碳排放量及实际GDP进行取自然对数处理，将取自然对数后变量的时间趋势如图4.13所示。

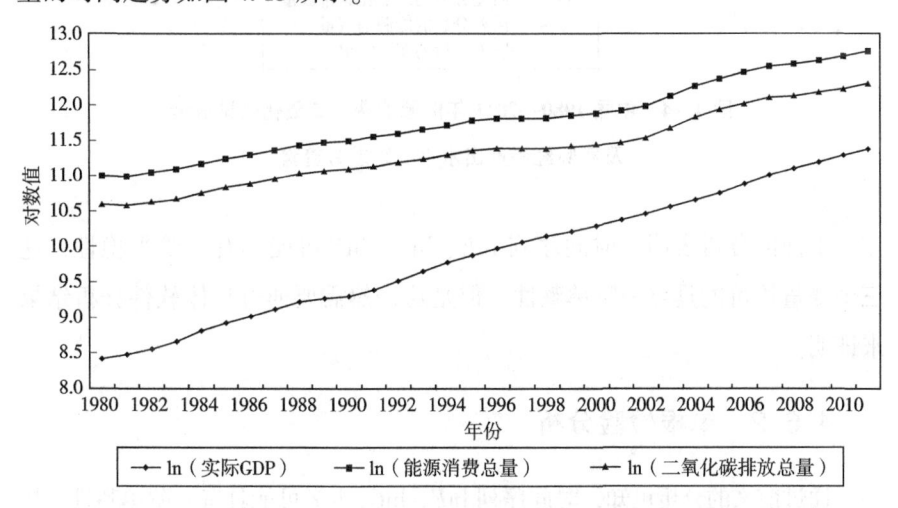

图4.13 中国1980—2011年能源消费、二氧化碳排放量及实际经济产出水平变化趋势

中国1980—2011年能源消费量增长率、二氧化碳排放量增长率及实际GDP增长率均呈现出上升的趋势，所以可以初步认为序时间列 $\ln E$、$\ln C$、$\ln Y$ 是不平稳的。

将中国能源消费量、二氧化碳排放量及实际GDP这三个变量进行一阶差分处理之后得到的趋势如图4.14所示。图4.14表明，这三个变量在经过一阶差分处理之后显然并不具有严格的上升趋势，因此，这里可以认为，这三个变量随时间的变化趋势较为平稳。

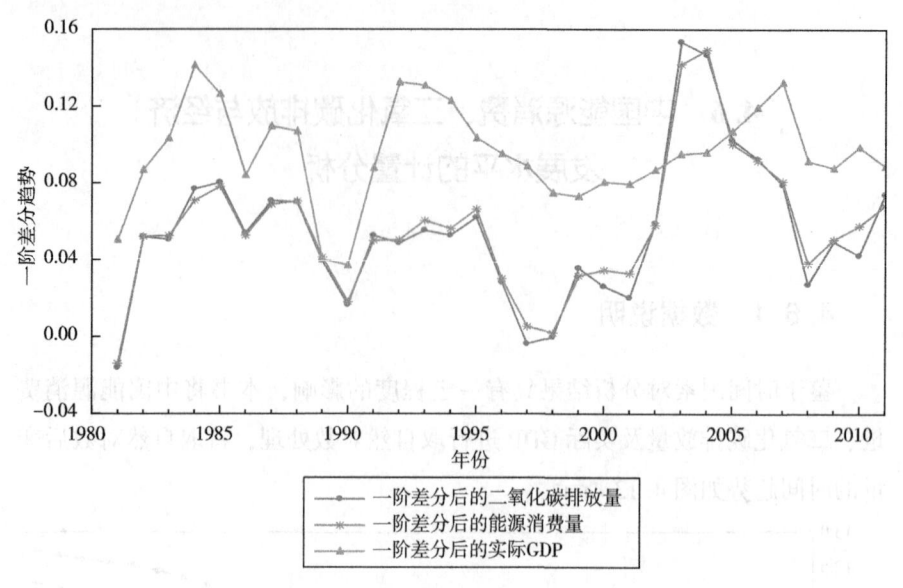

图 4.14　中国 1980—2011 年能源消费、二氧化碳排放量
及实际经济产出水平一阶差分趋势

上面的分析表明,时间序列 $\ln E$、$\ln C$、$\ln Y$ 可能具有一阶平稳性,这三个变量均可能具有一阶单整性,但是这仍然需要通过具体软件分析结果来证明。

4.6.2　单根检验分析

通过前文的分析可知,时间序列 $\ln E$、$\ln C$、$\ln Y$ 可能具有一阶单整性。接下来,通过运用 Eviews 分析软件进行具体的 ADF 单根检验,结果见表 4.14。

表 4.14　中国能源消费、二氧化碳排放量、实际 GDP 的单位根检验结果

变量	检验形式(C,T,K)	ADF 检验统计量	ADF 临界值	显著性水平	结论
$\ln Y$	($C,T,3$)	−3.161 7	−3.225 3	10%	不平稳
$\ln C$	($C,T,1$)	−2.238 9	−3.218 4	10%	不平稳
$\ln E$	($C,T,2$)	−2.135 7	−3.218 4	10%	不平稳
$\Delta\ln Y$	($C,N,2$)	−4.300 9	−3.679 3	1%	平稳
$\Delta\ln C$	($C,N,0$)	−2.980 9	−2.964 0	5%	平稳
$\Delta\ln E$	($C,N,1$)	−2.966 8	−2.964 0	5%	平稳

根据表 4.14 中的单位根检验结果，可以得到，时间序列 lnE、lnC、lnY 在 5% 的显著性水平下均为一阶单整序列。

4.6.3 格兰杰因果关系分析

下文对中国能源消费量、二氧化碳排放量及实际 GDP 进行格兰杰因果关系检验，将滞后长度确定为默认值 2。具体的格兰杰因果关系检验结果见表 4.15、表 4.16。

表 4.15 中国能源消费与二氧化碳排放量的格兰杰因果关系检验结果

原假设	统计数目	F 统计量	P 值	判断	结论
能源消费不是二氧化碳排放量的格兰杰原因	30	7.388 6	0.003	拒绝原假设	能源消费是二氧化碳排放量的格兰杰原因
二氧化碳排放量不是能源消费的格兰杰原因		8.609 1	0.001 4	拒绝原假设	二氧化碳排放量是能源消费的格兰杰原因

表 4.16 中国二氧化碳排放量与实际 GDP 的格兰杰因果关系检验结果

原假设	统计数目	F 统计量	P 值	判断	结论
二氧化碳排放量不是实际 GDP 的格兰杰原因	30	0.376 9	0.689 8	接受原假设	二氧化碳排放量不是实际 GDP 的格兰杰原因
实际 GDP 不是二氧化碳排放量的格兰杰原因		1.546 6	0.232 7	接受原假设	实际 GDP 不是二氧化碳排放量的格兰杰原因

由具体的检验结果可知，在1%的显著性水平下，中国能源消费量对二氧化碳排放量之间存在双向格兰杰因果关系，同时中国实际经济产出与二氧化碳排放量之间在10%的显著性水平下，不拒绝原假设，即不存在格兰杰因果关系。

4.6.4 协整关系分析

下文具体分析中国能源消费量、二氧化碳排放量及实际GDP之间存在的长期均衡关系的方法是两阶段的——协整检验分析方法的改进方法。

中国能源消费量、二氧化碳排放量及实际GDP之间相互关系的线性回归方程可以认为具有一阶单整性特征，具体形式如下：

$$\ln C_t = \alpha \ln E_t + \beta \ln Y_t + \varepsilon_t \sim I(1) \tag{4.48}$$

为了检验$\ln C$与$\ln E$和$\ln Y$三者是否具有长期的均衡关系，也就是检验回归方程（4.48）是否具有长期协整性。对回归方程（4.48）中产生的残差ε_t进行不含有时间趋势及截距项的ADF单位根检验，具体检验结果见表4.17。

表4.17 残差的平稳性检验结果

检验项	ADF检验
t统计量	−5.729 5
P值	0.000 0

表4.17的检验结果表明，残差序列ε_t已经通过了ADF单位根检验，并且在1%的水平下显著。根据上面的检验结果，可以确定残差序列ε_t是平稳的，从而可以得出如下结论：中国能源消费量及实际GDP之间存在长时期的均衡关系。

运用Eviews统计软件，结合中国能源消费及实际经济GDP数据，依据回归模型进行回归估计，具体回归模型如下：

$$\ln C_t = \alpha \ln E_t + \beta \ln Y_t + \varepsilon_t \tag{4.49}$$

通过进行回归分析，具体回归分析结果见表4.18。

第4章 中国能源消费、二氧化碳排放与经济发展水平的经济学分析

表4.18 模型（4.49）的具体回归分析结果

解释变量	系数	标准差	t-统计量	P值
$\ln E_t$	1.025 651	0.020 156	50.885 89	0.000 0
$\ln Y_t$	-0.033 126	0.011 875	-2.789 539	0.009 2
常数项	-0.402 882	0.122 680	-3.284 003	0.002 7
R^2	0.999 7	调整后的 R^2	0.999 7	
F统计量	56 681.16	P值	0.000 0	

通过运用 Eviews 统计软件，检验模型具体回归分析结果的实际情况与模型估计结果之间的关系如图 4.15 所示。

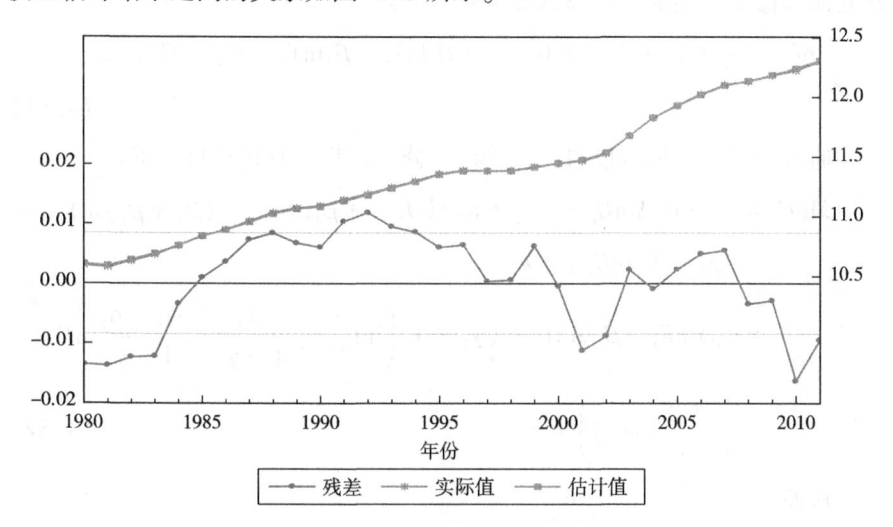

图 4.15 模型（4.49）的实际值与估计值趋势对比结果图

根据表 4.18 中的具体分析结果可以得出，中国二氧化碳排放量、能源消费总量与实际 GDP 的长期均衡回归方程具体形式如下：

$$\ln C_t = 1.026\ln E_t - 0.033\ln Y_t - 0.403 \quad (4.50)$$

$R^2 = 0.999\ 7$，$\overline{R}^2 = 0.999\ 7$，$F$值 = 56 681.16，$P$值 = 0.000 0。

基于上述的具体分析结果可以看出，模型（4.50）的回归方程拟合优度非常好，即 $R^2 = 0.999\ 7$；模型的各项系数均在 1% 的水平下显著。

由模型（4.50）可知，能源消费总量对于二氧化碳排放量所产生的影

响高于实际 GDP 对于二氧化碳排放量所产生的影响,即能源消费总量每增加 1%,中国二氧化碳排放量会增加 1.026%;而实际 GDP 每增加 1%,中国二氧化碳排放量会减少 0.033%。这充分表明,中国二氧化碳排放量的主要影响变量即为能源消费总量。

4.6.5 误差修正模型

基于前文对中国能源消费量、二氧化碳排放量及实际 GDP 的平稳性进行的分析,可以得出中国能源消费量和二氧化碳排放量及实际 GDP 均为一阶单整序列的结论,从而可以对能源消费量、二氧化碳排放量及实际 GDP 建立误差修正模型的具体形式如下:

$$\ln C_t = \alpha_0 + \alpha_1 \ln E_t + \alpha_2 \ln E_{t-1} + \beta_1 \ln Y_t + \beta_2 \ln Y_{t-1} + \gamma_1 \ln C_{t-1} + \varepsilon_t \tag{4.51}$$

通过一定的变形可以得到恒等误差修正模型,具体模型如下:

$$\begin{aligned}\Delta \ln C_t &= \alpha_0 + \alpha_1 \Delta \ln E_t + (\alpha_1 + \alpha_2) \ln E_{t-1} + \beta_1 \Delta \ln Y_t + (\beta_1 + \beta_2) \ln Y_{t-1} + \\ &\quad (\gamma_1 - 1) \ln C_{t-1} + \varepsilon_t \\ &= \alpha_1 \Delta \ln E_t + \beta_1 \Delta \ln Y_t + (\gamma_1 - 1)\left(\ln C_{t-1} - \frac{\alpha_0}{1-\gamma_1} - \frac{\alpha_1 + \alpha_2}{1-\gamma_1}\ln E_{t-1} - \frac{\beta_1 + \beta_2}{1-\gamma_1}\ln Y_{t-1}\right) + \varepsilon_t \end{aligned} \tag{4.52}$$

从而

$$\Delta \ln C_t = \alpha_1 \Delta \ln E_t + \beta_1 \Delta \ln Y_t + \lambda \text{ecm} + \varepsilon_t \tag{4.53}$$

在式 (4.42) 中,$\text{ecm} = \ln C_{t-1} - \omega_0 - \omega_1 \ln E_{t-1} - \omega_2 \ln Y_{t-1}$,$\lambda = \gamma_1 - 1$,$\omega_0 = \frac{\alpha_0}{1-\gamma_1}$,$\omega_1 = \frac{\alpha_1 + \alpha_2}{1-\gamma_1}$,$\omega_2 = \frac{\beta_1 + \beta_2}{1-\gamma_1}$。

运用 Eviews 统计软件对模型 (4.43) 进行回归分析,得到标准化的误差修正模型回归分析结果:

$$\Delta \ln C_t = 1.07 \Delta \ln E_t - 0.055 \Delta \ln Y_t - 0.217 \text{ecm} \tag{4.54}$$

根据误差修正模型 (4.54) 可以发现,差分项可以反映出短期波动影响,具体来说,中国二氧化碳排放量的短期变化情况可以分为如下两个部分：一个部分是短期能源消费量及实际 GDP 波动的影响；另一个部分是偏离长期均衡所带来的影响。在短期内，相对于 GDP 的波动而言，能源消费总量的波动对二氧化碳排放量波动的影响程度更大；同时，鉴于误差修正项（ecm）的系数大小反映出对于偏离长期均衡的调整力度，因此从系数的估计值 0.217 来看，如果短期波动偏离长期均衡时，将以 0.217 的调整力度将非均衡状态拉回到均衡状态。

4.7 本章小结

1980—2011 年，中国能源消费结构以煤炭类燃料能源为主，能源消费结构没有得到显著改善。因此，大力优化能源消费结构，实现天然气、新能源等低碳排放能源替代煤炭类高碳排放能源，必将成为降低二氧化碳排放的重要途径。

第一，1980—2011 年这 32 年间，中国能源消费所产生的二氧化碳排放量呈现逐步上升的趋势。因此，降低煤炭在能源消费总量中所占的比重，提高能源消耗强度必将成为确保中国经济健康、高速发展的必要途径。同时，大力推广洁净煤技术，加大能源科技的研发力度，提倡节能与高效并重，积极开发新能源、清洁能源技术，推广可再生能源的开发和利用等途径可以在一定程度上降低中国能源消费所产生的二氧化碳排放量。

第二，1980—2011 年，中国二氧化碳排放量的减排主要依靠能源消耗强度的降低，同时能源消费结构调整对于二氧化碳排放量的影响较小。经济发展水平和人口规模对于二氧化碳排放的推动作用高于能源利用效率和能源消费结构对于二氧化碳排放量的抑制作用。因此，通过对中国实际能源消费数据、经济发展水平数据的分析研究可以看出，中国较高的二氧化碳排放水平不仅与中国能源消费结构有关，而且与中国社会经济发展水平有重要的关系，实现资源的优化配置、提高能源利用效率、大力提高能源科研水平，可以提高中国对于减缓全球气候变暖所作出的贡献程度。

第三，文中运用拓展的 IPAT 模型，实证研究人口规模、人口城镇化比率、居民人均消费水平、能源消费强度等因素对于二氧化碳排放总量的影响。通过实证研究分析结果可以看出人口规模成为二氧化碳排放量的重要影响因素。这充分说明二氧化碳排放量与人口数量的变化息息相关。作为发展中国家的中国，人口规模的扩大不仅对于二氧化碳排放量增加有重要的影响，同时对中国经济发展水平也会有重要的影响。就当前而言，虽然中国的人口政策为中国经济的高速发展提供了良好的社会经济环境，但是，鉴于中国的人口基数非常大，微小的人口增长率必然会产生人口总数的较大规模扩大。优化人口结构、控制人口规模可以为中国提供良好的社会经济环境，不仅可以为减缓全球气候变暖作出贡献，同时，还可以为中国保持可持续发展的社会环境提供重要的基础条件。

第四，通过本章的定量研究分析得出，中国人均二氧化碳排放量与人均实际 GDP 之间存在着"N"形的库兹涅茨曲线关系，这表明，中国二氧化碳排放符合 EKC 假说。伴随着人均实际 GDP 的不断增加，人均二氧化碳排放总量呈现不断增加的趋势，因此如何在保持经济发展的前提之下，实现二氧化碳排放量的显著减少，中国必须权衡经济发展水平与减少二氧化碳排放量之间的内在关系，采取有效、合理的环境政策，实现经济与环境的协调发展。

第五，通过 1980—2011 年的中国实际 GDP、就业人口数、能源消费总量、固定资本存量的时间序列数据，把能源、劳动和就业作为生产的投入要素引入新古典生产函数，运用协整理论分析这三种投入要素对经济增长的影响。实证研究结果表明：劳动和资本作为最核心的生产要素，对经济发展水平的影响是至关重要的；能源作为现代生产生活所必不可少的要素，其对经济发展水平的影响也是非常重要的，经济要保持长期稳定的增长必须以保障能源持续供应为前提。

第六，通过对 1980—2011 年中国二氧化碳排放量、能源消费总量和实际 GDP 的时间序列数据进行协整检验分析可以发现，它们之间具有长期均衡关系，相对于实际 GDP 而言，能源消费总量对于中国二氧化碳排放量的影响更为显著。通过建立误差修正模型可以发现，在短期内，相对于 GDP 的波动而言，能源消费总量的波动对二氧化碳排放量波动的影响更大；从

第4章 中国能源消费、二氧化碳排放与经济发展水平的经济学分析

误差修正项（ecm）的系数可以看出，当短期波动偏离长期均衡时，将以0.217的调整力度将非均衡状态拉回均衡状态。

综上所述，能源作为一种生产投入要素，与资本和劳动一样对经济增长有着重要的影响，经济的高增长意味着能源的高消耗，也就意味着二氧化碳的高排放。中国经济的高速增长带来了中国能源消费总量的增加，进而使得二氧化碳排放量的持续增加。与此同时，由于中国实行了有效的减排政策，并取得了一定的成效，即中国实际经济生产总值增加的同时二氧化碳排放量呈现降低的态势，因此，中国应该大力提高二氧化碳减排的力度，加大能源利用效率，实施有效的减排政策，使得中国经济实现可持续发展。

第5章 中国能源消费、二氧化碳排放与经济发展水平的政策性分析

当前,中国的经济增长方式已由粗放型经济增长方式向集约型经济增长方式转变。鉴于中国能源存量逐渐减少,能源消费对于经济增长的约束作用越来越强,如何降低经济增长对能源的依赖,如何降低能源消费对于环境的影响,如何保持集约型的经济增长,并且维持中国经济的高速发展,是研究的热点问题。

5.1 能源、环境与经济的协调发展

5.1.1 提高能源科技化水平,促进能源、环境与经济的协调发展

能源消费总量的增长是中国 GDP 增长的拉动力量。提高能源科技化水平,可以促进能源、环境与经济的协调发展。节能减排的关键之一就是科技创新。为了促进中国低碳经济的发展,需要制定科学的低碳经济发展路线,加强协同创新推进节能减排,加强宏观调控和顶层设计,大力发展循环经济,有序地、科学地推进低碳技术的开发研究,逐步加速低碳经济的产业化发展。

中国能源消费总量持续增长,煤炭类燃料能源消费量不断增加,电力类能源消费量的不断提高,需要不断提高能源领域科技化水平以推动大批新兴产业的发展,为改革传统产业提供良好的基础条件。能源领域的科技

第 5 章 中国能源消费、二氧化碳排放与经济发展水平的政策性分析

化发展是实现能源、环境与经济协调发展的重要基础,可以推动中国能源体系的健全发展。积极运用中国能源领域科技化的各种功能,提高能源的综合利用效率,有效地改善中国环境水平,优化能源消费与能源生产,促进中国能源、环境与经济之间的协调发展。

鉴于目前中国能源领域的科技化发展状态,中国应着力于提高不同能源使用的科技化水平,主要可以包括以下三个方面。

第一,大力推广国内外先进、清洁的能源技术。政府应该积极推广能源新技术,推进能源信息的传播范围,积极发挥能源企业所具有的主观能动性,努力引进高效率的能源技术,逐步提升企业自身的能源技术水平。

第二,大力发展日渐成熟的能源新技术。从较短时期来看,可再生能源技术的发展规模较为有限,其被认定为非能源技术,但是从较长时期来看,可再生能源技术会日渐成熟,而且该类能源技术在国际市场上也必将具有十分强大的竞争力。鉴于此类能源技术的大力发展与推进必然需要政府提供持续、积极、稳定的政策支持,因此应加大能源技术创新研究的开发力度,不断提高能源科学技术的自主创新能力,确保与国际高科技能源技术不断进行交流合作,促进中国能源技术早日实现高效、快速、稳定的发展。

第三,积极关注尚未开发的新能源技术,并且及时地将科研结果转化为生产力。对于此类能源技术,政府需要加强其技术研发,加强自主创新,并且对国外此类技术进行吸收引进,推进此类技术的技术研发,促进新能源技术科研成果早日转化为生产力。

积极促进节能设备的优化升级,大力推进节能技术的研发和推广,努力提高节能投资水平。只有在加强节能技术的研究和利用、促进节能技术的研发和推广、逐渐将节能技术的研究成果进行市场化推广的前提下,中国的节能技术水平才能得到有效的提高,从而促进能源利用水平的提高。政府应该充分发挥宏观调控的调节作用,大力发展政府政策的支持力度,不断提升节能技术的优化水平,努力提高节能技术的发展方向,积极促进节能技术的市场化发展,充分完善节能技术的社会服务体系。与此同时,政府应该积极调动企业对于节能技术研发的主观能动性,提供研发资金等

方面的支持，加大技术研发的力度，规范市场交易，推进能源企业的公平竞争。

5.1.2 优化和调整产业结构，促进能源、环境与经济的协调发展

实证研究结果表明，二氧化碳排放量的主要来源是工业部门的能源消耗，尤其是高污染、高耗能工业的能源消耗。积极调整产业结构，大力发展第三产业，加大对于产业结构的优化力度，均会对降低二氧化碳排放作出贡献。因此，在保证经济水平高速发展的前提之下，中国需要同时采取经济手段与行政手段，限制高碳排放行业的发展，大力发展低耗能、低排碳产业，优化工业产业结构，运用低碳技术使得高碳排放行业进行低碳化转化，同时，积极鼓励并且大力扶持和引导低碳产业的发展，加大第三产业在产业结构中所占的比重，大力发展节能环保产业、高新技术产业，扩大低碳产业的行业竞争力。

在加快工业化和城市化的同时，优化和调整产业结构，积极转变经济增长方式，积极限制或者减少高污染、高耗能产业的发展，积极推动高污染、高能耗产业的重组及技术改造，积极推进高新技术、低能耗、低排碳产业的发展，提升能源的利用效率，从而促进中国能源、环境与经济的协调发展。推进高排碳能源的低碳化、提升能源的利用效率，已经成为降低中国二氧化碳排放量的重要影响因素。加大低排碳能源产业的投资，推进低排碳能源的使用，积极发展高新技术、低能耗、低排碳产业，加大节能产业的发推广力度，推进能源利用率高的产业的快速发展，从而实现能源产业的健康发展。

政府需要积极发展高新技术产业，提升企业的技术能力，调整和优化产业结构，推动高耗能、高排碳行业的转化，支持低耗能、低排碳产业的发展，加大低耗能产业、高新技术产业、低排放产业的资金投入力度，努力发展信息技术信息产业、节能环保产业、新材料产业、高分子生物产业等新型产业，培育战略性新兴产业，以实现促进能源、环境和经济的协调发展的目的。

第5章 中国能源消费、二氧化碳排放与经济发展水平的政策性分析

三大产业结构的合理优化组合，可以促进中国经济向高效率、低耗能、低污染的方向良性发展，积极推进中国经济向第二产业、第三产业协同发展转化。与此同时，产业结构的合理优化组合可以降低投资，拉动经济发展，提升能源消费对于经济的拉动作用，尤其是第三产业积极的、良性的发展必然可以实现保证中国能源、环境与经济之间的协调及可持续的发展。

5.2 降低能源消耗强度，大力发展低碳技术创新，积极发展新能源，优化能源消费结构

若要实现能源、环境的可持续发展，就需要大力发展低碳技术创新。低碳技术的重点就是研究温室气体减排技术、节约能耗技术、能源消耗强度技术、可再生能源技术等新型技术。因此，中国需要大力发展新兴能源科技，加快能源技术升级改造，提高能源的利用水平，优化能源的消费结构，改进能源生产工艺，降低能源生产、能源运输、能源转换及能源消费等不同途径的损耗，达到技术节能的目的，完善节能服务体系，逐步建立可再生能源、清洁能源多元化发展的低碳发展体系，逐步构建有利于低碳技术发展的经济框架，有效地实现低碳技术的创新。

积极改善能源消费结构，推进能源消费结构的多元化发展。考虑中国的实际能源结构现状，应通过改善煤炭类燃料能源的生产和消费结构，降低温室气体的排放；开发煤炭类燃料能源的替代资源，降低煤炭、石油等化石类燃料能源的直接使用量；积极开发可再生能源及新型清洁能源包括水电、风电、太阳能、核能、潮汐能等，改变能源消费结构较为单一的形态，改善中国经济发展水平对于化石类燃料能源的依赖程度。因此，可以降低高排碳、高污染能源的消耗水平，开发利用可再生能源、新型煤电技术，加大替代性燃料技术的科研及利用，促进中国能源、环境与经济之间的协调发展。

积极借鉴发达国家的经验做法，通过将可再生能源替代化石能源、将

优势能源替代稀缺资源、将新能源替代传统能源的方法，推进清洁能源的开发和应用程度，不断提高新能源、清洁能源在能源消费结构中所占的比重。

积极发展新型能源，不断优化以煤炭为主的能源消费结构，加大新型能源技术的研发力度，积极推进可再生能源的开发研究，不断提高新型能源的科学技术水平，逐步降低可再生能源的生产成本，努力提高可再生能源的利用效率，推进能源的产业化发展，促进能源、环境与经济的协调发展。

针对于新能源的发展，可以采取以下措施：第一，加强能源技术的创新研究与开发，提高低排碳设备的效率性，着重研究太阳能交通工具、光伏电池、风力发电机等低排碳设备的研究与开发；第二，政府对于新能源技术的研发在金融或者税收方面予以大力支持，通过降低新能源的研发成本，引领企业积极进入新能源领域。

推动新能源的研究、开发和应用具有非常重要的战略意义。第一，开发新型能源可以积极面对原油危机给经济发展所带来的压力，解决原油的供需矛盾问题，保证经济水平实现可持续发展。第二，加大清洁能源的利用程度，缓解能源供需矛盾，优化能源消费结构，提高环境质量水平。第三，积极开发新型能源，积极推动工业化进程的前进，促进中国能源、环境、经济之间的协调发展。

5.3 大力发展循环经济，加强环境保护，转换经济发展方式，促进能源、环境与经济的协调发展

循环经济需要在社会生产过程中维持生态的平衡，减少资源消耗的水平，实现经济产业未来的可持续发展。中国一方面需要大力开发新型清洁能源，另一方面必须着手建立循环经济发展模式，提高能源综合利用效率，降低能源消耗强度，降低原材料的消耗程度，提高废弃资源的可利用效率，对废弃资源进行回收利用，并且对其进行无害化、资源化、减量化

第 5 章　中国能源消费、二氧化碳排放与经济发展水平的政策性分析

的处理。

由于传统的经济发展方式是以能源消耗、资源消耗为代价的经济发展方式，导致环境压力加大，资源存量减少，可持续发展难以实现。具体来说，政府应该从根源上整改高能耗、高污染、高排碳的工业企业，制订有效合理地污染物排放指标；同时，还应该大力推广提高清洁能源的使用及降低污染物排放对于经济社会的好处，在整个社会之中形成保护环境的重要理念，促进社会经济水平的可持续发展；并且，还需要制定相关政策、法律，用以确保环境保护政策的实施力度。因此，大力发展循环经济，优化资源利用方式，降低废弃物排放量，提高能源利用效率，在全社会范围内实现资源的优化配置及循环利用，对于中国的经济发展重要的现实和战略意义。

鉴于在经济生活中所使用的大部分能源都是不可再生能源，它们在为经济社会的发展提供必要条件的同时，也对经济社会造成了危害，不可避免地造成了环境污染。同时，不可再生性能源的枯竭必将威胁到人类的长远发展。

努力降低能源消耗，大力发展循环经济，提升能源利用效率，加强环境保护，降低能源消费所产生的温室气体排放问题，可以促进大力发展循环经济，积极转换经济发展方式，促进能源、环境与经济的协调发展。

第6章 能源-环境约束下的中国经济增长路径机制研究

基于前文的理论研究和实证分析结果，并结合中国当前发展的实际情况，重点提出能源-环境约束下的中国经济增长的政策研究，具体包括中国经济增长的路径研究和政策保障两部分。

6.1 能源-环境约束下的中国经济增长的路径

依据前文的研究结果，二氧化碳排放的约束之下，未来中国经济增长路径应主要考虑如下两个方面：一是经济结构性调整，包括能源结构的调整和产业结构的调整等，即将现有的资源进行优化配置，将各产业领域的单位生产总值所产生的二氧化碳排放降到较低的水平，从而实现中国经济的低碳化发展；二是经济效率的提升，包括通过各个产业生产技术水平和生产工艺水平的改造升级，拉动经济效率的提升，从而实现中国经济的内涵式增长。

6.1.1 产业结构调整

依据前文的研究结果，影响二氧化碳排放与经济发展水平的主要因素包括能源消费结构、产业结构、人力资本及城镇化因素。为了提高经济发展水平的增长速度，中国政府应当积极发展低能耗、高产出、低排放的产业结构。

第6章　能源-环境约束下的中国经济增长路径机制研究

(1) 加快调整产业结构

经济产业结构之中行业分布是一个国家或地区二氧化碳排放量及二氧化碳排放强度的决定性要素。为了实现中国经济的可持续发展，需要政府积极转变经济发展方式，推进产业内部结构优化，着重推进能源消耗低、二氧化碳排放量低、经济效益好的行业发展，限制管理能源消耗高、二氧化碳排放量高、经济效益差的行业发展，同时，还需要控制二氧化碳排放量高但是对经济发展水平的提高有较高促进作用的行业发展，积极协调经济发展水平与环境之间的可持续发展。

①积极推进农业现代化，稳定发展第一产业。

中国经济发展的基础性产业是农林牧渔业，其中农业是社会经济生产生活之中不可或缺的重要物质基础，第一产业是否得到稳定发展直接关系到经济社会之中每个人的直接利益，同时也直接关系到国家及区域的经济稳定。因此，政府需要采取切实有力的举措来保障农业在经济社会发展之中的基础性地位。具体举措如下：推进农业产业现代化，优化农业产业结构，推进农业生产的集约式发展，改善农业生产的粗放型发展，努力提高农业生产的精细化水平，积极开发农产品的自身价值，提高农产品的附加价值；同时，大力发展农业生态产业园区，加大优势农业的投资力度，优化农业产业布局，努力发展现代农业，形成环境友好、资源节约、产出高效的现代农业产业体系。

②积极推进工业现代化，调整第二产业发展方向。

自从改革开放以来，中国第二产业的发展在推动经济发展方面占比仍然较高。与此同时，经济发展水平的稳定提高也带来了非常严重的生态环境污染。由于第二产业所带来的二氧化碳排放量对中国二氧化碳排放总量的影响较大，那么，在以二氧化碳排放作为约束的前提之下，第二产业尤其是工业进行经济结构调整及现代化改革，才是中国经济实现可持续、稳定增长的必然选择。

依照现阶段中国经济发展的现状，应调整产业结构，优化资源配置，坚定存量与增量齐步走，积极推进工业现代化改革，发展能源消费量低、二氧化碳排放量低的优势工业，着手淘汰落后产能及能源消费量高、经济效率低的机械设备,加速传统产业结构转型升级,降低单位二氧化碳排放强度,提升工业技术现代化水平,提升能源使用效率。

中国是制造业大国,其中石油化工、煤炭、钢铁、电力、有色金属等传统高能源消费的行业是当前中国工业二氧化碳排放量居高不下的主要原因,因此,如何稳定控制能源消费量高的行业规模成为政府控制二氧化碳排放量的主要关注点。由于能源消费量高的行业所带来的二氧化碳排放增量较多,因此,针对中国能源消费量高的行业提出如下节能减排的经济发展路径。

针对石油化工行业来说,可以减少石油开采过程之中的能源消耗,淘汰高能耗的机械设备;提高石油炼制过程之中的热效率,减少过程消耗;加强能源系统的优化,提高能源系统的现代化水平,减少非生产过程之中的能源消费;提升现有石油化工行业的技术水平,提高石油化工行业的产品附加值。

针对煤炭行业来说,可以转变经济增长方式,优化煤炭行业的产业结构,加速煤炭企业的资源整合,从单一煤炭资源的开采向煤炭资源综合利用转型,着重煤炭这一重要资源的规模化、集约化发展。

针对钢铁行业来说,可以优化钢铁行业的产业布局,重点控制钢铁行业的产能增速,加速钢铁行业落后产能的淘汰进程;积极推进钢铁行业的联合重组,集约化管理炼钢、炼铁行业,推进钢铁行业的产能向沿海地区发展;同时,加速钢铁行业的产业结构调整,提高精品钢铁行业的产能,提升钢铁行业的产品质量,完善废钢、废铁等资源回收再利用体系的建设。

针对电力行业来说,可以积极发展热电联产,推进火电的结构调整力度,着力淘汰落后产能;优化电力行业结构,积极降低火电在整个电力行业之中所占比例,提升太阳能、风能、核能等清洁能源在电力行业之中所占比例;完善电力价格政策,建立健全电力政策法规,逐步形成适应电力现代化改革的管理体制。

针对有色金属行业来说,可以发展有色金属的精加工、深加工,完善有色金属行业的产业链,关注有色金属行业的产能进展,优化有色金属的产品结构；积极推进有色金属行业的技术创新，加速淘汰能源消费高、生产技术落后、污染物排放量大的有色金属生产技术和企业。

③大力推进服务业的现代化进程，加大第三产业所占比重。

目前中国的第三产业仍存在巨大的发展前景，第三产业具有能源消费低、二氧化碳排放量低、环境污染程度低的优势特点。在以二氧化碳排放为约束的前提条件下，大力发展第三产业已经成为当前中国经济稳定增长的正确途径。这也就是说，推进第三产业的发展力度，优化第三产业的产业结构，已经成为推动中国经济稳定增长及低碳经济发展的必然选择。

积极发展传统服务业的转型升级，大力提高物流行业的规模，扩大养老、健康、体育、法律、旅游等生活型服务业的行业规模及内涵，力图在经济发展新模式之中寻求到经济的新增长点；着力提高服务业水平，加大第三产业人才的培养力度，全面提升第三产业的从业人员素质，拓宽第三产业从业人员的就业范围，积极提高第三产业从业人员的自身水平。

④大力推进战略性新兴产业的发展进程，实现产业集聚发展。

在中国当前产业结构的发展基础之上，各个行业应当准确把握未来产业发展规划的制高点，在确保国家重大战略需求的前提之下，着力推进产业的新旧动能转换，积极发展能源消费量低、环境污染小、现代化水平高的战略性新兴产业。针对新技术、新材料、环保、节能、医药、生物、人工智能及高端制造业等多领域，各个行业应当在确保新技术的研发和推广的前提之下，加速转换新旧动能，确保绿色低碳化新经济体系的建立。

(2) 推进优化能源结构

目前中国的能源结构仍然是以煤炭为主的能源消费结构，为改善这一现状，就需要我们努力推进优化能源结构，积极推进能源结构的低碳化转型，将绿色、清洁能源作为调整能源结构的着力点，大力发展绿色、清洁能源，开发新型低碳能源，确保化石能源的清洁使用的同时积极扩大非化石能源的使用范围，逐步降低煤炭能源消费总量，降低煤炭能源的消费比重，确保能源消费强度及能源消费总量均得到合理调控。

①推动煤炭能源的高效、清洁使用。

大力发展城镇集中供热，合理增加电煤比例，坚持煤炭清洁化替代，施行煤炭清洁高效利用，推广使用清洁煤、优质煤，积极推进煤炭加工和优选，扩大煤改气及煤改电的实施范围，寻求运用天然气、电力、可再生能源等清洁能源对煤炭能源进行替代化使用。

②推动天然气基础设施的建设。

推进区域天然气输配管网建设，着力建设天然气储备库、城市调峰设施，提升天然气储备及调峰的能力。

③推动非化石能源的多领域运用。

积极推进太阳能这一清洁能源的多元化利用和大规模发展，加大风能的开发利用，增加生物质能的利用范围，安全、高效地发展核电资源，实现低碳、清洁能源的全方位供应。

(3) 推进新型城镇化建设

中国新型城镇化建设对中国经济的稳定增长起到至关重要的作用，同时，对中国经济社会的可持续发展同样起到非常重要的作用。目前，在二氧化碳排放的约束前提之下，建立新型城镇化过程中能源消耗量逐步降低成为经济社会可持续发展的关键点，这也是建设生态文明、转变经济增长方式、推进社会全面进步的必然要求和重要途径。

①强调以人为本，推进区域中心城市的建设。

通过分析区域城市的产业发展潜力、生态环境承载能力及人口增长趋势，梳理综合信息网络及交通运输网络，在确保区域城市规模得到扩大的前提之下，逐步推进信息、文化、科技、金融等服务行业及高科技行业的发展，逐步完善城市功能，逐步提升新型城镇化水平，推进区域中心城市的建设，提高区域中心城市的质量及发展水平，实现城市群的集约化发展。

②强调协同发展，推进城乡融合发展。

通过分析中国各区域的具体情况，因地制宜，协同发展，注重中小城市的建设，实现集聚发展和规模化发展，充分运用现有资源，实现新型城镇化体系的科学布局与发展；同时，逐步推进特色小镇的升级改造，引导技术、资金、项目，建设特色城镇。同时，建设特色产业集群及工业现代化园区，提高特色城镇的人口吸纳能力。

③强调管理创新，推动美丽中国建设。

在新型城镇化建设方面，美丽中国建设应当充分发挥各区域的地理优势及文化优势，依托现有历史资源，科学定位各区域城镇化规划，确保现代与传统相结合，同时，着手数字化城市管理系统的建立与发展，逐步推进美丽中国建设。

④提高固定资产投资水平。

通过分析现阶段中国的经济发展水平可以发现，固定资产投资对中国总体经济发展水平的影响程度较大。由于能源环境的发展态势与固定资产投资水平息息相关，所以科学规划二氧化碳减排与固定资产投资水平，确保环境保护与经济发展协同增长，是中国低碳经济发展的关键环节。固定资产投资水平提高可以借由以下三个方面得以实现。第一，降低能源消耗量高产业的固定资产投资比例，改善固定资产投资结构，提高技术改进型投资及研发型投资的固定资产投资比例，增强固定资产投资的能源消耗效率。第二，积极推进产业结构升级，淘汰落后产能，努力调整固定资产投资方向，逐步形成能源效率高、能源消耗低、绿色、节能的投资发展方向。第三，在确保低碳经济发展的前提之下，施行碳税及相应的财政补贴政策，确保能源产业得到长足的发展。通过科学合理地优化固定资产投资，在中国各个行业之间实现良性互动和协调发展，从而实现可持续发展。

⑤提高人力资本水平。

通过分析现阶段中国经济发展过程中的人力资本水平，为确保中国经济增长向内涵式增长和创新性增长转变，亟须提升中国现阶段的人力资本水平。人力资本水平提高可以借由以下三个方面实现。第一，重点关注教育在人力资本水平提高之中起到的基础性作用，推进节能减排和绿色发展在引导个人生产、生活方式转变过程中发挥的基础性作用。第二，鼓励高等教育，提高职业教育的投入力度，提升中学入学率，培养专业技术人才，加大对专业人才的投资力度，完善人员流动市场服务体系，拓宽人力资本流动范围。第三，合理引导人力资本在环境友好方面的应用，充分发挥其对于二氧化碳排放减少起到的积极作用，努力引导此类人才向能源、环境的研究领域合理流动。通过中国人力资本水平的不断改善，逐渐实现由依托物质资本向依托人力资本、依托现代化技术转变，进而使人力资本在二氧化碳减排与经济增长之中起到积极的推进作用。

6.1.2 推进科技创新

现阶段，中国经济发展水平的提高仍然对能源与资源存在较高的依存度。虽然中国经济增长方式在不断转变的过程中，但是仍然有资源利用率低、技术工艺水平低的行业和企业影响着中国经济发展水平的稳步增长。科技创新对降低能源消费、减少二氧化碳排放、提高经济发展水平起到至关重要的作用。低碳经济是中国经济可持续发展的客观要求，这就要求将科技创新提到经济发展的基础性要求这一重要位置。科技创新不仅包括产业变革和科技革命所带来的新技术，还包括由其所孕育出来的新兴产业，这都为中国经济发展提供了新动能。近些年来，中国经济的低碳化转型过程说明，要通过推进科技创新，实现重大、关键领域的研究突破，推进传统产业、行业的优化转型升级，引领中国低碳经济的稳定增长。在科技创新方面，本书提出如下六个发展方向。

第一，加大节能降碳技术的研发力度。确保节能降碳技术的研发经费，提升节能降碳技术的研发投入水平，科学合理地统筹财政科研经费，拉动投资需求，推进经济增长的低碳化转型。

第二，推动节能降碳技术的引入吸收。合理定位中国节能降碳技术的研发现状，积极打破国外技术壁垒，加大应用范围广、适应能力强的节能降碳技术的引入力度，同时，加强与所引入节能降碳技术相对应的配套成果引进，努力实现相关技术攻关，切实提高节能降碳技术与经济发展相结合的综合水平。

第三，加速节能降碳技术的成果转化。将节能降碳技术的成果转化与推广按照科技成果逐步向应用转化的路径发展，延伸和拓展科技创新的转化步骤，完善推进产、学、研一体化的机制建设，解决科技创新成果与其在转化过程之中的关键问题，构建节能降碳科技创新评价机制，关注实际问题，推进支持节能降碳技术的推广与应用，扩大节能降碳技术的使用范围。

第四，强化科技人才的培养与引入。这不仅包括培育现有科技人才，还应包括通过与高等院校、研发团队多维度的研发合作，引进人才、技术等来服务地方经济发展。科技人才的技术推广与企业运维相结合，推进科研、运维、收益的一体化发展，推进科学技术与实际价值的和谐统一。

第五，健全完善知识产权的保护制度。建立保护知识产权的环境意识，积极宣传节能降碳技术的产权知识工作，健全保护知识产权方面的政策法规，确保节能降碳的新科学技术成果及其附加价值能够通过法律体系得到保障。

第六，推动制度创新与科技创新的有机结合。制度创新是科技创新的保障基础，若要确保节能降碳工作的持续推进首先就需要进行制度创新，建立相关的政策、制度来推动相关企业不断地进行节能降碳技术的创新与研发，从而提升企业对于节能降碳技术的推广愿景，进而形成相关的产业基础。

中国低碳经济的发展亟需通过节能降碳技术的创新推进，同时，还要依据二氧化碳减排约束之下经济发展的现状来选择适配的节能降碳技术。通过协调发展低碳经济与科技创新，促使二者协同发展，实现中国经济绿色、可持续发展。

6.2 能源-环境约束下的中国经济增长的政策保障

如何在能源消费、二氧化碳减排的双重约束之下，实现中国经济的绿色、高效、可持续发展，需要一系列相关的政策作为保障措施。

6.2.1 实行目标激励管理

在能源消费总量、能源消费强度及二氧化碳排放强度这些约束条件之下，经济发展过程之中的目标激励机制应当着重管理。中国经济发展水平的低碳化进程的首要工作就是提高单位二氧化碳量的生产力强度，管控二氧化碳排放水平。在确保中国经济稳定增长的前提下，持续降低单位GDP的二氧化碳排放强度。这就是说，在较短时期之内合理控制二氧化碳排放水平，应当使中国经济发展水平的增长幅度维持在最优路径水平附近；在较长的时间范围来看，通过科学技术水平的进步及技术效率的提升，尽早摆脱二氧化碳减排目标约束所带来的制约区域经济发展水平提高的影响，确保区域经济发展水平的提高可以在传统经济增长的最优路径之上。总体上来说，在保障经济发展水平稳定增长的前提之下，以降低二氧化碳排放量作为约束条件，推进中国经济的绿色发展，实现能源高效使用，实现集约化、内涵式的经济发展水平。基于中国经济的不同发展阶段，确定不同阶段能源消费增量的控制目标、二氧化碳排放强度的控制目标、经济发展水平提高的预期目标，施行目标责任制，确立指导、监督及相应的目标考核激励机制。

6.2.2 优化低碳化经济环境

着力优化低碳化经营，将经济环境的低碳化发展摆在重要的位置，营造一个公正、公平、透明、有序且有规则的经济环境，从而推动低碳化经济的发展。

经济环境不仅包括政治因素、经济因素、社会因素及法律因素等方方面面，还是涵盖社会变革及对外开放的一项综合系统工程。一个国家或者地区的经济环境的好坏直接影响该地区招商引资的规模，还会对该地区企业的经营产生重要的影响，最终对该地区的经济发展水平产生重要的影响。一个好的经济运行环境不仅可以体现出一国或者地区的经济软实力，还可以体现出一国或者地区的综合竞争力水平。

在优化低碳化经济环境时，政府应当考虑多方面因素，包括政策环境、政务环境、法治环境、融资环境、投资环境、舆论环境、服务环境、市场环境等。在政策环境方面，要着力将财政税收的优惠政策落到实处，施行明确的奖惩制度，要具有公信力，奖惩制度确保可以明确地执行，真正地将低碳化经济环境落实下去。在政务环境方面，首要的就是具有服务精神，提倡"放、管、服"，做好"先前一公里"和"最后一公里"这两个重要的部分，做到服务到家，同时还应减少行政审批环节，提高办事效率，优化办事流程，减少审批流程。在法治环境方面，应当加强法治建设,严厉打击破坏经济低碳化发展的行为,努力为企业提供全方位的法律服务;同时,规范整个市场的经济秩序,严厉打击破坏社会经济秩序的行为,保护经济社会之中市场主体的正当、合法权益。融资环境方面,应倡导多渠道、多层次、多元化地为经济低碳化发展提供融资环境,畅通融资渠道,降低融资成本,拓展融资方式。在舆论环境方面,应当积极宣传低碳化经济建设,运用多种方式加大对节能减排、绿色循环经济等低碳化经济环境的宣传力度,营造出节能降碳的良好社会氛围,引导企业摆脱轻回收、轻环保、轻社会效益的错误理念,向清洁、集约化、科学、和谐、可持续发展的道路转变,提倡全社会都参与到低碳化经济建设之中来,通过多渠道宣传来提高社会大众的环境保护意识、低碳化意识,促使每个公民都可以自觉地参与到低碳化大行动之中来。在服务环境方面,应当创造更为规范化的服务环境,为企业的生产经营提供便捷的大环境,优化医疗、保险、教育等服务体系。在市场环境方面,应当提倡低碳生产、生活的观念,具有规则意识,提倡契约精神。

6.2.3 低碳化试点建设

低碳化试点建设这一工作不仅是中国经济的低碳化示范引领工作之中的重要一环,同时,还对全国各地区的低碳城市、低碳社区的建设均有拉动作用。中国幅员辽阔,各地区的经济发展水平及自身的资源禀赋均存在较大的差异,各地区经济发展的低碳化进程也同样存在较大的差异。这就是说,我们应当首先在经济发展水平较高、经济基础较好、有相当规模的财政支撑的区域建设这样一批低碳化试点地区,做好先行工作,率先建立低碳化产业园区、低碳化社区,提供适当的财政、税收支持,拉动该区域的低碳化发展。

第一,着重推进经济低碳化发展示范区建设,逐步形成经济效益高、社会效益高、生态效益高及低消耗、低排放、低污染的低碳化产业发展体系,大力推进战略性新兴产业的发展进程,建立涵盖生产、流通及消费的绿色、低碳化的循环经济体系。

第二,着重推进经济低碳增长点的典型示范作用,逐步建立市场竞争力强、产业链完备、产业结构优化、服务体系完备、特点鲜明的低碳化产业集群,打造环境与经济双赢的发展模式。

第三,着重推进区域示范点的经济发展水平与资源禀赋相结合向前发展的特色发展模式,积极建立适应本地区低碳化经济发展的经济体制与机制,建设全社会经济与环境和谐发展的新局面。

第四,着重推进与国内外科研院校的通力合作,通过共享人才与成果的多渠道合作,拓展合作角度,提升我国现有的低碳化水平,推进经济社会的低碳化发展。

第五,着重构建目标激励考核机制,建立完善针对低碳化的目标绩效体系,针对低碳化重点示范区采取具有针对性的目标考核体系,允许低碳化示范区设立以实现绿色、低碳化的经济发展作为考核目标的激励和考核机制,随后逐步向社会进行推广普及。

6.3 推动经济产业结构调整,降低中国二氧化碳排放量的机制与路径

经济产业结构调整不仅要考虑到产业结构合理化问题,还要考量到提高产业结构的总体质量,预期对中国总体的二氧化碳减排起到积极拉动作用。经济产业结构的合理化反映的是产业结构之中数量上的变化,经济产业结构的高质化反映的是产业结构之中质量上的变化。虽然中国二氧化碳排放量是受这两个方面的共同影响,但是由于这两个方面对二氧化碳排放所产生的影响是不同角度的,因此这两个方面对二氧化碳减排所产生的效应存在较大的差别。从较长的时间阶段来看,无论是经济产业结构的合理化,还是经济产业结构的高质化,都会降低中国二氧化碳排放量。

6.3.1 提高经济产业结构的合理化调整进程,积极发挥二氧化碳的减排效应

中国经济产业结构的合理化调整已经开始对二氧化碳的减排起到了促

进作用。同时，经济产业结构的合理化调整也对中国各省区市的二氧化碳排放起到了持续的影响。由于中国经济的产业结构调整已经日趋合理，三大产业协同发展的经济产业结构也日益完善，但与发达国家相比，中国的经济产业架构仍处于初级阶段，所以若要通过经济产业结构调整红利来对二氧化碳减排起到拉动作用，就应当提高经济产业结构的合理化进程发展速度，促进经济产业结构的合理化进程由初级阶段加速向中级或者高级阶段迈进，优化现有要素资源在各个经济产业之间配置的合理性。这就要求各地区依托自身现有的资源因素、经济因素等来选择更适应本地区经济产业结构的合理化进程的发展方向和发展速度。

具体来说包括如下三个方面。

首先，中国东部地区的经济产业结构从其三次产业比例的关系来看，显然已经遥遥领先中国其他各个区域，总体的经济产业结构是合理的，但是具体细化到每个经济产业的内部结构来看，仍然存在一定程度的不合理性。中国东部区域的经济产业结构调整合理化进程主要是经济产业结构的内部调整，提高经济产业结构的调整速度，重点发展高精尖产业，充分发挥经济产业结构的合理化调整所带来的二氧化碳减排效应。

其次，中国西部地区的经济产业结构从其三次产业比例的关系来看，其地区经济发展水平不高，地区经济基础薄弱。由于这部分地区的第二产业和第三产业起步发展较晚，使得其经济产业结构调整的合理化进程关注重点仍然是其三次产业在整体经济发展水平之中所占的比例。在其经济产业结构的调整过程之中，不仅需要关注各个产业的自身经济发展水平，还要兼顾各个产业内部的结构调整，在关注经济发展速度的同时，还要着重关注环境污染与节能减排问题对整个经济社会所产生的影响，尽量稳定或降低由经济发展水平提高所带来的二氧化碳排放增加幅度。

最后，中国中部地区的经济产业结构仍然是第二产业所占比重最高，第三产业的发展后劲不足，总体来说，这部分地区的经济产业结构合理化调整仍然是大力发展第三产业，积极推进第二产业的结构调整，减少二氧化碳减排的政策效应，着力发挥经济产业结构合理化调整所带来的二氧化碳减排效应，实现整体经济的可持续增长。

6.3.2 推动经济产业结构的提质化调整进程，积极发挥二氧化碳的减排效应

从中国的整体经济产业结构情况来看，经济产业结构的提质化进程并未降低二氧化碳排放总量，反而增加了二氧化碳排放总量。梳理其原因，主要是中国整体经济产业结构之中高端行业的占比仍然较低，虽然目前中国第三产业发展迅猛，第二产业也在积极地进行产业结构改革，但是，所有经济产业结构之中高端行业所占比重仍然较低，因此，应积极发展现代服务业及高新技术产业，积极向前推进经济产业的提质化进程，将经济产业结构向高端产业逐步转化，发挥经济产业高质化所带来的二氧化碳减排效应。

具体来说包括如下三个方面。

第一，推动第二产业的高质化转变，积极调整第二产业的内部结构。

中国第二产业生产总值在 GNP 之中占有非常重要的位置，第二产业的高质化转变应将第二产业的产业结构向知识型、集约型、精加工转变，积极对第二产业的内部结构进行优化，依托"中国制造2025"这一重要战略导向，积极推进制造业与信息化、智能化、"互联网+"等的深度融合，推进制造业的高端化发展，将第二产业的结构转型向低碳化发展推进，从而实现经济、社会与环境的可持续发展，实现"绿水青山就是金山银山"。

第二，推动第三产业的高质化转变，积极发展现代服务业水平。

现阶段，中国政府已经开始积极着手经济产业结构改革，第三产业的经济发展已经展现出良好的发展势头，各级政府也针对国务院、党中央提出的经济产业改革政策提出了适应自身资源禀赋及经济大环境的相关政策，第三产业的经济发展水平在整体经济发展水平之中所占的比重正在日益提高。中国目前的第三产业仍然是以服务业为主，由于其存在显著的能源消耗量高的特征，要求我们积极对第三产业进行内部结构调整，积极推动服务业的现代化转型，使服务业与信息化能够有机地结合。只有大力推进服务业的现代化转变，才能使现代化服务业更具竞争力，使新技术、新架构、新形态在服务业现代化转型过程之中得到充分的体现，使得能源消

费量、二氧化碳排放量都能得到有效降低，充分发挥调整经济产业结构所带来的节能减排成果，实现经济增长与二氧化碳排放减少的双赢局面。

第三，推动第二产业与第三产业的有机融合，积极推进综合型发展的经济结构。

现阶段，中国政府在对经济产业结构进行优化升级的同时，还应当对第二产业与第三产业进行有机的融合，其中对第二产业之中的制造业与第三产业之中的服务业来说，二者的有机融合将极大地助推经济产业结构向经济发展水平的高质量提高方向发展。在国务院颁布的政府规划案中提到，建立具有国际观的现代化生产型服务业的标准体系，积极推进生产型服务业向现代化服务业、专业化服务业转型，提升服务业自身的价值水平，提升服务业的国际化水平。这就要求，政府在制定经济发展方案时，将传统制造业与服务业进行有机融合，改造现有制造业的生产过程，将生产制造过程之中的前期研发、前期设计、前期融资、中期管理、中期规划、中期销售、后期售后及信息搜集等全流程进行梳理，同时将服务过程之中的金融服务业、信息服务、生产服务、商务服务、人员管理、物流仓储、快递业务等支持生产制造的各类服务也进行梳理，再将二者进行深度融合，全面改造现有制造业的行业进程，将制造企业由单一提供产品向提供产品附加值进行转变，推动传统制造业与现代化服务业协调发展，将单纯销售产品转化成为生产、销售、售后服务等一体化的体系化服务型进程。

6.3.3 构建区域产业结构的空间发展模式，实现产业进步与节能减排双赢的局面

鉴于中国的区域产业结构存在空间效应，相邻区域的产业结构调整与二氧化碳减排都会对相邻区域的经济发展产生一定的空间溢出效应，因此，我们应该构建区域产业结构的空间发展模式，充分利用相邻区域的空间传导作用，努力促进区域经济的协调发展，积极推进区域之间的经济产业协调发展，减少区域之间污染物排放所带来的产业转移，同时促进区域之间二氧化碳排放及其他污染物的综合治理工作，实现区域之间经济产业发展与节能减排双赢的发展格局。

第一，积极构建可持续发展的区域间经济产业协同发展的新格局。

从很长一段时间来看，中国经济发展若要实现可持续性的增长，就需要从全局角度来有针对性地制定各个区域的经济发展战略，推进各个区域之间的经济协同发展。在寻求经济高质量发展目标的前提之下，中国各个区域经济若想实现公共发展，就必须充分发挥各个区域自身的特色，充分结合各个区域自身的经济发展水平、资源禀赋、城镇化水平等，构建可持续发展的区域间经济产业协同发展的新格局，在各个区域之间积极合作，施行区域经济政策与产业政策的协调发展，实现区域经济产业协同发展的可持续性，极大地拓展经济产业结构调整所带来的空间溢出反应，从而共同降低区域内各个省区市的二氧化碳排放水平。

但是，相邻区域之间经济产业结构与经济建设方向本来就存在趋同与相似的问题，这显然对有限的资源造成了极大的浪费。这表明，各级地方政府应当积极考量各个区域的经济发展水平、城镇化水平、资源禀赋、人力资本水平等条件，积极扩大优势企业的生产规模、经济效益、科技水平等，形成具有关联性的主导型产业，构建经济产业集群，推进优势产业加速向前发展，同时大力提高区域内各个优势产业的经济竞争力，发展与其相适应的辅助型产业，运用相邻的区域之间存在的空间溢出反应来调整经济产业的分工模式，推动区域之内在节能减排背景之下实现经济产业结构的转型与升级，实现区域之内经济产业结构调整的高质化发展，进而促进中国节能减排成果的向前推进。

第二，积极构建可持续发展的区域间经济发展与节能减排协同发展的新框架。

从很长一段时间来看，中国经济发展所带来的二氧化碳排放都具有其独特的空间特征，这表明，各区域政府部门在制定自身的二氧化碳减排政策与相关的环境、经济指标的同时，应当充分考量到二氧化碳排放所带来的空间溢出特征，构建可持续发展的区域间经济发展与节能减排协同发展的新框架。区域之间经济的协调发展是新时代、新思想的重要战略思想之一，必将为区域之间协同合作共同进行二氧化碳减排这一重要工作提供指导性作用。对于如何构建可持续发展的区域间经济发展与节能减排协同发展的新框架，本书提出如下可行性分析：第一，中国各个区域之间应当积极构建可持续发展的节能减排协调运行的新框架；第二，依托中国各个区域之间不同省区市之间的经济发展水平、经济产业结构、二氧化碳排放量、节能减排潜力，来制定不同区域之间的区域二氧化碳排放量的减少目标，划分归属责任，将节能减排的目标作为重要的约束条件，涵盖在该区域的经济发展规划之中；第三，构建可持续发展的区域间二氧化碳减排的目标监督与动态调整运行机制，从而提高区域之间二氧化碳减排的动态调整速度，促进其早日实现节能减排的目标；第四，构建可持续发展的区域间二氧化碳减排的差异化方针，不一概而论，通过制定具有差异化的节能减排策略来拉动各级政府对于高碳排放地区二氧化碳减排目标的施行动力，从而推动区域间经济的低碳化发展，促进二氧化碳排放的区域间协同治理；第五，积极推进区域间二氧化碳减排技术的交流与合作，依托各个区域间自身的资源禀赋，实现区域间节能减碳技术的优势互补。

与此同时，政府在调整经济产业结构的过程之中，还应当着力改变能源消费方式，大力开发与利用清洁能源，加大清洁能源在能源消费总量之中所占比重，提高能源利用效率，将经济发展水平的提高与减少二氧化碳排放二者结合起来，提高经济发展水平的增长效率，减少该国或者该地区的二氧化碳排放量，同时通过能源使用效率、能源消费结构、二氧化碳排放与经济发展水平的空间协作发展，共同实现二氧化碳减排的目标。

6.3.4 积极调整产业结构，调整经济发展水平的增长方式

调整经济发展水平的增长方式，对中国的产业结构进行调整，这就要求：第一，建立科学、系统的经济增长思维，摒弃传统思想带来的不良增长方式，包括传统思想之中的注重经济发展指标而忽视社会发展方向、注重产业投入规模而忽视产业成本核算、注重经济产值而忽视经济效率等传统思维方式，提出运用科学发展、和谐发展的指导思想来转变现在的经济增长范式，提出在全社会的经济运行过程之中注重"以人为本"的发展思想，注重经济效益、经济质量、经济结构、经济发展速度和谐统一的发展观念，实现协调发展、均衡发展的发展理念；第二，创新经济管理的机制

体制，为调整后的经济增长模式提供政策和制度保障，包括调整现有的国民经济核算体系，使之成为更科学、更有效的国民经济核算体系，不仅要核算国民经济产值，还要核算国民经济运行之中的线性成本与隐形成本；同时，充分发挥市场经济的资源配置属性，发挥其显著的基础性作用，推动生产要素的市场化进程，完善现有生产要素市场，运用市场对稀缺资源的反映程度，来确定其价格；还包括完善现有财政、税收的体制和政策，使其向低碳化发展方式转变，大力推进节能、环保产品的开发和利用，调整税收政策，使生产经营的各个环节减少不必要的资源浪费；第三，积极推进科技创新与技术进步，通过研究发达国家的经济增长方式转变可以得到如下结论——科技进步是实现经济可持续增长及转变经济增长方式的根本方法。技术进步可以使现有的能源、人力、资金等有限的资源被合理利用，避免浪费，转变现有的高投入、低产出的经济增长方式为高产出、低投入的经济增长方式。

6.3.5 积极调整政府职能，促进节能减排，实现经济增长的低碳化发展

构建环境友好、资源节约的消费方式与生产方式，并实现经济与环境的可持续发展，是摆在中国政府面前亟待解决的重点问题。从环境经济学的研究角度出发，经济发展水平的提高可以通过结构效应、技术效应及规模效应来对推动节能减排工作的施行。为了尽量减少二氧化碳排放量的快速增加，节能减排这一重要约束条件就摆在了我们面前。为了实现在能源-环境双重约束之下的经济高速增长，节能减排必然成为影响经济运行的关键点，依靠节能减排的相关指标来约束各级政府部门对于 GDP 这一关键指标的过度关注，将关注的重点更加集中到经济可持续发展这一层面。对二氧化碳排放量较高的地区来说，通过提高资源利用效率，提高节能减排的政策力度，推广新技术、新方法，加速产业布局的优化和产业结构的调整，积极推进现代服务业与战略性新兴产业的发展向前推进。

6.4 能源-环境约束下中国环境管制与经济增长协调发展的路径机制研究

现阶段，中国要把握现在经济社会发展的阶段，应对摆在我们面前的碳排放与碳达峰目标，提升经济发展水平，推进经济与环境的和谐共生，逐渐形成环境友好的低碳化经济社会发展模式。这里，提出如下建议。

6.4.1 运用多种环境管制政策相结合的方式，实现能源、环境、经济的协调发展

环境管制政策需要运用多种环境管制工具来实现。伴随着中国改革开放进程不断向前推进，城镇化和工业化进程也在不断向前推进，结合中国环境管制体制的自身特点，由此产生了运用多种行政手段与环境管制政策相结合的显著特征，这是具有中国特色的特殊优势。具有中国特色的环境管制政策已经产生了显著效果。因此，在制定中国环境管制政策的时候，应当综合运用多种管制政策相结合的方式，积极运用管制政策的市场调节特征和自我约束特征来对整个市场进行调控。通过经济激励的形式来推动环境政策的施行是目前中国环境管制政策的市场调节作用。那若想发挥中国环境管制政策的市场调节作用，推进构建和完善中国环境管制政策机制，各级政府应当努力发挥市场要素在资源的配置过程之中起到的关键作用，充分了解市场对环境管制产生影响的运行机制，据此来主导资源、环境的配置过程。同时，明确资源-环境的权责制度，促进资源-环境的权责制度改革，努力提升民营经济在资源-环境市场之中所占比重。

6.4.2 制定减少二氧化碳排放的环境管制政策，实现能源、环境、经济的协调发展

针对政府制定的碳达峰及碳中和的二氧化碳减排目标，各级地方政府

应当充分发挥政府对于各地环境的监管与约束机制，调整以 GDP 作为经济增长目标的经济发展方式，合理建立经济发展目标，协调二氧化碳排放量高的产业与二氧化碳排放量低的产业之间的协调发展，从而将控制二氧化碳排放水平、环境管制与经济发展水平协调发展作为当前发展的关键。同时，各级政府应当在逐步调整当前经济产业布局的前提之下，体察市场的经济规律，加大力度推进二氧化碳排放量较低的经济产业的发展，通过提高相关产业的科学技术水平来推动二氧化碳排放量的减少。与此同时，鉴于中国的东、西部地区经济发展与二氧化碳排放存在其独特性，为了尽力减少二氧化碳排放量高的企业从我国的东部地区向西部地区转移，西部地区可以逐步建设更为健全的营商环境，提供更为健全的基础设施规模，提高西部地区对二氧化碳排放规模较小产业的吸引力，提升二氧化碳排放规模较大产业向西部地区迁移的难度，减弱产业转移所带来的二氧化碳排放规模的转移。

针对如何分配碳排放权这一问题，本书认为应当实施碳排放权拍卖的碳排放交易机制。目前，中国各级政府是依据各省区市的二氧化碳的历史排放量来确定碳交易的试点城市，以此作为依据来分配碳各省区市的碳交易权。这种分配方式可以降低高二氧化碳排放量产业的生产成本，在一定程度上推动高二氧化碳排放量产业的产出增加值。另外，低二氧化碳排放量产业在碳交易权之中的可交易部分比重较低，低二氧化碳排放量产业产值增加的同时，需要支付更多的二氧化碳排放成本。这种碳排放权的分配方式，抑制了产业布局优化过程之中碳交易机制所起到的作用。通过碳交易权的分配方式，可以将二氧化碳排放企业将排污费纳入企业成本的核算之中，抑制二氧化碳排放企业对于碳排放的意愿，从而刺激企业积极进行新技术的研发与应用。

6.4.3 强调环境管制政策的重点指向性，实现能源、环境、经济的可持续发展

各个行业应当针对行业自身特点，运用市场来调节各个行业的生产性行为，提高企业自身的创新意愿，在稳定全要素生产率的前提之下完成节

能降碳的工作目标。例如，石油行业、化工行业、核燃料行业、金属制品行业、煤炭行业、燃气行业等多个行业均具有非常大的节能减碳的工作空间。这表明，如果政府积极推进环境管制的政策，就会在很大程度上推进企业进行自主创新的发展，这样可以从生产的源头来减少环境污染给经济增长带来的影响。随着环境管制政策的深入实施，工业生产部门所排放的二氧化碳量会逐步降低，虽然在一定程度上影响了经济发展水平的增长，但是经济发展水平增长的放缓程度仍然高于二氧化碳排放量的减少程度，碳生产率就会呈现缓慢上升的态势。而后，随着环境管制政策实施力度的加大，环境管制所带来的"波特效应"会逐步加大自主创新的力度，在经济发展水平增加的同时实现节能降碳。

6.4.4 注重碳排放密集型产业的区域性特征，实现能源、环境、经济的可持续发展

考虑到中国经济的产业分布状况存在区域性特征，沿海地区、东部地区、中部地区、西部地区等各个地区的碳排放密集型产业发展现状也不尽相同。东部地区，包括部分中部地区、沿海地区的碳排放密集型产业分布较为集中，这些区域的二氧化碳排放总量占中国二氧化碳排放总量的一半以上。若要推进中国碳排放密集型产业早日实现节能减排，那么需要加快东部地区和沿海地区的碳排放密集型产业改进现有生产技术，提高碳减排的效率，实现产业转型升级与节能减排相结合。现阶段，中国部分东部地区、沿海地区的碳排放密集型产业已经开始向中部地区、西部地区转移，因此积极推进中部地区和西部地区节能减排工作的开展也是非常重要的，在制定相关政策时，应当充分发挥地方各级政府对经济发展水平的影响作用，加大绿色工程的宣传力度，促进各个产业将节能减排变为企业的自主需求。同时，积极调整区域产业的发展结构，推进高新技术产业的快速发展，加大对企业自主创新的帮扶力度，促进企业提高能源利用效率，提高企业生产过程之中清洁能源的使用比例。还应积极发挥市场的激励机制对于节能减碳工作所产生的影响，协调各地方政府进行通力合作，推进中国的碳排放密集型产业实现能源、环境、经济的可持续发展。

6.4.5 实施管制政策推进碳排放密集型产业的发展，实现能源、环境、经济的可持续发展

环境管制政策是政府对经济管理的一种重要手段，其对于碳排放密集型产业的关注度正在逐渐提高。环境管制政策的实施促进那些能源消耗量较高的产业进行趋势性迁移。在以经济发展水平作为调控指标的前提下，环境管制政策的合理合规，对资源配置与污染物排放造成了非常显著的影响。政府需要完善绩效考核体系，避免对于经济发展水平的过度关注和对环境污染水平的无视，确保环境管制政策的执行在政府绩效考核之中的比重。通过加大财政、税收政策的支持力度来扶持能源消耗量高的各个行业积极进行自主科技创新，增强企业进行自主科技创新的信心与决心。同时，在招商引资的过程中，还需要充分考虑环境管制政策之中关键的考核标准和环境问责机制，实现经济与环境友好协调发展。

6.5 碳中和、碳达峰的背景之下中国能源产业转型升级路径分析

碳中和、碳达峰这一重要工作目标于2021年正式被写入政府工作报告之中。这一重要工作目标的提出为中国能源产业的高质量发展提供了明确的工作方向及指导方针。中国能源产业的转型升级和高速发展为中国早日实现碳中和、碳达峰的工作目标打下了坚实的工作基础。基于中国能源产业的发展现状，梳理中国能源产业所面临的困境和发展机遇，从而提出适应当前发展现状的中国能源产业转型升级发展路径。

6.5.1 碳中和、碳达峰的背景之下中国能源产业所面临的现实困境

第一，降低二氧化碳排放的工作任务较重。

碳中和、碳达峰这一工作目标，对中国而言是一项非常艰巨的工作。

欧美等发达国家和地区从高污染高排放到实现碳中和、碳达峰的目标也都经历数十年的时间，中国留给自己实现碳中和、碳达峰的工作目标的时间只有短短三十年。再结合当前中国能源消费结构的现实情况来看，传统的高投入、高污染、高能耗、低收益的产业在中国的各个产业之中所占比重仍然较高。在短时期之内，各个产业对能源消费的需求仍然会不断上涨。中国亟待寻找到适合中国特色的能源使用路径，从而实现碳中和、碳达峰的目标。

第二，降低二氧化碳排放的技术水平较低。

先进的节能降碳技术对于降低能源产业所产生的二氧化碳排放量来说至关重要，中国若要如期实现碳中和、碳达峰的工作目标，就必须解决这一难题。现阶段，CCUS（即碳捕获、碳利用与碳封存）这项技术已经在当前被国际社会广泛认可是行之有效的降低二氧化碳排放的技术。IPCC 的统计结果显示，预计到 2050 年，全球约有 1/3 的二氧化碳排放会由碳捕集、利用与封存（CCUS）这项技术来处理。当前中国的 CCUS 技术仍然处于科研开发阶段，而且 CCUS 这项技术需要的前期投入和运营成本都比较高昂，在现阶段对于减少二氧化碳排放量所起到的作用仍然有限，同时，对于这项技术来说，相应的政府监管体系不够完善，仍然存在一定的潜在风险，与之相配套的法律法规、监管框架都不完善，这些都是需要各级政府解决的现实问题。

第三，降低二氧化碳排放的新能源新技术仍需深度发展。

中国政府虽然设立了以构建新能源为主体的新型电力能源系统，明确了新能源在新型电力能源系统之中的重要位置，表明在碳中和、碳达峰的工作目标之下，新能源正在逐步成为未来能源产业的发展重心，但由于风力发电、核能发电、太阳能发电、光伏产业等都属于新能源的范围，依据相关的统计结果，中国目前的风力发电、太阳能发电等新能源发电量占全国总发电量比例较低，仍需深度发展。

6.5.2 碳中和、碳达峰背景下中国能源产业所面临的发展机遇

第一，政策导向。

党中央、国务院已经明确，要将积极推进能源产业的高质量发展，努力提高能源产业的安全保障，确保能源产业安全发展的前提之下，明确中国未来能源产业的发展方向。党中央、国务院、各级政府和各行业、企业应当积极应对碳中和、碳达峰的工作目标，制定和出台推动能源产业转型升级及优化能源结构的政策法规。

第二，技术升级。

能源产业的转型升级不仅仅需要能源产业的结构调整，还需要能源技术进行研发升级。碳中和、碳达峰这一工作目标对能源产业的转型升级提出了具体要求。自从政府提出了碳中和、碳中和的工作目标以来，能源产业也正呈现出日新月异的变革。能源新技术、新成果正在不断出现并应用于实际的工作之中。氢能技术、可再生能源技术、CCUS技术等都给能源产业带来了极大的行业变革。

第三，机制完备。

碳交易、碳市场这一交易机制给能源产业的节能降碳提供了一个良好的平台。中国碳排放权的交易市场正式上线运营，它是全世界规模最大的温室气体排放交易市场。该交易市场的运营，对于能源产业的转型升级、稳定发展及节能减排都起到了至关重要的作用，它不仅约束了能源企业的污染物排放行为，还从宏观上实现了对二氧排放总量的管理，可以从根源上转换传统化石类能源的高消费行为，从而降低二氧化碳的排放。

6.5.3 碳中和、碳达峰工作目标之下中国能源产业的转型升级路径研究

梳理碳中和、碳达峰工作目标之下中国能源产业所面临的现实困境和发展机遇，得出结论：碳中和、碳达峰工作目标之下能源产业的转型升级不仅仅是能源问题、降碳问题、环境问题，还是一个亟须政府进行统筹整

合、系统谋划的全局性问题。

第一，统筹整合，实现协调发展。

2021年，国家发展和改革委员会正式发布了《完善能源消费强度和总量双控制度方案》。鉴于当前中国的能源结构、产业结构都决定了中国实现碳中和、碳达峰目标是一个非常漫长的过程，那么，为了实现经济增长与能源消耗统筹发展，不仅需要从根本上降低能源消耗这一简单的问题，还需要通过转换经济增长方式及技术创新来进一步减少能源消耗。同时，各级政府应当积极设立相应的监管体系，确保各地在应对"碳中和、碳达峰"工作目标的前提之下实现节能降碳，确保各个产业合理、有序地减少二氧化碳排放，在以政策作为导向的前提之下，完成节能降碳的工作目标。

第二，科技创新，改善能源效率。

实现碳中和、碳达峰的工作目标不仅仅需要优化能源消费结构，还需要降低能源消耗强度，更需要提高能源使用效率。中国应当在充分开发自身资源与技术的前提之下，学习国际上的经验和技术，积极研发新型节能降碳技术，推动能源产业的绿色、低碳化转型升级，同时，减少能源产业生产过程之中的二氧化碳排放，对传统能源产业进行改造升级。相应的，能源产业也应当大力开发CCUS技术，积极推进在实际生产过程之中CCUS技术的应用。

第三，完善政策，健全法律法规。

实现碳中和、碳达峰的工作目标不仅仅需要考虑到各地区的差异化发展，还需要考虑到各个产业的差异化水平。鉴于我国各地区的经济发展水平并不均衡，各级政府也需要针对本地区完善相应的政策机制，并且制定相应的碳排放监管与核算体系，制定相应的碳排放法律法规，通过能源、环境的大数据平台，推进碳排放核算体系的实施，从而科学地制定各个产业的二氧化碳减排目标。

第四，融资支持，发展绿色金融。

各级金融机构应当依据自身条件，大力发展绿色金融，助力中国早日实现碳中和、碳达峰的工作目标。节能降碳技术的研发和普及，需要能源企业进行更大规模的资金投入和生产力投入来促进技术创新。大力发展绿色金融对于低碳工程、绿色产业等都可以提供大量的资金支持,助推碳中和、碳达峰工作目标的早日实现。

综上所述,在中国经济日新月异发展的当下,碳中和、碳达峰是当前中国实现绿色低碳和可持续发展的重要战略方针,是经济实现长期增长的重要依托。积极实现能源产业转型,实现能源的清洁替代,碳排放的稳定控制成为碳中和、碳达峰工作目标之下新的发展机遇,实现中国经济的可持续发展,实现能源、环境、经济、社会的协调发展。

第7章 全书结论及研究展望

7.1 全书结论

本书通过理论研究与实证分析相结合的分析方法,探讨中国1980—2011年能源消费、二氧化碳排放量及经济发展水平这三个变量之间的经济学关系,分析这三个变量之间存在的长期经济关系模型,所得到的主要结论如下。

①将能源作为独立的生产要素纳入生产函数中,同时建立能源存量的动态方程,在能源约束条件下,分别构建了技术外生的新古典经济增长模型和具有"知识外溢"效用的技术内生经济增长模型,基于数理角度分析中国能源消费变化情况对于中国经济增长稳态水平的影响机制。通过将能源约束引入经济增长模型之中,可以得到如下四条结论。第一,技术外生的经济增长模型中,当给定的技术增长率越高,经济增长率也就越高;而在内生经济增长模型中,技术进步率由经济系统自身决定,它主要取决于技术创新成本和社会劳动力禀赋。第二,在技术外生的经济增长模型中,人口增长率对稳定状态经济总量的增长率有着正向的影响,但是对人均的增长率没有任何影响;而在内生经济增长模型中,更大的劳动力禀赋能够带来更高的技术进步率,因此大的劳动力禀赋也就意味着高的经济总量增长率和高的人均增长率。第三,家庭的偏好参数 ρ 和 θ 对经济增长有反向的影响,更低的 ρ 和 θ 值提高了储蓄的意愿,从而提高了经济水平的增长率。第四,经济增长速度等于能源消费的增长速度加上技术进步的速度,而最优的稳定状态是,能源消耗的增长速度和能源的再生速度相等。经济

要保持一个高的增长率，也就意味着需要保持一个高的能源供给增长率，而能源供给增长率由能源再生速度决定，所以如何提高能源的再生速度是经济的增长重要问题。

②中国能源消费表现出能源消费总量大、能源消费总量增长速度快、清洁能源在能源消费总量之中所占比例小、能源利用效率总体较低等特点。随着改革开放的深入发展，中国GDP保持着高速地增长。通过对中国能源消费所产生二氧化碳排放量的测算，从能源消费总量及能源消费结构两个方面对二氧化碳排放现状的具体特征和成因进行分析，主要得到以下两条结论。第一，中国能源消费所产生的二氧化碳排放总量较大，而人均能源消费二氧化碳排放量则较小，在特定的时间序列内，表现出快速增长、平稳增长和急速增长这三个阶段性的特征。第二，中国能源消费所产生的二氧化碳排放量现状的主要原因是从能源消费结构来看，中国79.9%的能源消费产生二氧化碳排放量来自煤炭类燃料能源，12.2%的能源消费产生二氧化碳排放量来自石油类燃料能源，仅有7.9%的能源消费产生二氧化碳排放量来自天然气。

③1980—2011年这32年间，中国能源消费所产生的二氧化碳排放量呈逐步上升的趋势。中国二氧化碳排放量的减排主要依靠能源消耗强度的降低。经济发展水平和人口规模对于二氧化碳排放量的推动作用高于能源利用效率和能源消费结构对于二氧化碳排放量的抑制作用。同时，本书运用拓展的IPAT模型，通过对人口规模、人口城镇化比率、居民人均消费水平、能源消费强度等影响因素对于二氧化碳排放总量的影响进行实证分析研究，可以看出人口规模是影响二氧化碳排放量的重要因素。然后通过对中国人均二氧化碳排放量与人均实际GDP进行定量研究分析得出，二者之间存在着"N"形库兹涅茨曲线关系，这表明，中国二氧化碳排放符合EKC假说。伴随着人均实际GDP的不断增加，人均二氧化碳排放量呈现不断增加的趋势，因此，必须采取科学、有效、合理的环境政策，实现低碳经济的可持续发展。

④通过对1980—2011年中国的实际GDP、能源消费总量、就业人口规模、固定资本存量之间的相互关系进行实证分析研究，将能源、劳动和

就业作为生产的投入要素引入新古典生产函数，实证研究结果表明：劳动和资本作为最核心的生产要素，对经济发展水平的影响是至关重要的；能源这一要素作为现代生产中必不可少的生产要素，对经济发展水平所产生的影响也是不可或缺的，经济要保持长期稳定的增长必须以保障能源持续供应为前提。

⑤通过对1980—2011年中国二氧化碳排放量、能源消费总量和实际GDP的时间序列数据进行协整检验分析可以发现，它们之间存在长期均衡关系，相对于实际GDP而言，能源消费总量对于中国二氧化碳排放总量所产生的影响更为显著。

最后，通过梳理现有能源、环境的相关政策，基于书中的实证分析结果，提出了能源-环境约束下的中国经济增长路径政策研究，分析了能源-环境约束下的中国经济增长的政策保障，提出推动经济产业结构调整，降低中国二氧化碳排放量的机制与实现路径。同时，就能源-环境约束下中国环境管制与经济增长协调发展的路径机制进行探讨，还提出了碳中和、碳达峰的背景之下中国能源产业转型升级的可行性路径研究。

能源作为一种生产投入要素，与资本和劳动一样对经济增长有着重要的影响，经济的高增长也就意味着能源的高消耗，而能源的高消耗也就意味着二氧化碳的高排放。中国经济的高速增长带来了中国能源消费总量的增加，进而使得二氧化碳排放总量的持续增加。与此同时，中国实行了有效的减排政策，并且取得了一定的成效，即中国实际经济生产总值的增加使得二氧化碳排放总量呈现降低的态势。中国应该继续大力提高二氧化碳减排的力度，加大能源利用效率，实施有效的二氧化碳减排政策，使得中国经济可以实现可持续的协调发展。

7.2 研究展望

本书的实证分析主要建立在能源消费总量、二氧化碳排放总量及经济发展水平之间的时间序列数据基础之上，着重于总体性分析研究，在今后的分析中仍可进一步深入研究的方向包括以下两个方面：对于不同产业结构之间的能源消费量、二氧化碳排放量及经济发展水平的进一步分析研究；对于不同区域之间的能源消费量、二氧化碳排放量及经济发展水平的进一步分析研究。

本书将能源消费总量、二氧化碳排放总量及经济发展水平之间所存在的关系认定为线性关系，但是，在实际经济生活中，三者之间的关系较为复杂，可能为线性关系，也可能为非线性关系，因此，如果需要系统地确定三者之间的复杂关系，仍需要进一步的分析研究。

参考文献

[1] 董军，张旭．中国工业部门能耗碳排放分解与低碳策略研究[J]．资源科学，2010，32（10）：1856-1862.

[2] 高铁梅．计量经济分析方法与建模——Eviews 应用及实例[M]．清华大学出版社，2006．

[3] 国家环境保护总局规划司．环境统计概论[M]．北京：中国环境科学出版社，2001．

[4] 国家统计局．中国统计年鉴 2010[M]．北京：中国统计出版社，2010．

[5] 国家统计局．中国统计年鉴 2011[M]．北京：中国统计出版社，2011．

[6] 国家统计局．中国统计年鉴 2012[M]．北京：中国统计出版社，2012．

[7] 国家统计局工交物资司．中国能源统计年鉴 1986[M]．北京：能源出版社，1987．

[8] 国家统计局工业交通统计司，国家发展和改革委员会能源局．中国能源统计年鉴 2000-2002[M]．北京：中国统计出版社，2004．

[9] 国家统计局工业交通统计司，国家发展和改革委员会能源局．中国能源统计年鉴 2004[M]．北京：中国统计出版社，2006．

[10] 国家统计局工业交通统计司，国家发展和改革委员会能源局．中国能源统计年鉴 2005[M]．北京：中国统计出版社，2006．

[11] 国家统计局工业交通统计司，国家发展和改革委员会能源局．中国能源统计年鉴 2006[M]．北京：中国统计出版社，2007．

[12] 国家统计局工业交通统计司,国家发展和改革委员会能源局. 中国能源统计年鉴2007 [M]. 北京:中国统计出版社,2008.

[13] 国家统计局工业交通统计司,国家发展和改革委员会能源局. 中国能源统计年鉴2008 [M]. 北京:中国统计出版社,2009.

[14] 国家统计局工业交通统计司,国家发展和改革委员会能源局. 中国能源统计年鉴2012 [M]. 北京:中国统计出版社,2012.

[15] 国家统计局工业交通统计司. 中国能源统计年鉴1989 [M]. 北京:中国统计出版社,1990.

[16] 国家统计局工业交通统计司. 中国能源统计年鉴1991 [M]. 北京:中国统计出版社,1992.

[17] 国家统计局工业交通统计司. 中国能源统计年鉴1991—1996 [M]. 北京:中国统计出版社,1998.

[18] 国家统计局工业交通统计司. 中国能源统计年鉴1997—1999 [M]. 北京:中国统计出版社,2001.

[19] 国家统计局国民经济综合统计司. 新中国六十年统计资料汇编 [M]. 北京:中国统计出版社,2010.

[20] 韩智勇,魏一鸣,焦建玲,等. 中国能源消费与经济增长的协整性与因果关系分析 [J]. 系统工程,2004,22(12):17-21.

[21] 胡初枝,黄贤金,钟太洋,等. 中国碳排放特征及其动态演进分析 [J]. 中国人口资源与环境,2008,18(3):38-42.

[22] 黄菁. 环境污染与工业结构:基于Divisia指数分解法的研究 [J]. 统计研究,2009,26(12):68-73.

[23] 李艳梅,杨涛. 中国CO_2排放强度下降的结构分解—基于1997—2007年的投入产出分析 [J]. 资源科学,2011,33(4):605-611.

[24] 李艳梅,张雷,程晓凌. 中国碳排放变化的因素分解与减排途径分析 [J]. 资源科学,2010,32(2):218-222.

[25] 林伯强. 中国能源需求的经济计量分析 [J]. 统计研究,2001,10:34-39.

[26] 林伯强. 现代能源经济学 [M]. 北京:中国财政经济出版社,

2007：11-14.

[27] 刘红光，刘卫东．中国工业燃烧能源导致碳排放的因素分解 [J]．地理科学进展，2009，28（2）：285-292.

[28] 罗伯特 J. 巴罗，哈维尔．萨拉伊马丁．经济增长 [M]．北京：中国社会科学出版社，2000.

[29] 马超群，储慧斌，李科，等．中国能源消费与经济增长的协整与误差校正模型研究 [J]．系统工程，2004，22（10）：47-50.

[30] 魏一鸣，焦建玲，廖华．能源经济学 [M]．北京：科学出版社，2011.

[31] 魏一鸣，刘兰翠，范英，等．中国能源报告（2008）：碳排放研究 [M]．北京：科学出版社，2008.

[32] 吴玉萍，董锁成，宋键峰．北京市经济增长与环境污染水平计量模型研究 [J]．地理研究，2002，21（2）：239-245.

[33] 徐国泉，刘则渊，姜照华．中国碳排放的因素分解模型及实证分析：1995-2004 [J]．中国人口资源与环境，2006，16（6）：158-161.

[34] 许梦博，赵一新．吉林省环境库兹涅兹曲线研究 [J]．吉林大学社会科学学报，2009，49（4）：141-147.

[35] 薛进军．低碳经济学 [M]．北京：社会科学文献出版社，2011.

[36] 杨朝峰，陈伟忠．能源消费和经济增长：基于中国的实证研究 [J]．石油大学学报（社会科学版），2005，21（1）：18-22.

[37] 易丹辉．数据分析与 Eviews 应用 [M]．北京：统计出版社，2002.

[38] 张晓．中国环境政策的总体评价 [J]．中国社会科学，1999，(3)：88-99.

[39] 张晓峒．计量经济学基础 [M]．3 版．天津：南开大学出版社，2008：135-145.

[40] 赵细康，李建民，王金营，等．环境库兹涅茨曲线及在中国的检验 [J]．南开经济研究，2005，3：48-54.

[41] 中国经济 50 人论坛课题组．走向低碳发展：中国与世界——中

国经济学家的建议 [M]. 北京: 中国经济出版社, 2010.

[42] 中国科学院可持续发展战略研究组. 2009年中国可持续发展战略报告——探索中国特色的低碳道路 [M]. 北京: 科学出版社, 2009.

[43] ANG B W. Decomposition analysis for policymaking in energy: which is the preferred method? [J]. Energy Policy, 2004, 32 (9): 1131-1139.

[44] ANG B W. Decomposition methodology in industrial energy demand analysis [J]. Energy, 1995, 20: 1081-1095.

[45] ANG B W, CHOI K. Decomposition of aggregate energy and gas emission intensities for industry: a refined divisia index method [J]. The Energy Journal, 1997, 18 (3): 59-73.

[46] ANG B W, LIU F L. A new energy decomposition method: perfect in decomposition and consistent in aggregation [J]. Energy, 2001, 26 (6): 537-548.

[47] ANG B W, NA LIU. Energy decomposition analysis: IEA model versus other methods [J]. Energy Policy, 2007, 35: 1426-1432.

[48] ANG B W, ZHANG F Q, CHOI K H. Factorizing changes in energy and environmental indicators through decomposition [J]. Energy, 1998, 23 (6): 489-495.

[49] ANG J B. CO_2 emissions, energy consumption and output in France [J]. Energy Policy, 2007, 35: 4772-4778.

[50] ANG J B. CO_2 emissions, research and technology transfer in China [J]. Ecological Economics, 2009, 68 (10): 2658-2665.

[51] KAMA A D A L. Sustainable growth, renewable resources and pollution [J], Journal of Econimic Dynamics and Control, 2001, 25 (12): 1911-1918.

[52] BOVENBERG A L, SMULDERS S A. Transitional impacts of environmental policy in an endogenous growth model [J]. International Economic Review, 1996, 37: 861-893.

[53] WANG C, CHEN J, ZOU J. Decomposition of energy-related CO_2

emission in China: 1957-2000 [J]. Energy, 2005, 30: 73-83.

[54] CDIAC. Global, regional, and national fossil fuel CO_2 emissions [EB/OL]. http: //cdiac. ornl. gov/trends/emis/overview_ 2007. html, 2007.

[55] LEE C C. Energy consumption and gdp in developing countries: a co-integrated panel analysis [J]. Energy Economics, 2005, 27 (3): 415-427.

[56] DASGUPTA P S, HEAL G M. The optimal depletion of exhaustible resources [J]. Review of Economic Studies (Symposium), 1974, 165 (6): 59-67.

[57] DIETZ T, ROSA E A. Effects of population and affluence on CO_2 emission [J]. The National Academy of Sciences of the USA, 1997, 94: 175-179.

[58] DIETZ T, ROSA E A. Rethinking the environmental impacts of population, affluence and technology [J]. Human Ecology Review, 1994, 1: 277-300.

[59] EHRLICH P R, HOLDREN J P. Impact of population growth [J]. Science, 1971, (171): 1212-1217.

[60] EHRLICH P R, HOLDREN J P. A bulletin dialogue on the "closing circle": critique: one-dimensional ecology [J]. Bulletin of the Atomic Scientists, 1972, 28 (5): 16-27.

[61] EROL U, YU E S H. On the causal relationship between energy and income for industrialized countries [J]. Journal of Energy and Development, 1987, (13): 113-122.

[62] FAN Y, LIU L, WU G, et al. Changes in carbon intensity in China: empirical findings from 1980-2003 [J]. Ecological Economics, 2007, 62: 683-691.

[63] FAN Y, LIU L. Analyzing impact factors of CO_2 emissions using the STIRPAT model [J]. Environmental Impact Assessment Review, 2006, 26: 377-395.

[64] FRIEDL B. GETZER M. Determinants of emissions in a small open economy [J]. Ecological Economics, 2003, 45 (1): 133-148.

[65] GREENING L A, TING M, KRACKLER T J. Effects of changes in residential end-uses and behavior on aggregate carbon intensity comparison of 10 OECD countries for the period 1970 through 1993 [J]. Energy Economics, 2001, 23: 153-178.

[66] GRIMAUD A, ROUGE L. Non-renewable resources and growth and vertical innovations: optimum, equilibrium and economic policies [J]. Journal of Environmental Economics and Management, 2003, 45: 433-453.

[67] GRIMAUD A, ROUGE L. Polluting not-renewable resources, innovation and growth: welfare and environment policy [J], Resources and Energy Economics, 2005, 27: 109-129.

[68] GROSSMAN G M, KRUEGER A B. Economic growth and the environment [J]. The Quarterly Journal of Economics, 1995, 110 (2): 353-377.

[69] GROSSMAN G B, KRUEGER A B. Environmental impacts of North American free trade agreement [J]. NBER, 1991: 3914.

[70] HULTEN C R. Divisia index numbers [J]. Econometrica, 1973, 41 (6): 1017-1025.

[71] IEA. World Energy Outlook 2010 [M]. Paris: IEA, 2010.

[72] IPCC. Climate Change 2007: the Fourth Assessment Report of the Intergovernmental Panel on Climate Change [M]. Cambridge: Cambridge University Press, 2007.

[73] IPCC. Climate Change 1995: the Second Assessment Report on the Human Impacts on the Global Climate System [M]. Cambridge: Cambridge University Press, 1995.

[74] IPCC. Climate Change 2001: the Third Assessment Report of the Intergovernmental Panel on Climate Change [M]. Cambridge: Cambridge University Press, 2001.

[75] IPCC. IPCC Special Report on Carbon Dioxide Capture and Storage

[M]. Geneva: IPCC, 2005.

[76] IPCC. IPCC Special Report on Emissions Scenarios [M]. Cambridge: Cambridge University Press, 2000.

[77] IPCC. IPCC Working Group I Summary for Policymakers [M]. Cambridge: Cambridge University Press, 1995.

[78] IPCC, OECD, IEA. Revised 1996 IPCC Guidelines for National Greenhouse Gas Inventories [R]. IPCC, Bracknell, 1996, Volumes 2.

[79] IPCC, OECD, IEA. Revised 1996 IPCC Guidelines for National Greenhouse Gas Inventories [R]. IPCC, 1996, Volumes 2.

[80] ASAFU-ADJAYE J. The relationship between energy consumption, energy prices and economic growth: time series evidence from Asian developing countries [J]. Energy Economics, 2000, 22 (6): 615-625.

[81] KRAFT J, KRAFT A. On the relationship between energy and GNP [J]. Energy Development, 1978, (3): 401-403.

[82] KUZNETS S. Economic growth and income inequality [J]. American Economic Review, 1955, 45 (1): 1-28.

[83] LIU L, FAN Y, WU G, et al. Greenhouse gases emissions reduction policy issues: a survey [J]. Management Forum, 2005, 17 (10): 46-47.

[84] LIU X Q, ANG B W, ONG H L. The application of the divisia index to the decomposition of changes in industrial energy consumption [J]. The Energy Journal, 1992, (4): 161-177.

[85] FISHER-KOWALSKI M. Beyond IPAT and Kuznets curves globalization as a vital factor in analysing the environmental impact of socio-economic metabolism [J]. Population and Environment, 2001, 23 (1): 7-47.

[86] MASIH A M M, MASIH R. On the temporal causal relationship between energy consumption, real income and prices: some new evidence from Asian-energy dependent NICs based on a multivariate cointegraion vector error-correction approach [J]. Policy Modeling, 1997, 19: 417-440.

[87] NACHANE D M, Nadkarni R M Karnik A V. Cointegration and cau-

sality testing of the energy-GDP relationship: a cross-country study [J]. Applied Economics, 1988, 20: 1511-1531.

[88] PARK S H. Decomposition of industrial energy consumption: An alternative method [J]. Energy Economics, 1992, 14 (4): 265-270.

[89] SATO K. The ideal log-change index number [J]. Review of Economics and Statistics, 1976, 58 (2): 223~228.

[90] SCHIPPER L, MURTISHAW S, KHRUSHCH M. Carbon emissions from manufacturing energy use in 13 IEA countries: Long-term trends through 1995 [J]. Energy Policy, 2001, 29: 667-688.

[91] SCHULZE P C. *I=PBAT* [J]. Ecological Economics, 2002, (40): 149-150.

[92] SELDEN T M, SONG D. Environmental quality and development: is there a kuznets curve for air pollution emissions? [J]. Journal of Environmental Economics and Management, 1994, 27: 147-162.

[93] SHI A. The impact of population pressure on global carbon dioxide emissions, 1975-1996: evidence from pooled cross-country data [J]. Ecological Economics, 2003, 44: 29-42.

[94] STERN D I. Energy and Economic growth in the USA: a multivariate approach [J]. Energy Economics, 1993, 15 (2): 137-150.

[95] STOKEY N. Are there limits to growth? [J]. International Economic Review, 1998, 39 (1): 1-31.

[96] TAE-HYEONG K. Decomposition of factors determining the trend of CO_2 emissions from car travel in Great Britain (1970-2000) [J]. Ecological Economics, 2005, (53): 261-275.

[97] PANAYOTOU T. Empirical Tests and Policy Analysis of Environmental Degradation at Different Stages of Economic Development [M]. Geneva: Technology and Employment Programme, 1993.

[98] TÖRNQVIST L. The bank of Finland's consumption price index [J]. Bank of Finland Monthly Bulletin, 1936, (10): 1-8.

[99] VALENTE S. Sustainable development, renewable resources and technological progress [J]. Environmental & Resource Economics, 2005, 30: 115-125.

[100] VARTIA Y O. Ideal log-change index numbers [J]. Scandinavian Journal of Statistics Theory and Applications, 1976, 3 (3): 121-126.

[101] WAGGONER P E, AUSUBEL J H. A framework for sustainability science: a renovated IPAT identity [J]. Proccedings of the National Academy of Science, 2002, (99): 7860-7885.

[102] WANG S S, ZHOU D Q. CO_2 Emissions, energy consumption and economic growth in China: A Panel Data Analysis [J]. Energy Policy, 2011, 39: 3870-4875.

[103] WEI T. Impact of energy efficiency gains on output and energy use with Cobb-Douglas production function [J]. Energy Policy, 2007, 35 (4): 2023-2030.

[104] WU L, KANEKO S, MATSUOKA S. Driving forces behind the stagnancy of China's energy related CO_2 emissions from 1996 to 1999: the relative importance of structural change, intensity change and scale change [J]. Energy Policy, 2005, (3): 319-335.

[105] YORK R, ROSA E A, DIETZ T. STIRPAT, IPAT and ImPACT analytic tools for unpacking the driving forces of environmental impacts [J]. Ecological Economics, 2003, 46 (3): 351-365.

[106] YU E S H, JIN J C. Co-integration tests of energy consumption, income, and employment [J]. Resources and Energy, 1992, 14 (3): 259-266.

[107] Yu E S H, WANG J Y. The causal relationship between energy and GNP: an international comparison [J]. Journal of Energy and Development, 1985, 10 (2): 249-272.

[108] ZHANG Z. Why did the energy intensity fall in China's industrial sector in the 1990s? The relative importance of structural change and intensity

change [J]. Energy Economics, 2003, 35: 625-638.

[109] ZHANG X P, CHENG X M. Energy consumption, carbon emissions, and economic growth in China [J]. Ecological Economics, 2009, 68: 2706-2712.

[110] 陈诗一. 能源消耗、二氧化碳排放与中国工业的可持续发展 [J]. 经济研究, 2009 (4): 41-55.

[111] 韩超, 张伟广, 冯展斌. 环境规制如何"去"资源错配——基于中国首次约束性污染控制的分析 [J]. 中国工业经济, 2017 (4): 115-134.

[112] 傅京燕, 李丽莎. FDI、环境规制与污染避难所效应——基于中国省级数据的经验分析 [J]. 公共管理学报, 2010 (3): 65-74.

[113] 龚健健, 沈可挺. 中国高耗能产业及其环境污染的区域分布——基于升级动态面板数据的分析 [J]. 数量经济技术经济研究, 2011 (2): 20-36.

[114] 王杰, 刘斌. 环境规制与企业全要素生产率——基于中国工业企业数据的经验分析 [J]. 中国工业经济, 2014 (3): 44-56.

[115] 王艳丽, 王根济. 环境规制、工业结构变动与碳生产率增长——基于1998-2013年省级工业行业动态面板数据的实证检验 [J]. 经济与管理, 2016 (6): 73-80.

[116] 吴伟平, 何乔. "倒逼"抑或"倒退"？——环境规制减排效应的门槛特征与空间溢出 [J]. 经济管理, 2017 (2): 20-34.

[117] 杨翔, 李小平, 周大川. 中国制造业碳生产率的差异与收敛性研究 [J]. 数量经济技术经济研究, 2015 (12): 3-20.

[118] 于雪霞. 区域碳生产率变化差异成因分析 [J]. 中国人口·资源与环境, 2015 (S1): 344-349.

[119] 张华, 魏晓平. 绿色北仑抑或倒逼减排——环境规制对碳排放影响的双重效应 [J]. 中国人口·资源与环境, 2014 (9): 21-29.

[120] LU Z, YANG Y, WANG J. Factor decomposition of carbon productivity chang in china's main industries: based on the laspeyres decomposition

method [J]. Energy Procedia, 2014 (61): 1893-1896.

[121] PARGALAND S, WHEELER D. Informal regulation of industrial pollution in developing countries: evidence from indonesia [J]. Journal of Political Economy, 2003 (4): 1314-1327.

[122] RUBASHKINA Y, GALEOTTI M, VERDOLINI E. Environmental regulation and competitiveness: empirical evidence on the Porter Hypothesis from European manufacturing sectors [J]. Energy Policy, 2015 (35): 288-300.

[123] WANG C, WANG F, ZHANG X, et al. Examining the driving factors of energy related carbon emission using the extended STIRPAT model based on IPAT identify in Xinjiang [J]. Renewable and Sustainable Energy Reviews, 2017 (67): 51-61.

[124] XIAN Y, HUANG Z. Sources of carbon productivity change: a decomposition and disaggregation analysis based on global luenberger productivity indicator and endogenous directional distance function [J]. Ecological Indicators, 2016 (66): 545-555.

[125] DEAN J M, LOVELY M E, WANG H. Are foreign investors attracted to weak environmental regulations? evaluating the evidence from China [J]. Social Science Electronic Publishing, 2009 (1): 1-13.

[126] WHILE A, JONAS A E G, GIBBS D. From sustainable development to carbon control: eco-state restructuring and the politics of urban and regional development [J]. Transactions of the Institute of British Geographers, 2009 (35).

[127] BAO H. Provincial total factor productivity in vietnamese agriculture and its determinants [J]. Journal of Economics and Development [J]. 2014 (16): 5-20.

[128] CAVES D W, CHRISTENSEN L R, DIEWERT W E. The economic theory of index numbers and the measurement of input, output and productivity [J]. Econometrica. 1982 (50): 1394-1414.

[129] SAIKIA D. Total factor productivity in Agriculture: a review of

measurement issues in the Indian context [J]. Romanian Journal of Regional Science, 2014 (8): 45-61.

[130] WANG H J, HO C W. Estimating fixed-effect panel stochastic frontier models by model transformation [J]. Journal of Econometrics, 2010 (157): 286-296.

[131] WIENS T B. Technological change, in "The Chinese Agricultural Economy" [M]. Boulder: Westview Press, London: Croom Helm, 1982.

[132] ZHOU Y, ZHU S, HE C. How do environmental regulations affect industrial dynamics? evidence from China's pollution-intensive industries [J]. Habitat International, 2017 (60): 10-18.

[133] ZHAO X M, LIU C J, YANG M. The effects of environmental regulation on China's total factor productivity: an empirical study of carbon-intensive industries [J]. Journal of Cleaner Production, 2018 (179): 325-334.

[134] ALBRIZIO S, KOZLUK T, ZIPPER V. Environmental policy and productivity growth: evidence across industries and firms [J]. Journal of Environmental Economics and Management, 2016 (81): 209-226.

[135] BEERS C V, BERGH J C J M. The impact of environmental policy on foreign trade: to be revisited with a Bilateral flow model [R]. Tinbergen Institute Discussion Papers, 2000, Working Paper.

[136] GOLLOP F M, ROBERTS M J. Environmental regulations and productivity growth: the case of fossil-fueled electric power generation [J]. Journal of Political Economy, 1983 (91): 654-674.

[137] HUANG R, WANG Z, DING G, et al. Trend prediction and analysis of influencing factors of carbon emissions from energy consumption in Jiangsu Province based on STIPRAT model [J]. Geographical Research, 2016 (35): 781-789.

[138] JARKE J, PREINO G. Do renewable energy policies reduce carbon emissions? On caps and inter-industry Leakage [J]. Journal of Environmental Economics and Management, 2017 (84): 102-124.

[139] LANOIE P, LAURENT-LUCCHETTI J, JOHNSTONE N, et al. Environmental policy, innovation and performance: new insights on the porter hypotheses [J]. Journal of Economics and Management Strategy, 2011 (20): 803-842.

[140] WANGGONER P E, AUSUBEL J H. A framework for sustainability science: a renovated IPAT identity [J]. Proceedings of the National Academy of Sciences of the United States of America, 2002 (99): 7860-7865.

[141] LUCAS R E B, WHEELER D R, HETTIGE H. Economic development, environmental regulation, and the international migration of toxic industrial pollution: 1960-1988 [J]. Policy Research Working Paper, 2007 (4): 13-18.

[142] RUBASHKINA Y, GALEOTTI M, VERDOLINI E. Environmental regulation and competitiveness: empirical evidence on the porter hypothesis from European manufacturing sectors [J]. Energy Policy, 2015 (83): 288-300.

[143] REPPELIN-HILL V. Trade and environment: an empirical analysis of the technology effect in the steel industry [J]. Journal of Environmental Economics and Management, 1999 (38): 283-301.